Sibylle Biermann-Rau

An Luthers Geburtstag brannten die Synagogen

Eine Anfrage

calwer Paperback

Sibylle Biermann-Rau

An Luthers Geburtstag brannten die Synagogen

Eine Anfrage

Calwer Verlag Stuttgart

Gedruckt mit freundlicher Unterstützung
der Calwer Verlag-Stiftung

Bibliografische Information der Deutschen Bibliothek

Die Deutsche Bibliothek verzeichnet diese Publikation in der Deutschen Nationalbibliografie; detaillierte Daten sind im Internet über http://dnd.ddb.de abrufbar.

2. Auflage 2014

ISBN 978-3-7668-4204-6

Typografie, Satz und Herstellung:
ES Typo-Graphic Ellen Steglich, Stuttgart
Umschlaggestaltung: Karin Sauerbier, Stuttgart
Druck und Verarbeitung:
Beltz Bad Langensalza GmbH, Bad Langensalza

E-Mail: info@calwer.com; Internet: www.calwer.com

Inhalt

Vorwort

zur ersten Auflage

Es begann mit einer Frage nach dem Gottesdienst, den ich am 9. November 2008 in unserer Friedenskirche zum Gedenken an die Reichspogromnacht vor siebzig Jahren gehalten habe. Eine 72-jährige Frau kommt auf mich zu: „Ja, stimmt das wirklich mit dem Judenhass von Luther?“ Und: „Haben Sie mir da etwas zum Nachlesen?“

Ich finde nichts Geeignetes und stelle schließlich ein paar Kopien zusammen. Durch Gespräche mit anderen verstärkt sich mein Eindruck, dass in unseren Gemeinden nicht sehr viel bekannt ist über Luthers Judenfeindschaft und ihre Wirkungsgeschichte im Dritten Reich sowie über die Reaktionen in der evangelischen Kirche auf die Judenpolitik der Nationalsozialisten. Haben die wissenschaftlichen Forschungsergebnisse und die vielen Bücher zu diesem Thema nur wenige Interessierte erreicht?

Dabei geht es um eine zentrale Frage, die für uns als Christen in Deutschland eine brennende bleiben muss, auch wenn wir sie nie abschließend werden beantworten können:

Warum konnte diese Zerstörung jüdischen Lebens geschehen inmitten eines christlichen Kulturvolks, inmitten eines Landes, das sich zugute hält, das Land Luthers und der Reformation zu sein?

Als Nachgeborene – Jahrgang 1955 – steht es mir nicht zu, das Verhalten der Kirchen und vieler Christen im Dritten Reich selbstsicher zu verurteilen. Aber ich frage mit Erschrecken: „Warum?" Diese „Warum"-Frage bricht immer wieder in mir auf, seit ich 1974 mit Aktion Sühnezeichen/Friedensdienste zwei Wochen in der heutigen Gedenkstätte von Auschwitz war – und auch dann, als im November 2008 Mieciu Langer in unserem Kirchenraum seine persönliche Geschichte des Holocaust erzählte.

2008 war beim 70-jährigen Gedenken an die Reichspogromnacht viel zu hören vom Schweigen der evangelischen Kirche und vom Widerstand der Bekennenden Kirche gegen den Nationalsozialismus. Wenn man genauer hinschaut, dann kann man aber wahrnehmen, dass es in der evangelischen Kirche insgesamt sogar auch ausdrückliche Zustimmung zur Judenpolitik der Nationalsozialisten gegeben hat, selbst noch zur Reichspogromnacht.

Sicher wurde in der Bekennenden Kirche überwiegend geschwiegen, aber nicht nur aus Angst, sondern auch aus Überzeugung, denn bei den evangelischen Christen in Deutschland bis weit hinein in die Bekennende Kirche gab es eine verbreitete tief sitzende antijüdische Einstellung. Und diese konnte sich unter anderem auf Luther berufen. Er selbst hatte seinerzeit sogar zur Zerstörung der Synagogen geraten.

Auch wenn die Bekennende Kirche nicht in die allgemeine Begeisterung für den nationalsozialistischen Staat eingestimmt hat, richtete sich ihr Widerstand nicht gegen das Unrechtsregime, sondern vor allem gegen nationalsozialistische Übergriffe auf die Freiheit von Kirche und Theologie, und Solidarität gab es nur gegenüber getauften Juden. Nur wenige einzelne Personen aus den Kreisen der Bekennenden Kirche haben gegen die Judenverfolgung protestiert und Juden geholfen, aber sie wurden weitgehend alleingelassen und blieben ohne Rückendeckung in ihrer Kirche. Zu ihnen gehörte auch die bis vor kurzem unbekannte Berliner Studienrätin Elisabeth Schmitz.

Das mündet in die Frage: Wie verarbeitet die evangelische Kirche nach 1945 ihr Verhalten gegenüber den Juden während der Zeit des Nationalsozialismus?

Es dauerte Jahre, bis die mangelnde Solidarität mit den Juden als Schuld erkannt wurde. Und es brauchte Jahrzehnte, bis in Theologie und Kirche eine inhaltliche Abkehr vom traditionellen Antijudaismus vollzogen wurde.

Eine prägnante und verbindliche Distanzierung von Luthers Judenfeindschaft durch die Evangelische Kirche in Deutschland steht noch aus.

Als die Evangelische Kirche in Deutschland am Reformationsfest 2008 – nur wenige Tage vor dem Gedenken an die Reichspogromnacht vor siebzig Jahren – eine Lutherdekade ausruft, die bis zur fünfhundertjährigen Wiederkehr des Thesenanschlags am

31. Oktober 2017 dauern soll, sucht man vergeblich nach einem entsprechenden Wort.

Aber wie können wir heute in Deutschland Luther feiern, ohne seine furchtbaren Äußerungen zu den Juden als Irrweg zu erklären?

All diese Fragen haben mich nicht losgelassen. Und so ist daraus nun ein Buch geworden. Darin geht es um Luther, den Protestantismus und die Juden vor und nach 1945.

Inhalt des 1. Kapitels sind Luthers judenfeindliche Äußerungen, die im Dritten Reich eine nicht unbedeutende Rolle spielten.

Im Zentrum der Kapitel II–IV steht die von den Nationalsozialisten so genannte Reichskristallnacht, die aber nicht ohne den Zusammenhang der 12-jährigen nationalsozialistischen Judenpolitik dargestellt werden kann. Diese Nacht vom 9. auf den 10. November 1938 markiert zeitlich ungefähr die Mitte des Dritten Reichs, und in den Zerstörungen dieser Nacht „kristallisiert" sich der Antisemitismus der nationalsozi-alistischen Ideologie. Die brennenden Synagogen, die zerbrochenen Fensterscheiben, die auf die Straßen geworfenen Möbel, das war für alle in Deutschland sichtbar und hat sich als Bild für die Gewalt gegen Juden eingeprägt.

Und in der Reaktion der Christen auf die Zerstörung der jüdischen Gotteshäuser „kristallisiert" sich der Antijudaismus der kirchlichen und gerade auch der lutherischen Tradition. Wenn seit Jahrhunderten die Tempelzerstörung als göttliche Bestrafung der Juden gepredigt wird, ist der ausbleibende Protestschrei der „Protestanten“ gegen die Zerstörung der jüdischen Gotteshäuser nicht überraschend.

In den Kapiteln V–VII wird der Weg der evangelischen Kirche in Deutschland nach 1945 aufgezeigt bis zur Erkenntnis der Mitverantwortung, bis zur Überwindung der „christlichen“ Judenfeindschaft und bis zur nötigen Distanzierung von Luthers entsprechenden Schriften und Predigten.

Schließlich geht mein herzlicher Dank an alle, die die Entstehung dieses Buches ermutigend begleitet haben. Er gilt Prälat i. R. Paul Dieterich, der das Manuskript nicht nur begutachtet, sondern die Arbeit durch wichtige Impulse bereichert hat. Ebenso Pfarrerin i. R. Dietgard Meyer, die als Zeitzeugin und frühere Freundin von Elisabeth Schmitz die entsprechenden Passagen kritisch und konstruktiv gegengelesen hat. Ausdrücklich möchte ich auch der Calwer Verlag-Stiftung und namentlich Andrea Scholz-Rieker als Lektorin für ihre hilfreiche Unterstützung danken.

Und nicht zuletzt haben viele aus dem Freundeskreis und der Familie durch ihr Interesse das Schreiben gefördert, ganz besonders Brigitte Wendeberg. Bei unzähligen Tischgesprächen und aufgrund ihres intensiven Manuskriptlesens hat sie mir darüber hinaus wertvolle Rückmeldungen gegeben. All das hat dazu beigetragen, dass das Buch auch für Nichttheologen verständlich bleibt.

Albstadt-Ebingen, im November 2011 *Sibylle Biermann-Rau*

Vorwort

zur zweiten Auflage

Die Resonanz auf dieses Buch macht eine zweite Auflage nötig. Sie ist im Wesentlichen unverändert, sodass der Seitenumbruch weitgehend beibehalten werden konnte. Druckfehler wurden beseitigt und ein paar Formulierungen präzisiert, ebenso wie einige Anmerkungen und das Literaturverzeichnis.

Eine inhaltliche Änderung bezieht sich auf den Brief von Elisabeth Schmitz vom 15.11.1938 (S. 158f. und Anmerkung 229): Andreas Pangritz/Bonn machte mich darauf aufmerksam, dass entgegen seiner bisherigen Annahme Schmitz unmittelbar nach der Reichspogromnacht nicht Gollwitzer, sondern Pfarrer von Rabenau kontaktiert und ihm diesen Brief geschrieben hat.

Albstadt-Ebingen, im November 2013 *Sibylle Biermann-Rau*

I
„Von den Jüden und ihren Lügen ...“

(Martin Luther, 1543)

Der Philosoph Karl Jaspers schreibt 1963: „Was Hitler getan hat, hat Luther geraten, mit Ausnahme der direkten Tötung durch Gaskammern.“[1] Tatsächlich verkündigt Martin Luther in seinen letzten Lebensjahren Judenhass und rät zu Verfolgungsmaßnahmen wie Synagogenzerstörung, Zwangsarbeit, Vertreibung der Juden aus ihren Häusern und aus dem Land.

Man kann Luther nicht allein die Wirkungsgeschichte seiner Worte anlasten, aber man kommt auch nicht um die bittere Erkenntnis herum, dass Luther sich in seinen späteren Jahren in einer Schärfe gegen die Juden ausgesprochen hat, die noch für führende Nationalsozialisten Anlass war, sich auf ihn als „Patron der Judenverfolgung“ zu berufen.[2]

Luthers Judenfeindschaft ist allerdings nichts Neues, sie ist bei den Christen im ganzen Mittelalter verbreitet. Die Lage der Juden ist damals überall in Westeuropa von Elend und Vertreibungen gekennzeichnet.[3]

Den Juden wird vor allem vorgeworfen, sie würden Menschen vergiften und Brunnen, und das sei der Grund für die Pestepidemie. Aber auch Hostienschändung, Ritualmord und Gotteslästerung werden ihnen zur Last gelegt ... und nicht zuletzt die Schuld am Tod Jesu Christi. Der Grund für den Hass auf die Juden und den Wunsch, sie loszuwerden, liegt aber auch darin, dass viele Menschen bei den Juden Schulden haben und die handwerklich-gewerblichen Städter in den Juden unerwünschte Konkurrenten sehen.

Nach der Zeit der „spontanen" lokalen Judenverfolgungen mit Plünderungen und Mord werden im 15. und beginnenden 16. Jahrhundert die Juden aus den meisten deutschen Reichsstädten, Herrschaftsgebieten und Bistümern vertrieben. Gegen Bezahlung finden sie noch Schutz in manchen der vielen Länder im Deutschen Reich und in Dörfern. Hunderte von Synagogen sind bereits vernichtet. Judenfeindschaft und Judenhass werden in der mittelalterlichen Kirche auch durch Universitäten, Schulen, Schriften und Predigten in der Bevölkerung verbreitet.[4] Das ist die Situation, die Luther vorfindet.

Luther äußert sich in allen Phasen seines Wirkens zur Judenfrage, in Vorlesungen über die Psalmen u. a., in vielen Predigten, Briefen und Tischreden und in seinen großen sogenannten „Judenschriften" („Dass Jesus ein geborener Jude sei"/„Wider die Sabbather"/„Von den Jüden und ihren Lügen"/„Vom Schem Hamphoras und vom Geschlecht Christi"/„Von den letzten Worten Davids").

Das Thema steht für den Reformator nicht am Rande und ist auch nicht auf die genannten Sonderschriften beschränkt, sondern vielmehr im „Grundmuster der Theologie Luthers" verankert.[5]

Im Folgenden geht es vor allem um die Äußerungen Luthers aus seinen letzten Jahren, die von Judenfeindschaft und Judenhass geprägt sind (s. S. 17 ff.). Diese sollen zunächst – bis auf kurze Überleitungen – unkommentiert wiedergegeben werden. Eine Bewertung von Luthers Judenfeindschaft, die in der theologischen Diskussion durchaus unterschiedlich ausfällt, erfolgt erst an späterer Stelle (s. S. 292 ff.).

Dieses Vorgehen erscheint mir möglich und auch sinnvoll, denn die meisten, die Luthers Worte seit Jahrhunderten hören und lesen, haben nicht den theologischen Hintergrund, um diese einzuordnen. Luthers Worte wirken zunächst so, wie sie dastehen. Und so werden sie gerade auch in den Veröffentlichungen aus der Zeit des Nationalsozialismus innerhalb und außerhalb der Kirche mit Berufung auf Luthers Autorität zitiert (s. S. 44 ff.).

Luthers antijüdische Äußerungen

Auch wenn es dabei vor allem um die Äußerungen aus den späten Jahren 1538 bis 1546 geht, soll Luthers Einstellung zu den Juden in den fünfundzwanzig Jahren zuvor angedeutet werden[6].

1514 stellt sich Luther im sogenannten Reuchlin-Streit mit einem Gutachten auf die Seite des Humanisten Johannes Reuchlin. Dieser hatte sich gegen die Forderung des getauften Juden Johannes Pfefferkorn ausgesprochen, jüdische Schriften zu verbrennen.[7]

1523 erscheint Luthers Schrift: „Dass Jesus Christus ein geborener Jude sei!" Es ist „Die Wahrnehmung der Juden als Menschen"[8] Darin heißt es:

> „Darum will ich aus der Schrift erzählen die Ursachen, die mich bewegen zu glauben, dass Christus ein Jude sei von einer Jungfrau geboren, ob ich vielleicht auch von den Juden einige möchte zum Christenglauben reizen. Denn unsere Narren die Päpste, Bischöfe, Sophisten und Mönch, die groben Eselsköpfe, sind bisher so mit den Juden verfahren, dass, wer ein guter Christ gewesen wäre, hätte wohl mögen ein Jude werden. Und wenn ich ein Jude gewesen wäre und hätte solche Tölpel und Grobiane gesehen den Christenglauben regieren und lehren, so wäre ich eher eine Sau geworden als ein Christ. Denn sie haben mit den Juden gehandelt, als wären es Hunde und nicht Menschen, haben nichts anderes kundgetan, als sie zu schelten und ihr Gut zu nehmen. Wenn man sie getauft hat, hat man keine christliche Lehre oder Leben an ihnen bewiesen, sondern nur der Päpsterei und Möncherei unterworfen. [...]
> Wenn die Apostel, die auch Juden waren, so mit uns Heiden gehandelt hätten, wie wir Heiden

> mit den Juden, es wäre nie jemand Christ unter den Heiden geworden.
> Haben sie so brüderlich an uns Heiden gehandelt, so sollen wir wiederum brüderlich an den Juden handeln, ob wir nicht einige bekehren möchten ... Und wenn wir uns gleich hoch rühmen, so sind wir dennoch Heiden und die Juden von dem Geblüt Christi, wir sind Schwäger und Fremdlinge, sie sind Blutsfreunde, Vettern und Brüder unseres Herrn. [...] Ich hoffe, wenn man mit den Juden freundlich handelt und aus der heiligen Schrift sie säuberlich unterweist, so sollten von ihnen viele rechte Christen werden."[9]

In dieser Schrift entfernt sich Luther etwas vom traditionellen kirchlichen Antijudaismus des Mittelalters und schlägt auch in Bezug auf die Juden neue Töne an. Er sieht sogar eine christliche Mitschuld am jüdischen „Unglauben".

In dieser Schrift, so die EKD-Studie III (s. S. 269), teile Luther zwar das allgemeine Urteil der Kirche seiner Zeit, das jüdische Volk stehe unter dem Zorn Gottes, weil es den in seinen eigenen heiligen Schriften geweissagten Jesus nicht als Messias anerkannt habe. „Er verweist jedoch auf die jüdischen Wurzeln des Christentums, wendet sich gegen Diskriminierung von Juden und jüdischen Lebensformen und redet stattdessen einer liebevollen Zuwendung der Christen zu Juden das Wort, ja er plädiert sogar für ihre Integration in die Gesellschaft. Er hofft, dass dadurch die Juden bereit werden, die christliche Botschaft zu hören und anzunehmen."[10]

Luthers freundlicher Ton ist also durchaus zweckgerichtet. Er will die Juden gewinnen, sich zur Kirche der Reformation zu bekehren. Die neue Wertschätzung der Schrift, auch des Alten Testaments, könnte den Juden den Zugang zum Christentum erleichtern, hofft Luther.

Umgekehrt setzen auch die Juden ihrerseits große Hoffnungen auf Luther.[11] Diese werden genährt durch Luthers Studium des Alten Testaments in seinem hebräischen Urtext sowie durch seine Auflehnung gegen die Römische Kirche, die die seitherigen Judenverfolgungen mitverantwortet hat.

Die Schrift „Dass Jesus ein geborener Jude sei" wird deshalb auch von den Juden verbreitet und in Auszügen sogar ins Hebräische übersetzt, während Rom seit 1524 den Reformator als „semi-judaeus" (Halbjuden) brandmarkt.

Luther ist jedoch mit den Juden nicht ins Gespräch gekommen. Stattdessen ist Folgendes überliefert:[12]

Als sich die Regensburger Juden zwischen 1519 und 1521 hilfesuchend an Luther wenden, weil ihnen die Vertreibung droht, bleiben sie ohne Antwort.

Ein Gespräch, zu dem 1526 drei gelehrte Juden Luther in Wittenberg aufsuchen, endet mit einer Konfrontation und wird daher auch als „Vergegnung" bezeichnet.[13] Und als der Vorsteher der Juden in

Deutschland, Josel von Rosheim, 1537 Luther besuchen möchte, um ihn darum zu bitten, sich für die Wiederzulassung von Juden in Sachsen einzusetzen, weist dieser das Ansinnen in einem Brief „Meinem guten Freunde“ zurück. „Verletzter Glaube, enttäuschte Hoffnung, erstarrte Liebe“, kommentiert Peter von der Osten-Sacken diesen Vorgang.[14]

Eine breite Bekehrung der Juden zum Protestantismus findet nicht statt. Stattdessen kommt Luther zu Ohren, Juden hätten in Mähren eine erfolgreiche Mission unter Christen betrieben.

Auch wenn die jüdische Religion eigentlich keine aktive Missionstätigkeit kennt, mag es vorgekommen sein, dass einzelne Christen zum Judentum übergetreten sind.

Daraufhin schreibt Luther 1538 die Schrift „Wider die Sabbather“.[15]

Die Entgegnung eines jüdischen Rabbi aus dem Frühjahr 1542 ist nicht mehr erhalten. Darin sollen angeblich die Christen zum Übertritt zur jüdischen Religion aufgefordert worden sein.[16] Das ist der äußere Anlass dafür, dass sich nun Luthers ganzer Zorn über die Juden entlädt, er sie mit pauschalen Vorwürfen überschüttet und dabei wieder die alten judenfeindlichen Vorurteile pflegt. Die eigentlichen Gründe liegen aber tiefer.

Allgemein wird angenommen, dass es mit einer großen Enttäuschung Luthers über die ausbleibende Bekehrung der Juden zur Kirche der Reformation zu tun hat und er in ihnen jetzt nicht mehr potentielle Christen sieht.

Zum anderen hat es nach Meinung von Walther Bienert mit der Entstehung der lutherischen Landeskirchen zu tun:[17] Ursprünglich hatte Luther entsprechend seiner „Zwei-Reiche-Lehre“ eine vom Staat unabhängige und freie Kirche gewollt, aber nun standen die lutherischen Landeskirchen unter dem Schutz der Landesherren.

Luther sieht seine Rolle mittlerweile als Wächter über die Lehre, der denjenigen bekämpft, der der Wahrheit des Evangeliums die Anerkennung verweigert, und ruft nun die Landesherren zu entsprechenden Maßnahmen auf. Da die katholische Religion in den lutherischen Territorien keine Rolle mehr spielt, geht es jetzt vor allem darum, die Juden auszuschließen. (Zu den theologischen Begründungen für Luthers Polemik gegen die Juden siehe auch s. S. 292 ff.)

Im Herbst 1542 gibt Luther in einer Tischrede den Regierenden zum ersten Mal den Rat, sie sollten Juden, welche die Jungfrau Maria lästern, zum Land hinaustreiben.[18]

Ein Jahr später, 1543, erscheint die umfangreiche 150-seitige Schrift „Von den Jüden und ihren Lügen“. Es ist „die hemmungslose Dämonisierung der Juden und die Saat der Gewalt“[19]. Vergessen scheinen manche früheren Einsichten. Luther hält jetzt sogar die Bekehrung der Juden für ausgeschlossen. So heißt es in der Einleitung:

„Es ist nicht mein Vorhaben, dass ich mit den Juden zanken oder von ihnen lernen wollte, wie sie die Schrift deuten oder verstehen; ich weiß das alles schon ohnedies gut. Noch viel weniger gehe ich damit um, dass ich die Juden bekehren will; denn das ist unmöglich."[20]

Im ersten Teil dieser Schrift geht es um den jüdischen Anspruch, das Volk Gottes zu sein, im zweiten um die jüdische Weigerung, Jesus als den Messias anzuerkennen, im dritten um jüdische Lästerungen. Im Schlusskapitel gibt Luther seine Ratschläge an die Obrigkeit für den Umgang mit den Juden. Diese Schrift ist voller Aggressivität und hemmungsloser Verteufelung der Juden. Zwei der ungeheuerlichen Vorwürfe, die Luther den Juden macht, sollen herausgegriffen werden.

1. *Die Juden hassen die Heiden, die durch Christus zum Gottesvolk hinzugekommen sind:*
   „Sie wollen's nicht, sie können's nicht leiden, dass wir Heiden ihnen vor Gott gleich sein sollten und dass der Messias für uns Trost und Freude sein sollte so gut wie für sie. Ehe sie das litten, sage ich, dass wir Heiden, die von ihnen ohn Unterlass verspottet, vermaledeit, verflucht, gelästert, geschändet werden, mit ihnen am Messias teilhaben und ihre Miterben und Brüder heißen sollten, kreuzigten sie eher noch zehn Messiasse und schlügen Gott – wenn dies möglich wäre – selber tot mit allen Engeln und

allen Kreaturen, und wenn sie tausend Höllen statt einer (damit) verdienten. [...]
Sie haben solchen giftigen Hass gegen die Gojim (Heiden) von Jugend auf von ihren Eltern und Rabbinen eingesogen und saugen (ihn) noch in sich ohn Unterlass, dass es ihnen ... ganz und gar zur Natur und zum Leben geworden ist. Und so wenig sie Fleisch und Blut, Mark und Bein ändern können, so wenig können sie diesen Stolz und Neid ändern; sie müssen so bleiben und verderben, wenn Gott nicht sonderlich hohe Wunder tut."[21]

Doch: Wer hasst hier wen? Und schreibt Luther hier nicht eine „Natur" des Juden fest?

2. *Die Juden sind geldgierige Räuber*:
„Sie leben bei uns zu Hause, unter unserem Schutz und Schirm, brauchen Land und Straßen, Markt und Gassen. Und die Fürsten und die Obrigkeit sitzen dabei, schnarchen und haben das Maul offen, lassen die Juden aus ihrem offenen Beutel und Kasten nehmen, stehlen und rauben, was sie wollen, d. h. sie lassen sich selbst und ihre Untertanen durch der Juden Wucher schinden und aussaugen und mit ihrem eigenen Geld sich zu Bettlern machen [...] Wenn ein Dieb zehn Gulden stiehlt, so muss er hängen; raubt er auf der Straße, so ist der Kopf verloren. Aber ein Jude, wenn er zehn Tonnen Gold stiehlt und raubt durch seinen Wucher, so ist er (uns) lieber als Gott selber."[22]

Vergessen ist die Tatsache, dass die Christen den Juden Arbeitsverbote erteilt und sie in den Geldverleih getrieben haben. Stattdessen bedient und verschärft Luther das gängige Vorurteil über den Wucherjuden. Von den Vorwürfen ist es nur ein kleiner Schritt zum Wunsch, sich die Juden vom Leibe zu halten:

> „Wir wollten gerne (ein) Geschenk dazu geben, dass wir sie los wären. Denn sie sind uns eine schwere Last wie eine Plage, Pestilenz und lauter Unglück in unserem Lande [...].
> Sie halten uns Christen in unserem eigenen Lande gefangen, sie lassen uns arbeiten im Nasenschweiß und Geld und Gut gewinnen; dieweil sitzen sie hinter dem Ofen, faulenzen, pompen und braten Birnen, saufen, leben sanft und wohl von unserem erarbeiteten Gut, halten uns unsere Güter gefangen durch ihren verfluchten Wucher."[23]

„Die Juden sind unser Unglück" wird es später in der antijüdischen Propaganda des Nationalsozialismus heißen. Luther redet geradezu einer Verteufelung der Juden das Wort:

> „Darum wisse du, lieber Christ, und zweifle nicht daran, dass du nächst dem Teufel keinen bittereren, giftigeren, heftigeren Feind hast als einen rechten Juden, der mit Ernst ein Jude sein will."

Und:

> „Darum, wo du einen rechten Juden siehst, magst du mit gutem Gewissen ein Kreuz für

dich schlagen und frei (und) sicher sprechen: ‚Da geht ein leibhaftiger Teufel'."[24]

Immer mehr steigert sich Luther in die wahnhafte Vorstellung hinein, die Juden seien „Christus- und Christenmörder", während die Christen Schuld auf sich laden, indem sie das alles mit sich machen ließen und in Liebe den Juden begegneten.

„Wir fluchen ihnen nicht, sondern wünschen ihnen alles Gute, leiblich und geistlich, herbergen sie bei uns, lassen sie mit uns essen und trinken, wir stehlen und zerstechen ihre Kinder nicht, vergiften ihr Wasser nicht, uns dürstet nicht nach ihrem Blut.
Womit verdienen wir denn solchen grausamen Zorn, Neid und Hass dieser großen, heiligen Kinder Gottes?
Es ist nicht anders als wie oben aus Mose angesagt, dass sie Gott mit Wahnsinn, Blindheit und rasendem Herzen geschlagen hat.
Deshalb ist es auch unsere Schuld, dass wir das große unschuldige Blut, das sie an unserem Herrn und an den Christen dreihundert Jahre lang nach der Zerstörung Jerusalems und bis heute an den Kindern vergossen haben (was heute noch aus ihren Augen und aus ihrer Haut scheint), nicht rächen, sie nicht totschlagen, sondern sie für all ihren Mord, Fluchen, Lästern, Lügen, Schänden frei bei uns sitzen lassen, ihre Schule, Häuser, Leib und Gut schützen und

> schirmen, womit wir sie faul und sicher machen und helfen, dass sie getrost unser Geld und Gut uns aussaugen, dazu uns verspotten, uns anspeien, ob sie nicht zuletzt unser mächtig werden könnten."[25]

Die Projektion eigener Gewaltfantasien auf die Juden ist offensichtlich. Und dass es gar als christliche Schuld angesehen wird, wenn Christen die Juden nicht totschlagen, kommt einem Aufruf zum Töten gefährlich nahe.[26]

Schließlich werden die antijüdischen Ressentiments vermischt mit religiösen Motiven und mit dem Feuer des göttlichen Zorns legitimiert:

> „Was wollen wir Christen nun mit diesem verworfenen, verdammten Volk der Juden tun? Dulden können wir es nicht, nachdem sie bei uns sind und wir solches Lügen, Lästern und Fluchen von ihnen wissen [...] Ebensowenig können wir das unauslöschliche Feuer des göttlichen Zorns – wie die Propheten sagen – löschen noch die Juden bekehren.
> Wir müssen mit Gebet und Gottesfurcht eine scharfe Barmherzigkeit üben, ob wir doch etliche aus der Flamme und Glut erretten könnten."[27]

„Scharfe Barmherzigkeit"– was für eine merkwürdige, unbiblische Wortschöpfung. Was Luther darunter versteht, führt er im Folgenden aus: „Ich will meinen treuen Rat geben."

Seine sieben konkreten Ratschläge an die politische Obrigkeit zum Umgang mit den Juden sind erschreckend.

„Erstens soll man ihre Synagogen oder Schulen mit Feuer anstecken und, was nicht verbrennen will, mit Erde überhäufen und zuschütten, dass kein Mensch einen Stein oder eine Schlacke davon sehe ewiglich. Und das soll man unsrem Herrn und der Christenheit zu Ehren tun, damit Gott sehe, dass wir Christen seien und solch öffentliches Fluchen und Lästern seines Sohnes und seiner Christen nicht mit Wissen geduldet noch (darin) eingewilligt haben [...].

Zum andern soll man auch ihre Häuser desgleichen zerbrechen und zerstören [...]. Dafür mag man sie etwa unter ein Dach oder in einen Stall tun, wie die Zigeuner, damit sie wissen, sie seien nicht Herren in unsrem Lande, wie sie sich rühmen, sondern im Elend und gefangen [...].

Zum dritten soll man ihnen alle ihre Betbüchlein und Talmudisten nehmen, in denen solche Abgötterei, Lügen, Fluch und Lästerung gelehrt wird.

Zum vierten soll man ihren Rabbinen bei Leib und Leben verbieten, hinfort zu lehren [...].

Fünftens soll man den Juden das Geleit und die (freie) Straße ganz aufheben [...]. Sie sollen daheim bleiben [...].

Sechstens soll man ihnen den Wucher verbieten und ihnen alle Barschaft und Kleinodien an Silber und Gold nehmen und es zur Verwahrung beiseitelegen [...].
Siebentens soll man den jungen, starken Juden und Jüdinnen Flegel, Axt, Karst, Spaten, Rocken, Spindel in die Hand geben und sie ihr Brot verdienen lassen im Schweiß der Nase [...]. Befürchten wir aber, dass sie uns an Leib, Weib, Kind, Gesinde, Vieh usw. Schaden tun könnten, wenn sie uns dienen oder arbeiten sollen [...], so laßt uns [...] mit ihnen abrechnen, was sie uns abgewuchert haben; und darnach gütlich geteilt, sie aber auf jeden Fall zum Land hinausgetrieben! Denn, wie gehört, Gottes Zorn ist so groß über sie, dass sie durch sanfte Barmherzigkeit nur ärger und ärger, durch Schärfe aber (nur) wenig besser werden. Darum nur fort mit ihnen!"[28]

Luther macht sich selbst zum scharfen Richter über die Juden, der alles, was ihnen wert ist, in die Flammen stoßen will. Als direkte Folge dieser Schrift gibt es in Hessen einen Ausweisungsbefehl, und in Sachsen verbietet Luthers Landesherr jedem Juden Aufenthalt und Durchzug.[29]

Die Juden sind über diese Schrift zu Recht bestürzt. Josel von Rosheim, der bereits erwähnte Sprecher der Juden, ersucht den Stadtrat von Straßburg, die Veröffentlichung dieser Schmähschrift zu verhindern, denn niemals habe „ein Hochgelehrter solch grob unmenschlich Buch mit Scheltworten und Laster uns armen Juden auferlegt, von dem sich, Gott weiß es, in unserem Glauben und in unserer Jüdischkeit in der Tat auch nicht das Geringste finden lässt".[30]

Ebenfalls 1543 erscheint die Schrift „Vom Schem Hamphoras und vom Geschlecht Christi". Es ist eine Schrift „Von Schmähung und Schmach".[31]

Darin wendet sich Luther scharf gegen die Geheimlehre der Kabbala, einer bedeutenden jüdischen Mystik.

Was diese aus dem „Schem Hamphoras", dem „Unverstelltern Namen" Gottes, entwickelt, ist für Luther eine Buchstabenspielerei. In diesem Zusammenhang spricht er unverhohlen von der Judensau, die – wie an vielen anderen Kirchen – auch an der Stadtkirche Wittenberg zu sehen ist.[32] Die Juden zusammen mit einem Schwein darzustellen, ist eine besonders infame Beleidigung angesichts ihrer Tradition, die in den Schweinen unreine Tiere sieht, die auch nicht verzehrt werden dürfen.

So beantwortet Luther die Frage, woher die Juden diese hohe Weisheit haben, gemeint ist diese Geheimlehre der Kabbala:

> „Es ist hier zu Wittenberg an unserer Pfarrkirche eine Sau in Stein gehauen. Da liegen junge Ferkel und Juden darunter, die saugen. Hinter der Sau steht ein Rabbiner, der hebt der Sau das rechte Bein empor und mit seiner linken Hand

> zieht er den Bürzel (d.i. Schwanz) über sich, bückt (sich) und guckt mit großem Fleiß der Sau unter den Bürzel in den Talmud hinein, als wollte er etwas Scharfes und Sonderliches lesen und ersehen. Daselbst haben sie gewisslich ihr Schem Hamphoras [...] Denn also redet man bei den Deutschen von einem, der große Klugheit ohne Grund vorgibt: Wo hat er's gelesen? Der Sau im (grob heraus) Hintern."[33]

Hier bringt Luther sogar den Talmud, diesen grundlegenden rabbinischen Kommentar zur Tora (zu den fünf Büchern Mose) in grober Weise mit der Judensau in Verbindung.

Über dem Relief an der Wittenberger Kirche ist zweihundert Jahre nach Luther wohl unter dem Eindruck seiner Schrift die Inschrift „Rabbini" und „Schem Hamphoras" eingemeißelt worden.[34]

Ausgerechnet ein Foto davon ist als einzige Illustration im 1920 gedruckten (und 1968 wieder abgedruckten) 53. Band der Weimarer Luther-Ausgabe aufgenommen worden.

Zwei Fragen drängen sich zudem auf:

1. *Wie steht Luther zu den sogenannten Israel-Kapiteln Römer 9–11, in denen sich Paulus zur bleibenden Erwählung Israels und zu Gottes besonderem Weg mit Israel äußert?*
   Dazu heißt es in der erwähnten Schrift „Vom Schem Hamphoras":

„Kurz und gut: Es sind junge Teufel, zur Hölle verdammt [...].
Vom ganzen Haufen mag hoffen, wer will, ich habe da keine Hoffnung, weiß auch keine Schriftstelle dafür. Können wir schon den großen Haufen unsrer Christen nicht bekehren und müssen uns am kleinen Häuflein genügen lassen, wie viel weniger ist es möglich, diese Teufelskinder alle zu bekehren! Denn dass einige aus dem Römerbrief Kapitel 11 den Wahn schöpfen, als sollten alle Juden am Ende der Welt bekehrt werden, ist nichts; St. Paulus meint etwas ganz anderes."[35]

Offenbar ist Luther blind gegenüber der Erkenntnis des Paulus in Römer 9–11, die nicht nur die Christen vor Überheblichkeit gegenüber ihrer Wurzel mahnt, sondern auch vom bleibenden Bund Gottes mit Israel spricht und schließlich vom Geheimnis Gottes über den Weg mit Israel.[36]

2. *Was sagt Luther zum Umgang mit dem Alten Testament, der Bibel der Juden?*
Dazu heißt es in der dritten Schrift von 1543 „Von den letzten Worten Davids":
„Gott gebe, dass unsere Theologen tapfer Hebräisch studieren und uns die Bibel wieder heimholen von den mutwilligen Dieben und alles besser machen, denn ich's gemacht habe. D. h. sie sollen sich nicht in die Gefangenschaft der

Rabbinen mit ihrer gemarterten Grammatik und falschen Auslegung begeben, damit wir den lieben Herrn und Heiland hell und klar in der Schrift finden und erkennen."[37]

Luther hält am Alten Testament fest, hat aber die Schriften so umgeordnet, dass sie besser zu seiner Auslegung passen, das Alte Testament führe geradezu auf das Kommen des Messias Jesus Christus hin. Auch die Psalmen werden von Christus her gedeutet.[38] Den „Rabbinen" spricht er einfach ab, ihre Bibel recht auslegen zu können und beansprucht dies allein für die christlichen Theologen. Er meint, als Christ das Alte Testament vor den Juden, den „Dieben", retten zu müssen, obwohl das Alte Testament doch zunächst die Bibel der Juden ist.

An dieser Stelle ist unbedingt noch von der Einführung des „Judensonntags" durch Luther und die Reformatoren zu reden, eines besonderen Gedenktages an die Zerstörung Jerusalems und des Tempels.[39]

Dieser Sonntag hat jahrhundertelang zur Rechtfertigung von Judenverachtung beigetragen.

Seit jeher gedenken die Juden jedes Jahr im August an die Zerstörung des Tempels. Schon in der mittelalterlichen Kirche wird in zeitlicher Nähe, am 10. Sonntag nach dem Dreieinigkeitsfest (Trinitatis), Jesu klagende Ankündigung der Tempelzerstörung aus Lukas 19,41–48 gelesen oder gepredigt. Aber erst in den lutherischen Kirchen seit der Reformation bekommt dieser Sonntag seine besondere Prägung als „Judensonntag“. Gepredigt wird nach dem Vorbild Luthers, der viele Predigten zu diesem Bibeltext gehalten hat – eine davon ist in den beiden über Jahrhunderte am weitesten verbreiteten Predigtbüchern Luthers aufgenommen worden.

Dazu wird in diesem Gottesdienst die „Historie von der Zerstörung Jerusalems“ von Johannes Bugenhagen verlesen, einem Freund Luthers – und diese wird auch in Gesangbüchern abgedruckt. „Bugenhagen und Luther interpretieren die Tempelzerstörung als gerechte göttliche Bestrafung der Juden.“ Auch wenn das abschreckende Negativbeispiel der Juden die Christen zur Umkehr aufrufen soll, werden hier doch zugleich antijudaistische Vorurteile bestätigt und verstärkt.

Der Judensonntag hat seinen festen Platz im Kirchenjahr und in der Gemeinde, über viele Jahre, und wirkt also unmittelbar auf die Menschen ein. So können gerade auch seit dem ausgehenden 19. Jahrhundert die entsprechenden Gottesdienste und Veröffentlichungen in Sonntagsblättern zum Judensonntag zur Verbreitung des Antisemitismus in Deutschland beitragen.

Diese Art und Weise des jährlichen Gedenkens an die Tempelzerstörung dürfte nicht zuletzt auch die Hemmschwelle zur Zerstörung von Synagogen gesenkt und den Protest dagegen gelähmt haben.

(Zum Umgang mit diesem Sonntag nach 1945 s. S. 274 ff.)

Schließlich die letzten Worte Luthers über die Juden: 1546 „Vermahnung wider die Juden“. Es ist „Kanzelhilfe zur Judenvertreibung“.[40]

Diese Vermahnung schließt Luther an seine letzte Predigt in Eisleben an, in der er die Juden als grobe Narren beschimpft.

Es sind somit die letzten Worte, die der Reformator von einer Kanzel spricht, am 15. Februar, drei Tage vor seinem Tod.

Luther ergreift Partei in der Streitfrage der Mansfelder Grafen, ob die Juden ausgewiesen oder in Schutz genommen werden sollten. Dabei scheut er nicht davor zurück, sich gemeiner Vorurteile zu bedienen und die eigene Aggression als „Verteidigung“ gegenüber der vermeintlichen jüdischen Aggression auszugeben:

> „Zudem habt ihr auch noch die Juden im Lande, die da großen Schaden tun. Nun wollen wir christlich mit ihnen handeln und bieten ihnen erstlich den christlichen Glauben an, dass sie den Messias wollen annehmen, der doch ihr Vetter ist […]
> Wo nicht, so wollen wir sie nicht leiden, denn Christus gebietet uns, dass wir uns sollen taufen lassen und an ihn glauben […]
> Nun ists mit den Juden also getan, dass sie unsern Herrn Jesus Christus täglich nur lästern und schänden […]
> Darum sollt ihr Herren sie nicht leiden, sondern wegtreiben.

> Wo sie sich aber bekehren, ihren Wucher lassen und Christus annehmen, so wollen wir sie gerne als unsere Brüder halten.
> Anders wird nichts daraus, denn sie machens zu groß. Sie sind unsere öffentlichen Feinde [...] und wenn sie uns alle töten könnten, so täten sie es gerne und tuns auch oft, sonderlich die sich für Ärzte ausgeben, ob sie gleich je zuzeiten helfen. Denn der Teufel hilfts doch zuletzt versiegeln. So können sie auch die Arznei, so man in Welschland kann, da man einem ein Gift beibringt [...] Die Kunst können sie [...]
> Noch wollen wir die christliche Liebe an ihnen üben und für sie bitten, dass sie sich bekehren [...] Welcher solches nicht tun will, da setze es in keinem Zweifel, dass der ein verböster Jude ist, der nicht ablassen wird, Christum zu lästern, dich auszusaugen und [wo er kann] zu töten.“

Und Luther schließt mit den Worten:

> „Wollen sich auch die Juden zu uns bekehren und von ihrer Lästerung und was sie sonst getan haben, aufhören, so wollen wir es ihnen gerne vergeben. Wo aber nicht, so sollen wir sie auch bei uns nicht dulden noch leiden.“ [41]

Luther kennt keine Gnade mehr mit den Juden, sie verkörpern das Böse, es sei denn, sie bekehren sich. Das wird aber gleichzeitig durch die Haltung der Christen gegenüber den Juden ziemlich unmöglich gemacht. Diese letzten Äußerungen sind ein uns heute erschreckendes Vermächtnis.

Was Luther in den Schriften des Jahres 1543, insbesondere in der Schrift „Von den Jüden und ihren Lügen" polemisch gegen die Juden schreibt, hat er nicht erfunden.[42] Er stützt sich dabei größtenteils auf die spätmittelalterliche antijudaistische Polemik eines Nikolaus von Lyra (bis 1349) und Paulus Burgensis (bis 1435) sowie auf das 1520 gedruckte Traktat von Salvagus Porchetus und die 1530 erschiene Schrift des Zeitgenossen Antonius Margaritha „Der gantz Jüdisch glaub". Dieses Buch eines zum Christentum übergetretenen Rabbinersohnes liefert Luther das wichtigste Material für seine Verleumdungen und Lästerungsvorwürfe. [43]

Wie aber denken andere Zeitgenossen Luthers über die Juden?[44]

Judenfeindliche Äußerungen finden sich insbesondere auch bei seinem Gegenspieler, dem katholischen Theologen Johannes Eck. Die Humanisten Reuchlin und Erasmus schlagen zwar neue Töne an, sind aber auch keine Freunde der Juden.

Bei den Reformatoren gibt es unterschiedliche Stimmen: Bei manchen zeigt sich eine judenfeindliche Haltung, wenn auch nicht in der Schärfe wie bei Luther. Bemerkenswert aber ist, dass es unter den lutherischen Reformatoren auch Distanz zu Luthers Äußerungen, dass es auch judenfreundliches Denken und Handeln gibt.

So bezeichnet es Melanchthon, der Weggefährte Luthers, der zeitweilig in Wittenberg Hebräisch lehrt, 1519 ausdrücklich als einen Verdienst Reuchlins, jüdische Schriften vor dem Scheiterhaufen bewahrt zu haben. Als sich Josel von Rosheim 1539 mit der Bitte an Melanchthon wendet, dieser möge sich für die aus Brandenburg vertriebenen Juden einsetzen, trifft er auf offene Ohren – und Melanchthon hat Erfolg. Trotz seiner negativen Sicht des nachbiblischen Judentums sieht Melanchthon die Juden nicht als Feinde an, aber auch nicht als Brüder. Luthers Judenschriften reicht er weiter, und in der Schrift „Von den Jüden und ihren Lügen“ sieht er – bei manchen Bedenken – Nützliches enthalten.

Zwar ist auch Martin Bucer (Straßburg) überzeugt, dass die Juden das Gemeinwohl bedrohen, allerdings kritisiert er Luthers Judenschriften von 1543 als maßlos.

Eigenständige Standpunkte gegenüber den Juden finden sich insbesondere bei den Reformatoren Jonas, Osiander und Rhegius. Justus Jonas (Halle) gelingt ein theologischer Neuansatz im Verhältnis von Juden und Christen, den Luther ausdrücklich einmal als anderen Weg bezeichnet. Jonas verwendet auch das Bild vom „Baum Israel“, auf den die Christen aufgepfropft seien. Andreas Osiander (Nürnberg) tritt 1541 in einer anonymen Schrift für die Juden ein. Er protestiert dagegen, den Juden zu unterstellen, sie hätten christenfeindliche Absichten. In einem Schreiben an den Juden Levita äußert er sich abfällig über Luthers Schrift „Vom Schem Hamphoras“. Urbanus

Rhegius (Braunschweig) hat Kontakt zu jüdischen Gemeinden und tritt schützend für sie ein. Er liefert auch eine theologische Begründung für die Tolerierung der Juden.

Auch aus der Schweiz, in der die Juden allerdings bereits ausgewiesen waren, kommen andere Töne: Während sich der Genfer Reformator Calvin kaum zu den Juden äußert, nennt Zwinglis Nachfolger in Zürich, Bullinger, Luthers Schriften von 1543 „sehr schmutzig geschrieben".

Nach 1945 sind Luthers judenfeindliche Äußerungen nicht nur aus manchen Lutherausgaben, sondern allgemein ziemlich stillschweigend in der Versenkung verschwunden. Aber angesichts ihrer Wirkungsgeschichte muss man sich mit ihnen auseinandersetzen und ihnen eine klare Absage erteilen.

Abschließend sei der jüdischen Historikerin Marianne Awerbuch das Wort gegeben:

> „Güte und Milde, wie sie einem Christenmenschen nach lutherischem Verständnis wohl anstehen sollten, suchen wir in diesen [sc. antijüdischen] und auch in anderen seiner Schriften vergebens. Dies gilt es zur Kenntnis zu nehmen, mit dieser Tatsache muss man lernen zu leben."[45]

Exkurs: Begriffsklärung Antijudaismus und Antisemitismus

Erscheinungen von Judenfeindschaft gibt es seit dem Altertum, die beiden Begriffe „Antijudaismus" und „Antisemitismus" stammen jedoch erst aus dem

19. Jahrhundert. Auch wenn Antijudaismus und Antisemitismus unterschieden werden, gibt es fließende Übergänge und Zusammenhänge. Eine strikte Trennung zwischen einem in der christlichen Tradition begründeten Antijudaismus einerseits und einem rassisch begründeten Antisemitismus andererseits ist zu einfach.

Antijudaismus „Der Begriff Antijudaismus ist in neuerer Zeit eingeführt worden, um eine aus der christlichen Tradition begründete Judenfeindschaft vom allgemeinen Antisemitismus abzugrenzen. Antijudaismus nennt man judenfeindliche Einstellungen und die jüdische Glaubensweise herabsetzende Äußerungen im Verlauf der Geschichte der christlichen Kirche. Antijudaismus trägt ohne Zweifel zur religiösen Begründung des Antisemitismus bei."[46]

Der Antijudaismus hat seine Wurzeln bereits in den ersten Jahrhunderten nach Christus, als eine zunehmend scharfe Trennung zwischen christlicher und jüdischer Gemeinde erfolgte und durch eine wechselseitige polemische Abgrenzung verstärkt wurde.

Das findet auch seinen Niederschlag in den späteren Schriften des Neuen Testaments wie beispielsweise dem Johannesevangelium. Diese antijüdischen Tendenzen im Neuen Testament dürfen aber nicht aus diesem historischen Zusammenhang herausgelöst und als Fundament eines christlichen Antijudaismus missbraucht werden. Auch die früheren Aussagen des Neuen Testaments, die wie der Römerbrief des Paulus frei sind von dieser Judenfeindschaft, müssen gesehen werden. Und die Streitgespräche Jesu mit den Schriftgelehrten sind nicht antijüdisch, sondern spiegeln innerjüdische Auseinandersetzungen.[47]

Der Antijudaismus ist eine Erscheinung, die sich durch die ganze Kirchengeschichte hindurchzieht. Man wirft den Juden vor, schuld zu sein am Tod Jesu, die Christen zu hassen und Gott zu lästern, dem Teufel nahe zu stehen und verstockt zu sein. Nach den Kreuzzügen verschärft sich die Hetze gegen die Juden, man bezichtigt sie des Ritualmords und der Hostienschändung. Den Juden werden von Kirchenleuten aber auch Vorwürfe gemacht, die über den religiösen Bereich hinausgehen, wenn diese von „Wucherjuden" sprechen oder Juden beschuldigen, Brunnen vergiftet und damit die Pest verursacht zu haben.

Nicht zuletzt tragen Passionsspiele und Predigten dazu bei, diese Vorurteile zu verbreiten. Und: „Laut den spätmittelalterlichen Vorstellungen musste der Böse auch äußerlich erkennbar sein, und deshalb wurden die Juden immer als hässliche Wesen gezeigt."[48]

ANTISEMITISMUS „Antisemitismus ist ein Begriff des späten 19. Jahrhunderts, mit dem der Judenhass in ein pseudowissenschaftliches Gewand gekleidet und salonfähig gemacht wurde."[49] Antisemitismus als Denkweise und Verhalten der Verachtung, der Feindseligkeit und des Hasses gegenüber Juden, nur weil sie Juden sind, gab es schon lange und war bisher vor allem religiös, ökonomisch und sozialpsychologisch motiviert. Neu ist infolge einer biologistischen Weltsicht die Rassenlehre, welche die arische Rasse gegenüber der semitischen zur überlegenen erklärt. Daraus entwickelt sich der rassisch begründete Antisemitismus, der sich aber nicht gegen alle semitischen Völker, sondern allein gegen die Juden wendet.

Nachdem die Juden in Deutschland schrittweise die Gleichberechtigung erhalten haben und in der Reichsverfassung von 1871 alle Einschränkungen aufgehoben worden sind, verstärkt sich im 19. Jahrhundert auch noch das sozialpsychologische Motiv. „Als Reaktion auf den Eintritt der Juden in die deutsche Gesellschaft als gleichberechtigte Staatsbürger entstanden unter der Führung demagogisch agierender Wortführer bald judenfeindliche Organisationen, Vereine, Zeitschriften und sogar politische Parteien. Sie fanden Anhänger und Leser sowohl bei enttäuschten Intellektuellen, bei der protestantischen Geistlichkeit und dem katholischen Klerus, beim traditionellen Feudaladel und vor allem beim konservativen Mittelstand, kleinen Geschäftsleuten und Handwerkern, die sich von Kapitalismus und neuen Wirtschaftsformen bedroht fühlten. Denn unter dem Feindbild des ‚Juden' bündelten die Antisemiten eben nicht nur judenfeindliche, sondern zugleich alle zeitgenössischen Bestrebungen, die ihnen bedrohlich erschienen, darunter vor allem die kulturellen und zivilisatorischen Entwicklungen der Moderne, zu denen u. a. die Politik der Sozialdemokratie gezählt wurde."[50]

Nach dem 1. Weltkrieg müssen gerade Sozialdemokraten und damit zum Teil auch wieder Juden als Schuldige für den verlorenen Krieg herhalten, weil sie angeblich mit ihrer Politik den Militärs in den Rücken gefallen seien (sogenannte „Dolchstoßlegende"). Selbst nach dem 2. Weltkrieg war der Antisemitismus nicht überwunden, auch wenn nur noch wenige Juden in Deutschland lebten.

„Insgesamt ist Antisemitismus eine Einstellung, die auch unabhängig von eigenen Erfahrungen auftritt. Dies legt die Deutung im Sinne einer sozialpsychologischen gesellschaftlichen Krankheit nahe (Sündenbockdenken)."[51]

Fazit Es gibt eine enge Beziehung zwischen Antijudaismus und Antisemitismus. „Die theologische Abwertung des Judentums hat wenigstens teilweise auch dem modernen Antisemitismus den Weg geebnet [...] Man darf sich der Tatsache nicht verschließen, dass in möglichen praktischen Konsequenzen die theologische Parole, die Juden seien verworfen, oft nicht von einem biologisch begründeten Antisemitismus unterschieden wird."[52]

Es ist bezeichnend, dass auch Hitler seinen unerbittlichen Judenhass sowohl rassistisch als auch verbrämt christlich begründete. Wenn Hitler in „Mein Kampf" schreibt: „So glaube ich heute im Sinne des allmächtigen Schöpfers: indem ich mich des Juden erwehre, kämpfe ich für das Werk des Herrn", dann folgt daraus für Günther van Norden, dass die Behauptung, der rassistische Antisemitismus des 19. und 20. Jahrhunderts habe nichts mit dem christlichen Antijudaismus der vorherigen Zeiten zu tun, falsch ist. „Vielmehr sind beide ursprünglich unterschiedlichen Motivationsstränge in den Empfindungen und Argumentationen der breiten Bevölkerungsmehrheiten eine enge, kaum lösliche Verbindung eingegangen."[53]

Die Berufung auf Luthers Judenfeindschaft in der Zeit des Nationalsozialismus

Schon vor der nationalsozialistischen Zeit gibt es ein Interesse am Thema „Luther und die Juden", was sich in den unterschiedlichen theologischen und auch völkisch-rassistischen Lutherinterpretationen niederschlägt.[54]

Im Dritten Reich aber nehmen die Publikationen über dieses Thema sprunghaft zu, und Luthers Spätschriften, nicht zuletzt „Von den Jüden und ihren Lügen", werden neu aufgelegt und verbreitet.[55]

Nationalsozialistische Autoren behaupten gar – was so nicht stimmt – dass Luther als Antisemit im deutschen Protestantismus bisher kaum eine Wirkungsgeschichte gehabt habe:

> „Vergebens blättert man in volkstümlichen Lutherausgaben, größeren wie kleineren, nach dem, was etwa gegen die Juden gesagt sein könnte [...] Die Stimmen, die Juda gelten, (sind) verhallt und verschollen [...] Luthers Gedanken,

> bisher wenig beachtet, verdienten vor allem zunächst allgemein bekannt zu werden. Unwillkürlich vergleichen wir sie mit der Stellungnahme Adolf Hitlers."[56]

Luthers judenfeindliche Äußerungen und seine Ratschläge zu Gewaltmaßnahmen gegenüber Juden haben verschiedene Auswirkungen in der Zeit des Nationalsozialismus:

Sie bieten den Nationalsozialisten eine willkommene Bestätigung für ihre Judenpolitik und das wird von der Propaganda gekonnt genutzt (s. S. 45 ff. und Kapitel II–IV).

Viele evangelische Christen, Kirchenführer und Theologen – und nicht nur Anhänger der Deutschen Christen – sehen in der nationalsozialistischen Judenpolitik kein bzw. lange kein Unrecht, nicht wenige können diese mit Berufung auf Luther sogar ausdrücklich unterstützen (s. S. 54 ff. und Kapitel II–IV).

Und wer als lutherischer Christ gegen diese Judenpolitik protestierte, musste sich in dieser Frage von Luther distanzieren.

Veröffentlichungen außerhalb der Kirche

Eine „Ausbeutung" der Schriften Luthers über die Judenfrage für die NS-Politik erfolgt vor allem durch das antisemitische Hetzblatt „Der Stürmer", herausgegeben von Gauleiter Julius Streicher. Dieser beruft sich in vielen Ausgaben auf Martin Luthers späte Judenschriften. Stürmer-Kästen hängen an vielen Ecken öffentlich aus.

Die „Stürmer"-Schlagzeile „Die Juden sind unser Unglück!" wird bereits 1879 von dem Historiker Heinrich von Treitschke geprägt,[57] sie erinnert aber auch an Luthers Wort, dass die Juden „lauter Unglück in unserem Land seien". Auch in der anderen „Stürmer"-Schlagzeile „Wer den Juden kennt, der kennt den Teufel!" klingt Luthers Wort vom Juden als „leibhaftiger Teufel" an.

Luthers Schriften dienen dem „Stürmer" als Fundgrube für viele judenfeindliche Zitate, aber das Thema „Luther und die Juden" wird auch in mehreren Artikeln eigens behandelt:[58]

In der *März-Ausgabe* 1928[59], bereits vor der Machtübergabe, erscheint eine erste Ausführung unter dem Titel: „Luthers letzte Predigt":

> „Viel zu wenig ist bekannt, welchen Kampf Doktor Martin Luther in den letzten Jahren seines Lebens gegen die Juden führte."

Weiter wird Luther als der große Deutsche vorgestellt, der nach seinem Reformationswerk gegen Rom nun eine neue gewaltige Aufgabe vor sich sah, nämlich sein Volk von der „jüdischen Pest" zu befreien. Vielleicht hätte er den Kampf noch geschafft, so der Verfasser, wenn er nicht gestorben wäre.

In der *November-Ausgabe* 1933[60], zum 450. Geburtstag Luthers, steht ein ausführlicher Aufsatz.

Zunächst wird moniert, dass in den Neuerscheinungen zu seinem Werk unberücksichtigt gelassen wird, „dass Luther einen geradezu fanatischen Kampf

Der Stürmer
Deutsches Wochenblatt zum Kampfe um die Wahrheit
HERAUSGEBER: JULIUS STREICHER

Nummer 31 | Nürnberg, im August 1935 | 13. Jahr 1935

Judentaufe

Offener Brief an den Provinzialbruderrat Sachsen

Was sagte Christus? / Was sagte Martin Luther? / Warum lassen sich die Juden taufen?

Herrn Hauptschriftleiter Holz, Nürnberg

Laut Bericht des „Mitteldeutschen" Nummer 166 vom 19. Juni 1935 haben Sie in der großen öffentlichen Versammlung, die am Abend des ersten Verhandlungstages des hiesigen

Aus dem Inhalt

Roter Terror in Newyork
Erich Lazarus
Leopold Wertheimer

Preisausschreiben

Auf diesem Bilde sehen wir achtzehn Juden. Von ihnen sind vier katholisch und drei protestantisch getauft. Es gibt Leute, die behaupten, getaufte Juden seien keine Juden mehr sondern Christen. Wer der Stürmerschriftleitung die getauften Juden durch Ankreuzen bezeichnen kann, erhält einen Preis

Die Juden sind unser Unglück!

Titelseite des NS-Hetzblattes „Der Stürmer"

gegen das Judentum geführt hat". Und weiter: „Der Jude war damals genau so verderblich wie heute, und Luther wäre kein echter Deutscher gewesen, hätte er sich nicht mit der Judenfrage beschäftigt [...] so hat er sich im letzten Teil seines Lebens zu der Erkenntnis durchgerungen: Der Jude ist der geborene Zerstörer und deshalb ist es vergeblich, an ihm Mission zu treiben.“ Ausdrücklich wird auf die Luther-Schriften „Von den Jüden und ihren Lügen“ und „Vom Schem Hamphoras“ verwiesen und die Forderung aufgestellt: „Wir wollen auch in der Kirche das vollkommene Lutherbild aufgerollt sehen!“

In der *August-Ausgabe* 1935[61], kurz vor Verkündigung der Nürnberger Gesetze, wird ein besonders erschreckendes Zitat aus Luthers Pamphlet „Von den Jüden und ihren Lügen“ feilgeboten:

> „Wer nun Lust hat, solche giftigen Schlangen und jungen Teufel zu beherbergen, zu pflegen und zu ehren und sich schinden, berauben, plündern und schänden zu lassen, der lasse sich die Jüden treulich befohlen sein. Ist's nicht genug, so lasse er ihm auch ins Maul tun oder krieche ihnen in den Hintern und bete dasselbe Heiligtum an und rühme sich danach, er habe den Teufel gestärkt. So ist er denn ein Christ voller Werke der Barmherzigkeit, die ihm Christus belohnen wird am jüngsten Tage mit den Jüden im höllischen Feuer.“

In der *Oktober-Ausgabe* 1936[62] wird in der Auseinandersetzung mit dem evangelischen Kirchenmusiker Goslar auch Martin Luther herangezogen.

Nachdem Goslar wegen seiner jüdischen Herkunft von den Rassegesetzen zum „Volljuden“ erklärt und bereits 1935 in Köln vom kirchlichen Dienst suspendiert worden war, schreibt der Stürmer:

> „Der ‚Fall Goslar‘ beweist wieder einmal, wie auch das Taufwasser aus einem Juden keinen

Nichtjuden machen kann. Julio Goslar ist der Rassejude geblieben, der er vor der Taufe gewesen war. Julio Goslar ist der Talmudjude geblieben, der er vor der Taufe gewesen war. Jud bleibt Jud, selbst wenn man ihn täglich erneut taufen würde. Zum Zweiten erkennen wir aus den Geschehnissen in (Köln-)Nippes, dass es auch heute noch Judengenossen im geistlichen Gewande gibt, die zum Teufelsvolk der Juden stehen. Judengenossen im geistlichen Gewande, die das verleugnen wollen, was der große Reformator Martin Luther über die Fremdrassigen gesagt hat. In seinem Buche ‚Von den Jüden und ihren Lügen' hat er geschrieben:
‚Ich denke nicht daran, die Juden zu bekehren, denn das ist unmöglich.
So wenig sich Fleisch und Blut, Mark und Bein ändern können, so wenig können die Jüden sich ändern. Sie müssen bleiben und verderben.
Darumb wisse Du lieber Christ und zweifle nicht daran, dass Du nähest dem Teufel keinen giftigeren, bittereren, heftigeren Feind hast, denn den rechten Jüden.
Darumb, wo Dir ein Jüde begegnet. Da schlage ein Kreuz bei Dir und sage: ‚Siehe, da geht der leibhaftige Teufel.'
Würde heute ein Martinus Luther wieder von den Toten auferstehen, er würde den Juden Goslar mit der Peitsche aus der evangelischen Kirche hinaustreiben."

In der *Sondernummer 6 vom März 1937*[63] wird unter der Überschrift „Judentum gegen Christentum" unter Berufung auf Luthers Spätschriften betont, dass dieser als „unerbittlicher und rücksichtsloser Antisemit" zu gelten hat.

In der *Mai-Ausgabe 1941*[64] richtet sich der Artikel „D. Martin Luther und Juda" gegen eine Lutherinterpretation, die Wert darauf legt, dass die Judenfrage für Luther kein völkisches Problem, sondern vor allem die Christusfrage sei, also der Wunsch, sie zu bekehren und zu taufen:

> „Dass man allen Ernstes heute eine solche Anschauung Luthers verkündigen kann, beweist, wie fremd der gegen alles Undeutsche protestierende Kampf Luthers heute bereits in seiner eigenen Kirche geworden ist und wie erfolgreich man Luthers Worte gegen die Juden in ‚Vergessenheit' hat gelangen lassen können [...] Nicht aus christlichem Missionseifer bekämpft Luther die ungläubigen Juden und versucht, sie zu bekehren, sondern aus der furchtbaren Erkenntnis des Vernichtungswillens der jüdischen Nation gegen alle Völker versucht er sein deutsches Volk vor der drohenden Gefahr zu warnen. Als schlimmste Unterlassungssünde brandmarkt er daher, wenn nach seinen Enthüllungen die Fürsten, Geistlichen und das Volk die Synagogen nicht zerstören und die Juden nicht des Landes verweisen."

In der *Juli-Ausgabe* 1943[65] behauptet Julius Streicher in seinem Artikel „Der große Mahner Martin Luther", dieser habe die Übersetzung des Alten Testaments bereut, und fährt fort:

> „Juden und Judenfreunden war der Verherrlicher des Alten Testaments ein liebenswerter Helfer gewesen. Den zum Judenkenner gewordenen Martin Luther aber hassten sie. Dieser Judenkenner Martin Luther spricht in unsere Zeit hinein als großer Mahner, der Erkenntnis die Tat folgen zu lassen: Das Verbrechervolk der Juden muss vernichtet werden, auf dass der Teufel sterbe und Gott lebe."

In der *Dezember-Ausgabe* 1943[66] richtet sich der Artikel „Martin Luther über die Jüden" gegen die Geistlichen der englischen und nordamerikanischen protestantischen Kirchen:

> „Wenn sie sich jedoch zu begeisterten Beschützern des Judentums erniedrigen, dann verlassen sie den Weg Martin Luthers, der ein ganz fanatischer Judengegner war."

Nach diesem Einblick in die Luther-Rezeption des „Stürmer" kommt man wohl nicht umhin, mit Prolingheuer festzustellen:

„Die Propagandisten des Hitler-Faschismus brauchten sich 1933 nur des von den christlichen Kirchen gepflegten Antijudaismus zu bedienen. Aus diesen wortwörtlich zitierten bösen Lutherworten konnte der Stürmer dann genüsslich die aktuelle politische Lehre ziehen: ‚Jud bleibt Jud, selbst wenn man ihn täglich taufen würde.'"[67]

Damit beruft sich selbst der rassische Antisemitismus noch auf Martin Luther.

Julius Streicher wird noch am 29. April 1946 im Prozess gegen die Hauptkriegsverbrecher vor dem Nürnberger Tribunal erklären:

> „Dr. Martin Luther säße heute sicher an meiner Stelle auf der Anklagebank, wenn dieses Buch von der Anklagevertretung in Betracht gezogen würde. In dem Buch ‚Die Juden und ihre Lügen' schreibt Dr. Martin Luther, die Juden seien ein Schlangengezücht, man solle ihre Synagogen niederbrennen, man solle sie vernichten."[68]

Aber auch die Tageszeitung „Völkischer Beobachter", Hauptorgan der NSDAP, herausgegeben von Alfred Rosenberg, greift immer wieder auf Luther zurück, wenn auch in anderer Weise:

Bereits am 31. März 1931[69] erscheint in der Berliner Ausgabe ein Bericht unter dem Titel „Luthers Kampf gegen die Juden".

Er bringt u. a. Auszüge aus Luthers Schrift „Von den Jüden und ihren Lügen", insbesondere seine Ratschläge an die Obrigkeit, denn es sei „heute geradezu eine Pflicht", diese „in Erinnerung zu bringen", zumal der Jude, so wird beklagt, diese späten Kampfschriften aufgekauft habe, weshalb sie in keiner Luther-Ausgabe zu finden seien. Das ist pure Propaganda. In Wirklichkeit waren diese Schriften in allen großen Lutherausgaben enthalten.

Insgesamt aber ist man im „Völkischen Beobachter" wenig an Luthers „Kampf" gegen das Judentum interessiert, sondern vielmehr an seiner „Eigenschaft als deutscher Charakterrevolutionär". Ansonsten sieht Alfred Rosenberg, der Chefredakteur dieser Zeitung, Martin Luther und die Reformation auch kritisch[70], wie in seinem 1930 erschienenen Buch „Der Mythus des 20. Jahrhunderts" deutlich wird:

> „Der Protestantismus offenbart sich von Anfang an als geistig gespalten. Als Abwehrbewegung betrachtet, bedeutet er das Aufbäumen des germanischen Freiheitswillens, des nationalen Eigenlebens, des persönlichen Gewissens. Fraglos hat er für all das den Weg gebrochen, was wir heute Werke unserer höchsten Kultur und Wissenschaft nennen. Religiös aber hat er versagt, weil er auf halbem Wege stehen blieb und an die Stelle des römischen das jerusalemitische Zentrum setzte [...].
>
> Luther vollbrachte, als er in Worms die Hand zugleich auf das Neue und Alte Testament legte, eine von seinen Anhängern als sinnbildlich betrachtete und als heilig verehrte Tat [...] Erst sehr spät entledigte sich Luther der ‚Jüden und ihrer Lügen' und erklärte, dass wir mit Moses nichts mehr zu schaffen hätten. Aber unterdes war die ‚Bibel' ein Volksbuch und die alttestamentliche

‚Prophetie' Religion geworden. Damit war die Verjudung und Erstarrung unseres Lebens um einen neuen Schritt vorwärts getrieben."[71]

Veröffentlichungen innerhalb der Kirche

Judenfeindliches Denken war unter protestantischen Theologen und in der evangelischen Kirche weit verbreitet – und das nicht erst seit dem Machtantritt der Nationalsozialisten. Dieses Denken mag verschiedene Motive gehabt haben (siehe Exkurs: „Antijudaismus und Antisemitismus" S. 39 ff.). Es hat sich aber auch von Luther und der lutherischen Tradition genährt.

Unmissverständlich heißt es im Heft der ACK (Arbeitsgemeinschaft christlicher Kirchen) zum 70. Jahrestag der Reichspogromnacht:

> „Die Nazis und ihre Helfer konnten auf eine lange und reiche Tradition der christlichen Judenfeindschaft zurückgreifen. Die meisten Kirchenväter, viele Theologen des Mittelalters, auch viele Reformatoren, allen voran Martin Luther, hatten ihren Judenhass freimütig, teils hemmungslos gepredigt.
> Großen Einfluss hatte der Hofprediger Kaiser Wilhelms II, Adolf Stöcker. Viele Pfarrer der Nazizeit waren von seinem Antisemitismus geprägt worden. Sie beklagten den ‚zersetzenden Einfluss' der Juden und gestanden dem Staat das Recht auf eine diskriminierende Sondergesetzgebung gegen die Juden zu."[72]

Der Berliner Hofprediger *Adolf Stöcker*[73] war einer der wichtigsten lutherischen Kirchenleute und galt mit seiner national-konservativen und religiös geprägten Judenfeindschaft als der „prominenteste protestantische Propagandist des Antisemitismus im ausgehenden 19. Jahrhundert". Er wurde von seinen antisemitischen Anhängern als „zweiter Luther" verehrt. Auch Männer der Bekennenden Kirche, nicht zuletzt Theophil Wurm, sind noch von Stöcker beeinflusst. Dieser hebt den Kampf gegen das Judentum und seine Übermacht als erster auch auf die Ebene der Parteipolitik, denn eine der Forderungen der von ihm gegründeten christlich-sozialen Partei lautet:

> „Die christlich-soziale Partei erblickt in dem Judentum und dem jüdischen Geiste die größten Gefahren, welche das deutsche Volk in nationaler, geistiger, sittlicher und wirtschaftlicher Hinsicht bedrohen. Die Partei erstrebt deshalb die Verdrängung des jüdischen Einflusses auf allen Gebieten des öffentlichen Lebens und fordert darum die Beschränkung der Zulassung der Juden zu den höheren Lehranstalten, zu öffentlichen Ämtern [...] auf jene Zahl, welche der Zahl der Juden im Verhältnis zu der Gesamtheit der Bevölkerung entspricht."

In einem Brief Stöckers an Bodelschwingh aus dem Jahre 1885 heißt es:

> „Ich habe gegen die Juden nicht einmal eine Antipathie, ich habe sie als Volk der Verheißung lieb [...] Aber im ganzen ist es doch so, dass das

moderne Reformjudentum ‚unser Unglück' ist, wie Treitschke einmal sagte [...]. Die Juden mögen unter uns wohnen, aber sie dürfen unser Volk nicht um seine Königstreue und um seinen Glauben betrügen."

Wie tief die judenfeindliche Prägung im deutschen Luthertum verwurzelt ist, zeigen folgende Äußerungen von protestantischen Theologen zur Zeit des Nationalsozialismus, auch von Theologen der Bekennenden Kirche (siehe Exkurs: Bekennende Kirche im Überblick, S. 77 ff.).

Walter Künneth[74], der Leiter der Apologetischen Zentrale des Johannesstifts in Berlin-Spandau, ist im Frühjahr 1933 Mitbegründer der Jungreformatorischen Bewegung. Diese bejaht den neuen Staat ausdrücklich, fordert aber die Freiheit der Kirche gegen alle politische Beeinflussung – wie später auch die Bekennende Kirche. Künneth spricht 1933 von einem Beitrag der Kirchen zur Lösung des sogenannten „Judenproblems", und zwar durch die Taufe von Juden:

„Damit ist zum Ausdruck gebracht, dass das, was den Juden zu dem das Volkstum zersetzenden Element macht, letztlich seinen Grund in dem Fluch hat, der seit der Kreuzigung Jesu über der jüdischen Rasse lastet. Den messianischen Anspruch auf Weltherrschaft können die Juden nur solange erheben, als sie die Messianität Jesu von Nazareth leugnen. Bekennt sich ein Jude wirklich zu Christus, dann wird er von diesem Fluch befreit, dann gibt er seinen Weltherrschaftsanspuch auf, dann erkennt er die volkshaften Ordnungen Gottes und wird befähigt, in neuer Weise Glied auch eines rassisch-fremden Volkes zu werden. So hängen Not und Fluch des Judentums und ihr zersetzender Einfluss aufs engste mit der Stellung zum christlichen Glauben zusammen. Auch an dieser Stelle ergibt sich, dass die christliche Kirche einen wesentlichen Beitrag zum Judenproblem zu geben hat."

Nachdem sich auch Niemöllers Pfarrernotbund der Auffassung Künneths anschließt, erwacht die Judenmission in Deutschland zu neuem Leben – allerdings rät Künneth seiner Kirche, die kirchlichen „Führerstellen" mit „Deutschrassigen" und nicht mit sogenannten „Judenchristen" zu besetzen.

In dem bekenntniskirchlichen Bestseller „Antwort auf den Mythus" von 1935 widerspricht Walter Künneth Rosenbergs Antisemitismus nur insofern, als dieser keinen Unterschied mache zwischen den Juden der vorchristlichen und nachchristlichen Zeit, also dem Volk Israel und dem heutigen in der Zerstreuung lebenden Judentum. Ansonsten habe Rosenberg, so Künneth, in der Charakterisierung des zersetzenden Einflusses des dekadenten Weltjudentums und seiner Gefährdung des deutschen Kulturlebens Wesentliches erkannt. Auch sei verständlich, dass er das deutsche Wesen vor der Vergiftung durch diesen jüdischen Geist bewahren wolle. „Am Kreuze Jesu zerbricht das Volk als Volk, ist seine Volksgeschichte zu Ende […]. Was der ‚Fluchcharakter' der Juden bedeute, hat Rosenberg richtig gesehen, aber er weiß nichts von der Ursache dieses Fluches."

Es sind zwei Frauen aus der Bekennenden Kirche in Berlin, die Künneths antisemitische Ausfälle kritisch sehen: die Naturwissenschaftlerin Elisabeth Schiemann in einem Brief an Niemöller und die Studienrätin Elisabeth Schmitz (s. S. 132 ff.) allerdings nur in einem Briefentwurf an Künneth, in dem es heißt:

> „Wer derartige Dinge schreibt, muss wissen, dass er sich damit an die Seite einer gewissen, heute sehr verbreiteten Presse stellt … Wenn das aber in der Bekennenden Kirche geschieht, dann geht mich das etwas an, und ich halte mich – erlauben Sie, dass ich das sage – vor Gott für verpflichtet, […] dagegen mit letztem Ernst Verwahrung einzulegen."[75]

Der Dahlemer Pfarrer *Martin Niemöller* ist bis zu seiner Verhaftung im Juli 1937 ein führender Kopf in der Bekennenden Kirche. Selbst er hält noch in seiner Predigt zum Judensonntag 1935 an der traditionellen antijudaistischen Theologie fest – auch wenn er den Juden gegenüber das Liebesgebot anmahnt:

> „Wir sprechen vom ‚ewigen Juden' und schauen das Bild eines ewigen Wanderers, der keine Heimat hat und keinen Frieden findet; und wir schauen das Bild eines hochbegabten Volkes,

das Ideen über Ideen hervorbringt, um die Welt damit zu beglücken; aber was es auch beginnt, es verwandelt sich in Gift; und was es erntet, ist immer wieder Verachtung und Hass."

Und trotzdem:

„Wir wissen wohl, dass es keinen Freibrief gibt, der uns ermächtigte, dem Fluch Gottes mit unserem Hass nachzuhelfen."[76]

Wenige Wochen später, auf der Synode im September 1935, fordert Niemöller allerdings ein deutliches Wort der Solidarität mit den Juden (s. S. 119).

Der Hallenser Pfarrer *Walter Gabriel*[77] ist Mitglied des provinzsächsischen Bruderrats der Bekennenden Kirche und Delegierter bei allen Bekenntnissynoden. In den Jahren 1941/1942 durchlebt er eine zweijährige Leidenszeit im sogenannten „Pfarrerblock" des KZ Dachau. Dort werden im Dritten Reich Tausende evangelische und (überwiegend) katholische Geistliche, darunter viele polnische, interniert. Als erklärter Stöcker-Anhänger ist auch er antijüdischen Denkmustern verhaftet.

In seiner 1936 erschienenen Schrift „D. Martin Luther: Von den Jüden. Luthers christlicher Antisemitismus nach seinen Schriften" vertritt er durchaus den Standpunkt einer breiten Mehrheit auch in der Bekennenden Kirche, wenn auch seine Schrift dort keine uneingeschränkte Zustimmung erfahren hat.

Gabriel grenzt sich zwar gegen den „Radau-Antisemitismus" etwa eines „Stürmer" ab. Dennoch ist

Luther für ihn ein Antisemit, ein christlicher Antisemit. Seiner Meinung nach könnten die meisten von Luthers Grundsätzen – ins Moderne übertragen – „noch heute Klarheit und Segen bringen". Die „rassischen und sozialen Einzelheiten" sollte die Kirche „der Weisheit des Staates" überlassen: „Er hat voll verantwortlich zu beurteilen, was staatsgefährlich ist, und was nicht."

Zwar müsse ein Christ die Juden als „Blutsbrüder Jesu" lieben, aber der Staat müsse mit „scharfer Barmherzigkeit" gegen das unter dem Gericht Gottes stehende christus- und christenfeindliche Volk, das dem Geld ergeben sei, einschreiten. Nur wenige Juden seien noch vor ihrem schrecklichen Ende zu retten durch Judenmission.

Der Tübinger Neutestamentler *Gerhard Kittel*[78] ist keineswegs der einzige bekannte protestantische Theologieprofessor, der den Nationalsozialisten nahesteht, auch Paul Althaus und Emanuel Hirsch sind hier zu nennen. In seinem Buch „Die Judenfrage" hatte Kittel schon 1933 Verständnis für die nationalsozialistische Ausgrenzungspolitik gezeigt und von jeder Sentimentalität abgeraten:

„Nicht darum handelt es sich, ob einzelne Juden anständige oder unanständige Juden sind;
auch nicht, ob einzelne Juden ungerechterweise zugrunde gehen oder ob einzelnen damit recht geschieht. Die Judenfrage ist überhaupt nicht die Frage des einzelnen Juden, sondern die Frage

> des Judentums, des jüdischen Volkes. Und darum darf, wer ihr auf den Grund gehen will, nicht zuerst fragen, was aus dem einzelnen Juden, sondern was aus dem Judentum wird."

Das NSDAP-Mitglied Kittel wird 1936 in das „Reichsinstitut für Geschichte des neuen Deutschland" berufen. Damit dient er auch als Alibi für die Tübinger Fakultät, wenn sie von radikal-nationalsozialistischer Seite angegriffen wird. Selbst Landesbischof Wurm verweist in einem Schreiben an den Reichsführer-SS Himmler 1939 auf ihn: „Beim letzten Parteitag in Nürnberg war er Ehrengast des Führers."[79]

Kittels Referat von 1936 „Die Entstehung des Judentums und die Entstehung der Judenfrage" zeigt die inzwischen vollzogene Annäherung an den Nationalsozialismus. Er wolle wissenschaftlich beweisen, dass die Judenfrage im Wesen des Judentums selbst begründet liege, und folgert „dass es nicht willkürliche Brutalität und Barbarei war, sondern echtes, aus historischer Nüchternheit geborenes politisches Handeln, wenn der Führer des neuen Deutschlands für das deutsche Volk als erstes Volk der Neuzeit das Judenproblem auf eine völlig neue Grundlage stellte". So haben Christen, die dem nationalsozialistischen Zeitgeist huldigen, mit Kittels Thesen Argumente dafür, dass Judenfeindschaft und Christentum geradezu wesensmäßig zusammengehören.

Kittel scheut sich auch nicht, bei einer Konferenz

im Frühjahr 1937 mit dem Judenverächter Julius Streicher aufzutreten.

Der theologisch orientierte Philologe und Lutherforscher *Theodor Pauls*[80] veröffentlicht 1939 ein umfangreiches Werk zum Thema „Luther und die Juden“ – auf Initiative von Pfarrer Dr. Petersmann, dem Leiter der „Luther-Deutschen“.

Zwei Bände gelten der Interpretation von Luthers Schriften und einschlägigen Äußerungen zu Juden und Judentum, der dritte bringt Textauszüge aus Luthers Schriften. Ziel der Veröffentlichungen ist, die deutsche Pfarrerschaft mit Hilfe des Reformators und staatlicher sowie kirchenamtlicher Unterstützung in die „Entjudung“ der Kirche einzuüben. Für Pauls habe Hitler das deutsche Gewissen zum „Kampfe gegen den jüdischen Geist und dann auch gegen die jüdische Macht befreit“.

Pauls ist kein Außenseiter, vielmehr: „Die Protektion, deren sich die Bände von Pauls erfreuten, bezeugt ebenso wie der Anschluss an das neugegründete antisemitische Eisenacher Institut, den Petersmann und Pauls mit Erfolg suchten, dass beide mit ihren Auffassungen nicht allein standen.“

An dieser Stelle ist noch Folgendes zu bedenken: Luther hat die deutschen protestantischen Theologen nicht nur in ihrer Judenfeindschaft (mit)geprägt, sondern auch in ihrem Obrigkeitsdenken. Denn seine sogenannte Zwei-Reiche-Lehre wird traditionell und gerade in den 30er Jahren so verstanden, dass eine Einmischung der Kirche in staatliche Angelegenheiten (wie auch umgekehrt) abgelehnt wird. Vielmehr sind staatliche Obrigkeit und Kirche, die jeweils einen besonderen von Gott gewollten Auftrag haben, strikt voneinander zu trennen.

Luther fordert die einzelnen Christen zum Gehorsam gegen die Obrigkeit in weltlichen Dingen auf. Allerdings steht er selbst, der die Entwicklung zu landesherrlichen Kirchenregimenten nicht aufhalten konnte, den Landesfürsten manchmal durchaus kritisch gegenüber und mahnt sie zur Einhaltung der Zehn Gebote.

Im Dritten Reich sind nur einzelne lutherische Christen der Überzeugung, dass der Gehorsam gegenüber dem Staat eine Grenze hat, wenn dieser gegen Gottes Gebot verstößt.

Die reformierten Kirchen, die sich nicht auf Luther berufen, sondern auf die Reformatoren Ulrich Zwingli und Johannes Calvin, haben sowohl ein anderes Verhältnis zum Judentum als auch zum Staat.

Bei den Reformierten hat die Verbundenheit mit dem Judentum Tradition, nicht nur durch das Singen der Psalmen im Gottesdienst in Form des von Calvin verfassten Genfer Psalters. Das Alte Testament wird hoch geschätzt für Glauben und Leben der Christen und der Bundesgedanke stärker betont. Schon früher gibt es das klare Verständnis, dass der eine Bund Gottes sich auf Israel ebenso wie auf die Kirche bezieht.

All das sowie die Ablehnung von Bildern und ein dem Judentum ähnliches wortbetontes Gottesdienstverständnis hat auch dazu beigetragen, dass im Zuge der Konversionswellen des 18. und 19. Jahrhunderts überproportional viele Juden die neue Glaubensheimat im reformierten und nicht im lutherischen Bekenntnis fanden.[81]

Auch das lutherische Obrigkeitsdenken ist den reformierten Christen fremd, vielmehr gilt es für sie, sich als Christ gerade auch kritisch in das Gemeinwesen einzumischen.

Allerdings braucht selbst der reformierte Theologieprofessor Karl Barth Zeit, bis er klar Position für die Juden und gegen den NS-Staat bezieht.[82]

FAZIT All diese Beispiele zeigen: Luthers judenfeindliche Äußerungen finden in der NS-Zeit in Veröffentlichungen außerhalb und innerhalb der Kirche Beachtung.

Das in den lutherisch geprägten deutschen evangelischen Kirchen verbreitete judenfeindliche und obrigkeitsfreundliche Denken „erklärt" manche kirchliche Zustimmung und manches Schweigen zu den judenfeindlichen Maßnahmen des NS-Staates (siehe Kapitel II–IV).

II
„Wir haben von D. Martin Luther gelernt, dass die Kirche der rechtmäßigen staatlichen Gewalt nicht in den Arm fallen darf …"

(Generalsuperintendent Otto Dibelius, 1933)

Die Geschichte des Dritten Reiches ist vor allem charakterisiert durch die laufende Verschärfung der Maßnahmen zur Judenverfolgung und Judenvernichtung.[83]

Allgemein werden vier Phasen[84] unterschieden, die jeweils mit neuen staatlichen Maßnahmen einsetzen. Diese Unterscheidung soll aber nicht den Anschein erwecken, als sei der jeweilige Umgang mit den Juden auf die entsprechende Phase begrenzt:

1. Phase: „Ausgrenzung"– ab April 1933 (Boykottaktion)
2. Phase: „Entrechtung"– ab September 1935 (Rassegesetze)
3. Phase: „Ausstoßen"– ab November 1938 (Reichspogromnacht)
4. Phase: „Vernichtung"– ab Juni 1941 (Massendeportationen im Osten)

Die Nationalsozialisten können ihr Vorgehen ziemlich ungestört „steigern" – auch weil die kirchliche Kritik, wenn überhaupt, nur leise ausfällt.

In diesem Kapitel wird zunächst aufgezeigt, wie bereits 1933 und noch unabhängig von der Judenfrage eine Verbindung gezogen wird zwischen Luther und Hitler, zwischen Reformation und nationalem Aufbruch, und zwar sowohl von staatlicher als auch von kirchlicher Seite aus, wie es Brakelmann in seinem Vortrag „Hitler und Luther 1933" darstellt (s. S. 66 ff.).

Die kirchlichen (Nicht-)Reaktionen auf die zunehmende Ausgrenzung der Juden (s. S. 88 ff.) und die Entrechtung der Juden (s. S. 113 ff.), sind bereits ein „Schlüssel" für das Verhalten der Kirchen nach der Reichspogromnacht. Immer wieder wird dabei auch Bezug auf Luther genommen.

Hitlers Machtübernahme und die evangelische Kirche

1933 – das Jahr, in dem Gott Deutschland „Volk werden ließ", schreibt Pfarrer Johannes Hossenfelder von der Glaubensbewegung „Deutsche Christen" und spricht aus, was sicher nicht wenige dachten: „Das hat Gott durch Adolf Hitler getan, den wir deshalb getrost den größten Mann nach Dr. Martin Luther nennen können."[85]

Die neue politische Situation nach dem Machtantritt Hitlers am 30. Januar 1933 wird von vielen Predigern positiv bewertet, selbst wenn sie nicht zu den Deutschen Christen zählen.

In der evangelischen Publizistik dieses Jahres gibt es unzählige Artikel, die den 30. Januar jubelnd begrüßen als „Anbruch einer neuen politischen Zeit, verbunden mit einem Neuaufbruch der Kirche als

Volkskirche" – und umgekehrt ist auch im NS-Tagesschrifttum dieser Zeit nichts von einer Polemik gegen die Kirchen oder gegen das Christentum zu finden, vielmehr: „Es sieht so aus, als käme es zu einem neuen Schulterschluss, zu einem neuen Gleichschritt zwischen Nation, Volk und Kirche."[86]

Zu den Reichstagswahlen im März 1933 heißt es beispielsweise im evangelisch-lutherischen „Monatsblatt für Westfalen":

> „Der 5. März und nach ihm auch der 12. März soll ein weithin hörbares Bekenntnis werden:
> wir wollen Deutschland und nicht eine goldene, nicht eine schwarze, nicht eine rote Internationale; wir wollen Volksgemeinschaft und nicht Klassenkampf; wir wollen Gewissensfreiheit und im Lande der Reformation freie Bahn für das Evangelium; nicht aber Geistesknechtung durch Marxismus, Jesuitismus und Semitentum."[87]

Da verwundert es nicht mehr, dass Hitler bei den Reichstagswahlen besonders in den protestantischen Regionen und Ländern des Nordens – außer in den Großstädten – erfolgreich ist und knapp gewinnt im Bündnis mit der Deutschnationalen Volkspartei (DNVP), zu der sich auch die Mehrheit der evangelischen kirchlichen Führungspersonen zählt.[88]

Die katholischen Bischöfe[89] haben immerhin schon vor 1933 in vielen Hirtenbriefen und Kundgebungen ihre Gläubigen vor dem Nationalsozialismus gewarnt, die Zugehörigkeit zur NSDAP als unvereinbar mit der

Treue zur katholischen Kirche erklärt und vielmehr die Zentrumspartei gestützt. Diese stimmt dann allerdings Ende März 1933 auch dem Ermächtigungsgesetz zu.

Zur Eröffnung des neuen Reichstages am 21. März 1933 inszeniert Goebbels den „Tag von Potsdam". Vor dem Staatsakt in der Garnisonskirche findet ein Gottesdienst in der evangelischen Nikolaikirche statt, was auch die kirchliche Einbindung in das sich etablierende NS-System demonstriert.

Der Generalsuperintendent der Kurmark, Otto Dibelius[90] aus Berlin, hält die Predigt:

> „Ein neuer Anfang staatlicher Geschichte steht immer irgendwie im Zeichen staatlicher Gewalt […] Und wenn es um Leben oder Sterben einer Nation geht, dann muss die staatliche Gewalt durchgreifen und kraftvoll eingesetzt werden, es sei nach außen oder nach innen. Wir haben von D. Martin Luther gelernt, dass die Kirche der rechtmäßigen staatlichen Gewalt nicht in den Arm fallen darf, wenn sie tut, wozu sie berufen ist. Auch dann nicht, wenn sie hart und rücksichtslos schaltet. Wir kennen die furchtbaren Worte, mit denen Luther im Bauernkrieg die Obrigkeit aufgerufen hat, schonungslos vorzugehen, damit wieder Ordnung im Land werde."

Seine Predigt enthält zwar bei aller Zustimmung zur nationalen Neuwerdung auch schon einige mahnende Töne, aber sie schließt mit den Worten:

„Das ist heute unser Gebet: dass Gottes Gnadenhand über dem Bau des deutschen Reiches die Kuppel wölbe, die einem deutschen, einem geheiligten, einem freien Volk den Blick für immer nach oben zieht. Deutschland wieder und für immer: ein Reich, ein Volk, ein Gott!“[91]

Brakelmann[92] zeigt auf: Millionen von Deutschen hören die Übertragung des „Tages von Potsdam“ und glauben an die „große Versöhnung zwischen preußischer Tradition, die als protestantische Frucht verstanden wurde, und nationalsozialistischem Aufbruch“. Dabei wird der preußische Protestant Hindenburg für viele Protestanten die „politisch-emotionale Brücke zum Ja für Hitler“.

Und immer wieder beruft man sich auf Luther. In diesen Wochen des „nationalen Aufbruchs“ wird in vielen Predigten, Reden und Kommentaren die glorreiche Vergangenheit beschworen, werden Luther, Friedrich der Große, Bismarck und Hitler in eine geschichtliche Reihe gestellt, wird das Verhältnis der nationalen Revolution von 1933 zur lutherischen Reformation von 1517 thematisiert.

Als Beispiel für das, was so ähnlich vielfach nachzulesen ist, mag die Rede des Bundesdirektors des Evangelischen Bundes Wilhelm Fahrenhorst auf dem „Eislebener Luthertag“ am 20. August 1933 stehen:

„Und wenn Martin Luther auf seinem Wege dem ‚Führer‘ von heute begegnen würde, dem unser aller Herzen dankbar schlagen – tief würde er

ihm in die Augen schauen, und beide Hände würde er ihm drücken: ‚Dank Dir, Du deutscher Mann! Du bist Blut von meinem Blute, Art von meiner Art. Wir beide gehören eng zusammen!‘ Wahrhaftig, sie gehören zusammen, Martin Luther und Adolf Hitler, die Reformation von 1517 und die deutsche Erneuerung von 1933 [...] Damals wie heute sandte Gott einen Mann als Retter: damals den Bergmannssohn von Eisleben, den Volkskanzler des Dritten Reiches heute.
In beiden erstand mit Urkraft die Idee, das ‚Selig aus Gnaden‘, die Gewissheit der Frohbotschaft von der Gotteskindschaft aus der erbarmenden Liebe des himmlischen Vaters und das Bild des ‚freien Christenmenschen‘ im deutschen Mann Martin Luther, und der geniale Gedanke, dass der Mensch gottgewollt leben müsse aus der blut- und schicksalsmäßigen Bestimmtheit seiner Nation heraus, und dass national und sozialistisch keine Gegensätze, sondern zu vereinen seien in Adolf Hitler.
In beiden lebt der unzerstörbare, von keinem Hemmnis und Widerstand zu bezwingende Glaube an die Kraft und den Sieg dieser Idee. Das eherne Wormswort Luthers: ‚Hier stehe ich. Ich kann nicht anders. Gott helfe mir!‘ klingt genauso auch aus Hitlers Kämpfen und Dulden, Ringen und Streiten heraus.“[93]

SA vor dem Lutherdenkmal in Berlin zum 450. Geburtstag des Reformators

Zu Luthers 450. Geburtstag im November 1933 wird in vielen kirchlichen und politischen Feiern die Verbindung zwischen Luther und Hitler herausgestrichen.

Im „Aufruf zum Luthertag" der Braunschweigischen Kirche heißt es beispielsweise:

> „In diesen schicksalsschweren Tagen begegnen sich Gegenwart und Vergangenheit. Der Refor-

mator der Deutschen und der Kanzler des Volkes reichen einander die Hand. Ihnen beiden geht es um Deutschland. So spricht der Führer: Wir haben nur einen Glauben und der heißt Deutschland.
Und es bekennt der Reformator: Für meine Deutschen bin ich geboren, meinen lieben Deutschen will ich dienen."

Und weiter:

„Wir rüsten uns zum Luthertag in der Schicksalswende des deutschen Volkes. Der Führer ruft zum letzten Einsatz für Deutschlands Ehre und Freiheit. Wir stehen in der Entscheidung. Wie soll das Losungswort des neuen Kampfes heißen? Für uns als lutherische Menschen kann es nur lauten: Hie gut deutsch und evangelisch allewege! Darum schließt die Reihen! Luthers 450. Geburtstag soll ein Bekenntnistag aller Evangelischen sein. Für Gott und Volk!"[94]

Beim Geburtstags-Festakt des Reiches in der Philharmonie Berlin erklärt der Theologieprofessor Erich Seeberg:

„Es ist von symbolischer Kraft, dass das gleiche Jahr ein Lutherjahr ist, in dem das deutsche Volk, wachgerüttelt von einem großen Führer daran geht, die westlichen und östlichen Verstrickungen, in denen sein Wesen gefangen war, abzuschütteln."[95]

Und der Kirchenhistoriker Hans Preuß, der kein Deutscher Christ ist, schreibt in der Herbstausgabe der Evangelisch-Lutherischen Kirchenzeitung einen Beitrag über „Luther und Hitler“, in dem bei allen Unterschieden zwischen den beiden „deutschen Führern“ dennoch ein biographisch-systematischer Vergleich zwischen ihnen angestellt wird, beispielsweise: Luther beginnt sein größtes Werk, die Bibelübersetzung auf der Wartburg, Hitler schreibt „Mein Kampf“ auf der Festung Landsberg. Beide lieben ihr Deutschland, sind erdverbunden, Feinde von Zins und Wucher und kämpfen leidenschaftlich gegen das Judentum.[96]

So tönt es quer durch das evangelische Deutschland, aus dem Mund von Kirchenleitungen genauso wie aus dem der akademischen Theologie, ob sie sich nun zu den Deutschen Christen zählen oder auch nicht. In Bezug auf die akademischen Theologen, von denen viele nach dem Krieg zu den prägenden theologischen Lehrern gehören, kommt Brakelmann zu dem Schluss: „Und immer wieder ist es der Reformator, der mit seinem Wesen, seinem Deutschtum, mit seiner Obrigkeits- und Gesellschaftsauffassung, seiner Anthropologie und Ethik die geistigen Grundlagen für das kommende Reich legen soll. Das politische Gegenwartsereignis soll durch eine Rückbesinnung auf den wahren Luther seine religiös-moralische Fundierung erhalten.“[97]

Die wenigen Gegenstimmen, zumeist von damals unbekannteren Leuten, bleiben außen vor. Der Bochumer Pfarrer Albert Schmidt hatte schon in seiner Predigt vom Mai 1933 klar ausgesprochen, dass die Achtung der obrigkeitlichen Regierung da ihre Grenze hat, wo diese das Recht mit Füßen tritt und „Eigentum und Gesundheit deutscher Menschen bedroht“– und er hat sich kritisch gegenüber seinen Kollegen geäußert:

> „Den Millionen, die heute in Freude schwimmen, sind ja Hunderte und Tausende meiner Amtsbrüder zu Dolmetschern ihrer hohen und begeisterten Gefühle geworden [...] So will ich heute ein Dolmetsch der Gefühle der Verfemten und Geächteten, der Verfolgten und Bedrückten, der Elenden und Geplagten sein.“[98]

Was sind die Gründe, dass so viele – auch führende – Leute in der evangelischen Kirche die Machtergreifung der Nationalsozialisten ausdrücklich begrüßen und unbeeindruckt von den innenpolitischen und außenpolitischen Maßnahmen des ersten Regierungsjahres daran festhalten?

VORDERGRÜNDIG[99]: Bereits die erste Rede Hitlers als neuberufener Reichskanzler ist von religiösen Vokabeln und christlichen Redewendungen durchsetzt („der Allmächtige“, „die Vorsehung“ usw.).

Er bekennt sich zum sogenannten „positiven Christentum“ und proklamiert, dass er Christentum und christliche Moral zum Fundament des neuen Reiches machen wolle.

Ungeachtet dessen propagiert sein Chefideologe

Rosenberg mit seiner neuheidnischen „Gottgläubigen"-Bewegung den Gegensatz zum Christentum.

Tatsächlich aber wird vier Tage nach Hitlers Machtübernahme verboten, in Wort und Schrift Religionsgesellschaften des öffentlichen Rechtes zu beschimpfen oder verächtlich zu machen – das richtet sich gegen die schärfsten Kritiker von Religion und Kirche, namentlich die Freidenkerverbände und die kommunistische Bewegung.

Hitler umwirbt gekonnt und erfolgreich beide Kirchen.

In seiner Regierungserklärung vom 23. März 1933 heißt es denn auch:

> „Die nationale Regierung wird in Schule und Erziehung den christlichen Konfessionen den ihnen zukommenden Einfluss einräumen und sicherstellen. Ihre Sorge gilt dem aufrichtigen Zusammenleben zwischen Kirche und Staat. Der Kampf gegen eine materialistische Weltanschauung und für die Wiederherstellung einer wirklichen Volksgemeinschaft dient ebenso den Interessen der deutschen Nation wie denen unseres christlichen Glauben."

HINTERGRÜNDIG[100]: Das deutsche Luthertum hatte gegenüber der demokratischen Weimarer Republik schon deshalb eine feindliche Haltung eingenommen, weil damit die seit der Reformation bestehende enge Verbindung von „Thron und Altar", von Landesherren und Landeskirchen, zu Ende war.

Darüber hinaus gibt es eine „große Affinität zwischen nationalkonservativer protestantischer Kulturkritik und nationalsozialistischer Geschichts- und Zeitkritik. Beide Positionen sehen die Moderne vorrangig als Zeit des Verfalls."

Da also schon lange vor dem Januar 1933 das kirchliche und theologische Schrifttum antiaufklärerisch, antiliberal, antidemokratisch, antisozialistisch und antikommunistisch geprägt ist, kann es zu diesem Bündnis von Nationalprotestantismus und Nationalsozialismus kommen.

Schließlich macht die Angst vor dem Bolschewismus, nicht zuletzt wegen seiner antikirchlichen Position und seiner Christenverfolgungen, blind für die Gefahren des Faschismus. Lieber braun als rot, ist die Devise.

FAZIT Die Mehrheit der Protestanten hat eine negative Haltung zur Weimarer Republik, zu vielen Strömungen der Moderne und zum Judentum, das für die modernen „Irrtümer" insbesondere verantwortlich gemacht wird.

Daher ist es für Hitler nicht schwer, die evangelischen Christen zu gewinnen. Die Verbindungen, die zwischen Luther und Hitler gezogen werden, tun ihr Übriges.

Die protestantische Mehrheit kann so aus Überzeugung ein Ja zum neuen Staat sprechen.[101]

Exkurs: Bekennende Kirche im Überblick[102]

Die Bekennende Kirche (künftig auch abgekürzt: BK) gilt im Dritten Reich als Gegenbewegung zu den Deutschen Christen (künftig auch abgekürzt: DC). Die Bekennende Kirche hat genauso wie die Deutschen Christen sehr verschiedene Phasen und auch verschiedene Flügel und regionale Schwerpunkte. Das macht die Sache kompliziert, *die* evangelische Kirche im Dritten Reich gibt es so nicht.

Die „Glaubensbewegung Deutsche Christen" entsteht bereits im Juni 1932 und wird von dem Berliner Pfarrer Joachim Hossenfelder geleitet. Sie wendet sich in ihren Richtlinien an „alle evangelischen Christen deutscher Art".[103] Wie stark diese Richtlinien von nationalsozialistischem Gedankengut geprägt sind, wird deutlich, wenn es darin heißt:

„Wir bekennen uns zu einem bejahenden artgemäßen Christusglauben, wie er deutschem Luthergeist und heldischer Frömmigkeit entspricht." Und: „Wir sehen in Rasse, Volkstum und Nation uns von Gott geschenkte und anvertraute Lebensordnungen" und schließlich: „In der Judenmission sehen wir eine schwere Gefahr für unser Volkstum."

Die Forderung der Deutschen Christen, die lockere Verbindung von insgesamt 29 Landeskirchen und Kirchenprovinzen im Deutschen Evangelischen Kirchenbund in eine Reichskirche umzuwandeln, ist damals durchaus populär.

Dagegen geht es der Bekennenden Kirche vorwiegend darum, die eigene Kirche vor dem Übergriff der

Nazis und der Überfremdung durch den nationalsozialistischen Ungeist zu schützen und die Freiheit der Kirche zu wahren, das bedeutet:

1. Die landeskirchlichen Strukturen sollen aufrechterhalten werden. Deshalb wird die Gleichschaltung zu einer Reichskirche unter einem Reichsbischof abgelehnt.
2. In Personalfragen will man sich nicht hineinregieren lassen. Deshalb wird die Anwendung des Arierparagraphen (Entlassung von Beamten mit jüdischem Hintergrund) für Pfarrer mit jüdischen Wurzeln abgelehnt.
3. In geistlichen Angelegenheiten will man sich nicht hineinreden lassen. Deshalb hält man z. B. am Alten Testament fest. Auch wird eine eigene Pfarrerausbildung organisiert.

Zeit vor der Reichspogromnacht (1933–1938)

1933: Vorläufer der Bekennenden Kirche

Mai 1933:

Gründung der Jungreformatorischen Bewegung (H. Lilje, W. Künneth u. a.): Ein Ja zum neuen deutschen Staat, aber ein Nein zu aller politischen Beeinflussung der Kirche.

Juli 1933:

Engerer Zusammenschluss der 21 Landeskirchen und der Kirche der Altpreußischen Union (APU) mit ihren 8 Kirchenprovinzen (vom Rheinland über Schlesien bis nach Ostpreußen) zur

Deutschen Evangelischen Kirche (künftig abgekürzt: DEK), mit einer neuen Verfassung.[104] Evangelische Kirchenwahlen mit ausdrücklicher Unterstützung durch die NSDAP und 70%-Wahlsieg der Deutschen Christen. Die alten Kirchenleitungen bleiben nur in den drei großen Landeskirchen Württemberg, Bayern und Hannover – den sogenannten „intakten" Landeskirchen – doch ihre Bischöfe Wurm, Meiser, Marahrens werden fortan auch oft „taktieren".

SEPTEMBER 1933:

Einführung des Arierparagraphen in der großen Kirche der Altpreußischen Union durch die „Braune Synode". Der Pfarrernotbund gegen staatliche Eingriffe in die Kirche (Niemöller u.a.) wird gegründet, dem bis Januar 1934 mehr als ein Drittel der evangelischen Pfarrer beitreten. Der preußische Bischof Ludwig Müller (DC) wird – im Sinne Hitlers – zum Reichsbischof durch die Nationalsynode gewählt. Fortschreitende Eingliederung der evangelischen Landeskirchen in eine Deutsche Evangelische Nationalkirche unter dem Reichsbischof.[105]

NOVEMBER 1933:

Großkundgebung der Deutschen Christen im Berliner Sportpalast, mit Forderungen nach der Abschaffung des Alten Testaments, der Beseitigung der jüdischen Theologie des Paulus und der Verkündigung eines „heldischen Jesus". Verlust vieler Sympathien, Reichsbischof Müller distanziert sich vom radikalen Flügel der Deutschen Christen. Trotzdem können sich viele Deutsche Christen in den einmal durch die Kirchenwahl eroberten Positionen z. T. bis zum Kriegsende halten.

1934: *Gründung der Bekennenden Kirche*

April 1934:

Über fünftausend evangelische Christen kommen zum Ulmer Bekenntnistag im Münster zusammen. Die Vertreter der württembergischen und bayerischen Landeskirchen, einiger freier Synoden sowie vieler bekennender Gemeinden und Christen in ganz Deutschland erklären öffentlich, dass sie die rechtmäßige evangelische Kirche in Deutschland seien.

Mai 1934:

1. Reichsbekenntnissynode in Barmen.
Sie wird einberufen durch die Bekenntnisgemeinschaft der Deutschen Evangelischen Kirche, das ist der Zusammenschluss aus den „intakten" Landeskirchen und den freien Synoden aus den anderen Landeskirchen, die sich der Eingliederung in die Nationalkirche widersetzen. Dazu kommen Vertreter aus bekennenden Gemeindekreisen und Gruppen. 139 Delegierte aus der lutherischen, reformierten und unierten Tradition verabschieden als gemeinsames Bekenntnis die Barmer Erklärung, maßgeblich verfasst von Karl Barth und Hans Asmussen:

In sechs Thesen werden evangelische Wahrheiten bekannt und die von den Deutschen Christen vertretenen „falschen Lehren“ verworfen, die die nationalsozialistische Ideologie auch für die Kirche geltend machen wollen.
Die Bekennende Kirche entsteht zwar innerhalb der DEK, tritt aber mit dem Anspruch auf, allein die DEK zu vertreten.

Oktober 1934:

2. Reichsbekenntnissynode in Berlin-Dahlem. Nach dem Scheitern des Eingliederungsversuchs von Württemberg und Bayern in die Nationalkirche durch Reichsbischof Müller, beschließt die Bekennende Kirche, den deutschchristlichen Kirchenleitungen auf allen Ebenen (Gemeinde, Kirchenkreise, Kirchenprovinzen und Landeskirchen) eigene Leitungen gegenüberzustellen, die Bruderräte. An der Spitze steht der Reichsbruderrat und – daraus gewählt – der 5-köpfige Rat der DEK (mit K. Barth und M. Niemöller, H. Asmussen, K. Koch, E. Fiedler). Frauen fehlen in der Leitung, nicht aber unter den Mitgliedern.[106] Der Staat erkennt die neuen bruderrätlichen Kirchenleitungen niemals an. Nach einem Empfang der drei Bischöfe der „intakten“ Landeskirchen bei Hitler zehn Tage später wird der Rat der DEK verdrängt.

November 1934:

Reichsbruderrat und „intakte“ Landeskirchen vereinbaren nun die Bildung der 1. Vorläufigen

1934 gab es im Deutschen Reich 22 evangelische Landeskirchen

Kirchenleitung (1. VKL) der DEK unter Bischof Marahrens (Hannover), der zum gemäßigten Flügel gehört.

Da die alten DC-Kirchenleitungen überall im Amt bleiben, bedeutet das: Die gesamte kirchliche Verwaltung und vor allem die Kirchenfinanzen bleiben in deren Besitz (außer in den „intakten" Landeskirchen). So bekommen auch BK-Pfarrer weiterhin ihr Gehalt von dort. Die Bekennende Kirche finanziert ihre Arbeit (Veröffentlichungen, Aus- und Fortbildung, Neu-Anstellung junger Theologen) aus Kollekten der BK-Gemeinden.

1935: Zunehmende Spannungen innerhalb der Bekennenden Kirche

März 1935:

Kurzzeitige Verhaftung von ca. siebenhundert Pfarrern der Bekennenden Kirche in der Altpreußischen Union, da sie ein kritisches Kanzelwort verlesen wollten.

Juni 1935:

3. Reichsbekenntnissynode in Augsburg. Spannungen zwischen dem entschiedenen „Dahlemer Flügel" mit Niemöller und Barth – der auf Wunsch des bayerischen Bischofs Meiser nicht mehr an der Synode teilnimmt – und dem kompromissbereiten „intakten" Landeskirchen mit ihren Bischöfen.

Juli 1935:

Ernennung des Reichskirchenministers Kerrl durch Hitler zur „Befriedung" der evangelischen Kirchen. Jener beruft neue kirchenleitende Kirchenausschüsse und einen nur ihm verantwortlichen Reichskirchenausschuss, der nun anstelle des Reichsbischofs die Leitung der DEK innehat (1937 tritt dieser Reichskirchenausschuss ohne Nachfolgeregelung zurück).

Für diese Ausschüsse kann Kerrl auch Vertreter der BK gewinnen, namentlich auch Marahrens, der immerhin an der Spitze der 1. Vorläufigen Kirchenleitung steht.

FEBRUAR 1936:

4. und letzte Bekenntnissynode auf Reichsebene in Bad Oeynhausen.

Die Bekennende Kirche spaltet sich in zwei Flügel:

1. Ein breiter Flügel, der zu Kompromissen und zur Zusammenarbeit mit Kerrl bereit ist, aus den drei „intakten" Landeskirchen und den Bruderräten aus anderen Landeskirchen (Sachsen, Thüringen, Braunschweig, Mecklenburg, Lübeck und Schleswig-Holstein), vertreten durch den neugeschaffenen Rat der Evangelisch-Lutherischen Kirche in Deutschland (mit Marahrens, Meiser, Wurm, Lilje u. a.).
2. Ein kleiner entschiedener Flügel, der an den Dahlemer Beschlüssen festhält, („Dahlemiten") und die Zusammenarbeit mit Kerrl ablehnt, aus den Bruderräten der APU, aus Oldenburg, Bremen und Hessen-Nassau; er wird vertreten durch die neugewählte 2. Vorläufige Kirchenleitung der DEK (mit F. Müller, O. Fricke, M. Albertz, H. Böhm, B. H. Forck).

SOMMER 1936:

Vertrauliche und kritische Denkschrift an Hitler, verantwortet von der 2. Vorläufigen Kirchenleitung (2. VKL), den Dahlemiten. Zum ersten Mal beschäftigt man sich nicht nur mit den eigenen Sorgen, sondern klagt auch die Verletzung der Menschenrechte durch den NS-Staat an. Die ungewollte Veröffentlichung in einer Basler Zeitung bringt die BK in schwere Turbulenzen und ist Anlass für eine Kanzelabkündigung.

1937: *Schwächung der Bekennenden Kirche*

Verbot von Einrichtungen der Bekennenden Kirche wie den Predigerseminaren. „Aufenthaltsverbote“ und „Ausreiseverbote“, Kommunikations-und Druckverbote behindern Treffen und Arbeit der Bekennenden Kirche. Der entschiedene Flügel der BK wird massiv vom Staat bedrängt, Martin Niemöller und Paul Schneider (zum vierten Mal) verhaftet, letzterer wird 1939 im KZ Buchenwald ermordet. 1938 zählt eine Statistik des Reichskirchenministeriums in Bezug auf evangelische Geistliche 1441 Strafanzeigen, 10 Verurteilungen, 8 Personen in Schutzhaft, neben 170 Verwarnungen, 18 Redeverboten und 61 Aufenthaltsverboten.
In den Gottesdiensten der Bekennenden Gemeinden wird der Verfolgten fürbittend gedacht, auch namentlich.[107]

1938: *Lähmung der Bekennenden Kirche*

APRIL 1938:

Zu Hitlers Geburtstag hat der Leiter der Kirchenkanzlei, Friedrich Werner (DC), die Idee, Pfarrer sollen den Treueid auf Hitler schwören. Das führt zu vielen Auseinandersetzungen in der Bekennenden Kirche.

SEPTEMBER/OKTOBER 1938:

Angesichts der Sudetenkrise veröffentlicht die 2. Vorläufige Kirchenleitung eine Gebetsliturgie[108] gegen jede Verherrlichung des Krieges, und Karl Barth schreibt einen Brief[109] an die Tschechen mit der Aufforderung zum bewaffneten Widerstand gegen die Deutschen.

Beides ist innerhalb der Bekennenden Kirche heftig umstritten. Die Verfasser der Gebetsliturgie gehen auf Distanz zum radikaleren Barth, weil sie sich dem Vorwurf des Landesverrats ausgesetzt sehen.[110] Am 29. Oktober, also nur wenige Tage vor der Reichspogromnacht, droht Reichskirchenminister Kerrl damit, die Verantwortlichen für die Gebetsliturgie (Albertz, Böhm, Forck und [Fritz] Müller) ins KZ zu überführen und nötigt den drei Bischöfen der sogenannten „intakten" Landeskirchen (Marahrens – Hannover, Wurm – Württemberg, Meiser – Bayern) und einem weiteren Landesbischof (Kühlewein – Baden) eine Erklärung ab, in der diese öffentlich von den Verfassern der Gebetsliturgie abrücken[111] – wenige Tage später auch noch vier weitere Kirchenführer.

Die Bischöfe sind um die Selbsterhaltung der Kirche und ihrer Handlungsspielräume besorgt. Dazu kommt die Furcht, als Vaterlandsverräter ins KZ eingewiesen zu werden.

Nachdem sich also der entschiedene Flügel vom radikaleren Karl Barth losgesagt hat, fallen die

Bischöfe des gemäßigten BK-Flügels dem entschiedenen BK-Flügel in den Rücken.

Das ist der Tiefpunkt der Bekennenden Kirche.[112]

ZEIT NACH DER REICHSPOGROMNACHT (1939–1945)

Dieser Zeitraum umfasst vor allem die Kriegsjahre.[113] Zu Kriegsbeginn rufen die evangelischen Kirchenleitungen die Christen zum Dienst fürs Vaterland auf. Die Überzeugung, dass die Obrigkeit das Recht habe, zum Kriegsdienst heranzuziehen, ist unangefochten.

Bischof Marahrens (BK), der im neu gebildeten Geistlichen Vertrauensrat der DEK mitarbeitet, erlässt zusammen mit dem Leiter der DEK-Kirchenkanzlei Werner (DC) am 2. Kriegstag einen entsprechenden Aufruf zum Krieg. Widerspruch zu Hitlers Kriegszug gibt es kaum aus der Bekennenden Kirche. Auch deren Leute sind jetzt darum bemüht, sich als gute Patrioten zu zeigen, und mancher Pfarrer der Bekennenden Kirche sieht im Frontdienst sogar eine Befreiung aus dem Druck des Kirchenkampfes.

Die Mehrheit des deutschen Protestantismus trägt die Kriegspolitik der Nationalsozialisten mehr oder weniger überzeugt mit: Sie schweigt zur Judenverfolgung und unterstützt den Krieg mit Gebeten und Kirchenglocken, Dankgottesdiensten und entsprechenden Publikationen. Erst gegen Kriegsende hin nimmt eine kritischere Einstellung zu.

Die bruderrätliche Bekennende Kirche – im Unterschied zur bischöflichen Bekennenden Kirche – ist jedoch seit der Verhaftungswelle im Mai 1941 lahmgelegt.

Die beiden Bewegungen der „Deutschen Christen" und der „Bekennenden Kirche" verlieren im Krieg an Bedeutung.

1942 unternimmt der BK-Bischof Wurm, Württemberg, bewusst das „Einigungswerk" der kirchlichen „Mitte"– dabei arbeitet jetzt auch die 2. Vorläufige Kirchenleitung (BK) mit. Wurm wird zum Sprecher der Kirche. Er kämpft gegen die Euthanasie, seine persönlichen Briefe an die Regierung, die sich auch gegen die Judenvernichtung richten, werden jedoch kaum gehört.

Ähnlich ergeht es auch den wenigen protestierenden Stimmen aus dem entschiedenen Flügel der Bekennenden Kirche.

Viele einzelne Bekenntnisgemeinden versuchen weiterhin, vor Ort sich zu versammeln, Fürbitte zu tun, zu helfen. Einzelne Mitglieder aus der Bekennenden Kirche knüpfen Kontakt zu Widerstandskreisen oder gehen selbst in den politischen Widerstand, aber ohne Rückendeckung der Kirche, wie Dietrich Bonhoeffer.

Kirchliche Reaktionen auf die Ausgrenzung der Juden (1933–1935: 1. Phase)[114]

Ausschreitungen gegen Juden hat es auch schon in der Weimarer Zeit gegeben. Sogleich nach der Machtübernahme aber setzt nun die nationalsozialistische Regierungspartei ihren Propagandaapparat zur Hetze gegen die Juden ein. Bereits vor dem 1. April kommt es vermehrt zu Übergriffen.

Mit der Boykottaktion der SA vom 1. April 1933 gegen jüdische Geschäfte, Arztpraxen und Kanzleien kommt es zu einer ersten Welle staatlicher Gewalt gegen die Juden. Dass diese Aktionen nicht nur im ersten Überschwang geschehen, wie viele meinen, zeigt das „Gesetz zur Wiederherstellung des Berufbeamtentums" vom 7. April 1933.

Damit erfolgt der „legale" Ausschluss aller „Nichtarier" aus dem öffentlichen Dienst, aus Schulen, Universitäten und aus den freien Berufen. Und das bekommt jeder mit am Arbeitsplatz, in der Schule, auf der Straße und in der Kirche. Rund die Hälfte der Berliner Kinderärzte sollen damals Juden gewesen sein. Mit diesem sogenannten „Arierparagraphen" wird vielen Juden die Existenzgrundlage entzogen.

Damals leben ca. eine halbe Million Menschen jüdischen Glaubens in Deutschland. Darüber hinaus werden viele erst durch die NS-Rassegesetze wieder zu „Juden", die Konfessionslosen jüdischer Herkunft und die getauften Juden sowie die sogenannten Mischlinge 1. und 2. Grades, die oft gar nichts mehr von ihren jüdischen Wurzeln wissen. Die Zahl der evangelischen „Nichtarier", also der evangelisch getauften Juden, wird unterschiedlich geschätzt. Es ist von mindestens 100000 auszugehen[115] –, katholisch getaufte Juden gibt es deutlich weniger.

Darunter ist auch Martha Kassel, die evangelische „nichtarische" Kinderärztin aus Berlin. Ihre Freundin Elisabeth Schmitz berichtet am 22. April 1933:

„Gestern abend war Frau Dr. wieder ganz verzweifelt.
Sie sagte immerfort vor sich hin: ‚Warum hassen sie uns denn nur so? Ich kann es gar nicht verstehen. Es soll einer hingehen u. sie fragen.‘ Und dann erzählte sie von der Kinderklinik, von all den Kindern, die sie operiert hat u. wie sie oft 6 × in der Nacht aufgestanden sei, um nach einem frisch operierten Kind zu sehen – und dann kamen wieder dieselben Sätze. – Von jungen Menschen gehen sehr viele weg, weil sie ja hier nicht studieren können [...] Aber Frau Dr. denkt nicht daran. Sie fühlt sich ja gar nicht als Jüdin, hat es nie getan u. ist so fassungslos, dass man sie trennen will vom Deutschtum, wo sie doch deutsche Literatur u. Kunst u. Landschaft u. alles so liebt.“[116]

Durch das Ausstellen der sogenannten „Ariernachweise“ leisten die evangelischen und katholischen Pfarrämter Amtshilfe zur Klassifizierung von Juden und Ariern.[117]

Die Kirchenbücher sind praktisch die einzige Möglichkeit, die eigene „arische“ Herkunft zu belegen, was der Fall war, wenn auch alle Großeltern getauft waren. Bis 1935 sollen bereits mehr als zwölf Millionen Kirchenbuchauszüge für die politischen Funktionsträger in NSDAP, SA und SS und die Mitarbeiter im Öffentlichen Dienst angefertigt worden sein.[118] Dass diese Nachweise nicht nur den „Ariern“ zur Entlastung dienen, sondern vor allem den Juden zur existentiellen Bedrohung werden, das wird von vielen seinerzeit ausgeblendet.

Vielmehr: „Kirchliche Amtshilfe für den NS-Staat bei rassenpolitischen Maßnahmen war selbstverständlich und wurde gern geleistet. Man glaubte, damit nationale Haltung und Zuverlässigkeit gegenüber der neuen Obrigkeit zu beweisen."[119]

Durch die Nachfrage nach kirchlichen Dienstleistungen fühlen sich die Kirchen aufgewertet.

Schließlich wird das Ausstellen von „Rassenachweisen" von manchen Gemeinden auch als besondere volksmissionarische Gelegenheit genutzt, wenn z. B. den Nachweisen ein geistliches Flugblatt beigelegt wird.

Der Schweizer Pfarrer Jacobus Wiedemann hingegen kommentiert eine Bitte aus Deutschland um amtliche Auskunft in einer Ariernachweissache im April 1938 folgendermaßen:

> „Hingegen möchte ich Sie darauf aufmerksam machen, dass wir uns teils vor Lachen geschüttelt, teils am gesunden Menschenverstand der nordischen Rasse zu zweifeln angefangen haben, als wir sahen: Die pathologischen Forderungen des Ariernachweises bei der Urgroßmutter (!!!) finden Sie nicht bloß nicht verrückt, sondern auf den Mann, der solchen Generalblödsinn befiehlt, bringen Sie noch ein ‚Heil' aus. Es scheint doch, dass Deutschland immer mehr zu einem Riesenirrenhaus wird."[120]

Auch Pfarrer der Bekennenden Kirche stellen Ariernachweise aus. Sicher bringt das manchen in einen Gewissenskonflikt. Wenn sie aber den Gemeindemitgliedern den Nachweis verweigern, bekommen diese Probleme.

So werden nur vereinzelt Auskünfte verweigert oder gefährliche Informationen verschwiegen.

Wenn sich die Kirche nicht als Ganzes dagegen stellte, war es für den einzelnen Pfarrer schwierig.

Der württembergische Bekenntnispfarrer Paul Schempp hält seinem Bischof Wurm, der sich ebenfalls zur Bekennenden Kirche zählt, im September 1936 vor: „Dass die Pfarrämter zu Sippenforschungsinstituten geworden sind, dagegen haben Sie noch kein ernstes Wort gefunden.“[121]

Am 9. April 1946 wird Schempp zusammen mit anderen aus der Württembergischen Sozietät in einer Erklärung schreiben: „Wir haben indirekt dem Rassedünkel Vorschub geleistet durch die Ausstellung zahlloser Nachweise der arischen Abstammung und taten so dem Dienst am Wort der frohen Botschaft für alle Welt Abbruch.“[122]

Vielfältige Reaktionen aus dem Jahre 1933 – Kirchenleitungen, Deutsche Christen, Vorläufer der Bekennenden Kirche

Kirchenleitungen

Vonseiten der evangelischen – wie auch vonseiten der katholischen Kirchenleitung – gibt es keinen nennenswerten Protest auf die Maßnahmen vom April 1933.

Dabei hatte sich bereits am 30. März die Reichsvertretung der deutschen Juden mit ihrem Vorsitzenden Rabbiner Dr. Leo Baeck telegrafisch an den Evangelischen Oberkirchenrat der Altpreußischen Union (APU) und seinen Präsidenten D. Hermann Kapler in Berlin gewandt – die APU war die weitaus größte evangelische Landeskirche mit acht Kirchenprovinzen vom Rheinland über Schlesien bis nach Ostpreußen.

„Die deutschen Juden erhoffen gegenüber den gegen sie gerichteten Bedrohungen ein baldiges Wort, das im Namen der evangelischen Religion von der evangelischen Kirche in Deutschland gesprochen wird.“ [123] Ein entsprechendes Schreiben geht auch an den Vorsitzenden der katholischen Bischofskonferenz.

Auch ausländische Kirchenführer fragen besorgt nach, werden aber nicht zuletzt von Kapler, der zugleich Präsident des Deutschen Evangelischen Kirchenausschusses (DEKA) ist, beschwichtigt. Diesem wird dann am 8. April ausdrücklich im Namen Hitlers gedankt für seinen energischen Protest gegen die ausländische jüdische Gräuelhetze.[124]

Und zu Führers Geburtstag am 20. April schreibt wiederum Kapler einen herzlichen Glückwunsch im Namen des Deutschen Evangelischen Kirchenbundes.[125]

Nur Einzelne wie der Pazifist Dr. Hermann Stöhr in Stettin oder der Pfarrer Hermann Umfrid in Niederstetten/Württemberg protestieren schon früh gegen die nationalsozialistische Judenpolitik, werden aber von ihren Kirchenleitungen allein gelassen.[126]

Am 11. April 1933, sechs Tage vor Ostern, erklärt vielmehr der Evangelische Oberkirchenrat der Altpreußischen Union in Berlin, als ob nichts geschehen wäre:

> „Die Osterbotschaft von dem auferstandenen Christus ergeht in Deutschland in diesem Jahr an ein Volk, zu dem Gott durch eine große Wende gesprochen hat.
> Mit allen evangelischen Glaubensgenossen wissen wir uns eins in der Freude über den Aufbruch der tiefsten Kräfte unserer Nation zu vaterländischem Bewusstsein, echter Volksgemeinschaft und religiöser Erneuerung [...].
> Die Kirche ist freudig bereit zur Mitarbeit an der nationalen und sittlichen Erneuerung unseres Volkes.“[127]

Am 25./26. April 1933 berät das Leitungsgremium des aus den Landeskirchen zusammengesetzten Deutschen Evangelischen Kirchenbundes, der Deutsche Evangelische Kirchenausschuss (DEKA), ob die Kirche nicht angesichts der beginnenden Verfolgung der jüdischen Mitbürger ein Wort der Solidarität sagen müsse. Deren Präsident Kapler hatte die Judenfrage tags zuvor bei einem Empfang bei Hitler allerdings nicht angesprochen.[128]

Dem Ausschuss liegt das Gutachten von Walter Künneth vor „Die Kirche und die Judenfrage in Deutschland". In diesem Gutachten, das eine aus damaliger Sicht gemäßigte Haltung vertritt, wird dem Staat durchaus das Recht zugestanden, die Juden auf gesetzlichem Weg von bestimmtem Berufstätigkeiten auszuschließen, „um das deutsche Volk vor Überfremdung zu sichern". Andererseits habe die Kirche sich „dafür einzusetzen, dass die Ausschaltung des jüdischen Einflusses im Volksleben sich in einer Weise vollzieht, die dem christlichen Ethos, zu dem der Staat wiederholt ein freudiges Ja gesprochen hat, nicht widerspricht". Auch wenn die Kirche an ihre Verpflichtung erinnert wird, „gegen jede Art von gewaltsamer Schädigung oder Unterdrückung der Juden in Deutschland [...] schärfsten Einspruch zu erheben", wird die gängige Judenfeindschaft als selbstverständliche Voraussetzung akzeptiert.

Obwohl für Künneth in Bezug auf die Zugehörigkeit zur christlichen Gemeinde „nicht irgendwelche rassische Abstammung, sondern der Glaube an Jesus Christus als den Herrn" maßgebend ist, und er darum auch den Staat auffordert, in seiner Gesetzgebung zwischen Juden und Judenchristen zu unterscheiden, bedeute das „keineswegs Gleichgültigkeit in biologischer Hinsicht". Deshalb habe die Kirche darauf zu achten, „dass ein zu starkes Hervortreten des judenchristlichen Elementes verhindert wird".

Wolfgang Huber kommentiert dies wie folgt: „Angesichts der Tatsache [...], dass nur etwa 0,1% der evangelischen Pfarrer Judenchristen waren, lag in einer derartigen Formel doch so etwas wie eine Blankovollmacht zu einer modifizierten Einführung des Arierparagraphen in der Kirche."[129]

Das Leitungsgremium des Deutschen Evangelischen Kirchenbundes findet weder zu einem Wort der Solidarität mit den jüdischen Mitbürgern noch zu den Judenchristen.

Man befürchtet, dass eine Stellungnahme für die Judenchristen als Votum gegen die staatliche Judenpolitik überhaupt interpretiert werde, dass gar der Zustrom der Juden zum Christentum verstärkt werden könnte, und vor allem, dass ein kritisches Wort von den Feinden im Ausland gegen Deutschland missbraucht werden könnte.

Auch der Landesbischof von Mecklenburg Heinrich Rendtorff warnt laut Protokoll vor einer öffentlichen Stellungnahme, denn „die Kirche habe mit Dank begrüßt, dass endlich einmal wieder eine Obrigkeit vorhanden sei. Wenn das so ist, dann verstoße es gegen den Glauben, dem weltlichen Schwert in den Arm zu fallen."[130]

Im Juli 1933 wird die neue Verfassung der Deutschen Evangelischen Kirche verabschiedet, maßgeblich vorbereitet von Dr. Hermann Kapler, dem reformierten Pfarrer Hesse, dem späteren DC-Reichsbischof Ludwig Müller und dem Hannoveraner Landesbischof August Marahrens, der ab 1934 eine führende Rolle in der Bekennenden Kirche spielt.

Diese Verfassung beginnt mit den Worten:

> „In der Stunde, da Gott unser deutsches Volk eine große geschichtliche Wende erleben lässt, verbinden sich die deutschen evangelischen Kirchen in Fortführung und Vollendung der durch den Deutschen Evangelischen Kirchenbund eingeleiteten Einigung zur Deutschen Evangelischen Kirche."[131]

Nur wenige Wochen nach dem 1. April 1933 ist hier bei der „Gründung" der Deutschen Evangelischen Kirche (DEK) nichts als Zustimmung zur politischen Situation herauszuhören. Das ist insofern nicht erstaunlich, denn selbst für Marahrens ist die nationalsozialistische Weltanschauung „die gestaltende Kraft der politischen Ordnung des deutschen Volkes, die als solche auch für den christlichen Deutschen verbindlich ist"[132].

Deutsche Christen

Die Deutschen Christen, die mit dem Anspruch auftreten, die Erneuerungsbewegung in der Deutschen Evangelischen Kirche zu sein (s. a. Exkurs: Bekennende Kirche im Überblick S. 77 ff.), fordern nur zwei Tage nach der staatlichen Einführung des Arierparagraphen im April dasselbe für die evangelische Kirche.

Das bedeutet den Ausschluss judenchristlicher Pfarrer und Kirchenbeamter sowie die Bildung selbstständiger judenchristlicher Gemeinden.

Nach dem hohen Wahlsieg bei den Kirchenwahlen im Juli 1933 können die Deutschen Christen in den meisten Landeskirchen (außer in den drei großen Landeskirchen Württemberg, Bayern und Hannover) den Arierparagraphen ungehindert einführen.

Bekannte Theologieprofessoren wie Paul Althaus und Emmanuel Hirsch liefern dazu ein Gutachten.[133]

Vorläufer der Bekennende Kirche

Das eigentliche Gründungsdatum der Bekennenden Kirche ist erst 1934, aber 1933 entstehen bereits Vorläufer, die Jungreformatorische Bewegung und der Pfarrernotbund.

Die *Jungreformatorische Bewegung* tritt dem Anspruch der Deutschen Christen entgegen, einzige Erneuerungsbewegung zu sein. Im Gründungsaufruf vom Mai 1933 heißt es:

> „Der uns von Gott geschenkte neue Tag der deutschen Nation ruft unsere evangelische Kirche zu neuer Gestaltung […]. Wir bekennen uns zu dem Glauben an den Heiligen Geist und lehnen deshalb grundsätzlich die Ausschließung von Nichtariern aus der Kirche ab […]. Wir fordern, dass die evangelische Kirche in freudigem Ja zum neuen deutschen Staat den ihr von Gott gegebenen Auftrag in voller Freiheit von aller politischen Beeinflussung erfüllt und sich zu-

> gleich in unlöslichen Dienst an das deutsche Volk bindet."[134]

Unterschrieben ist dieser Gründungsaufruf von Walter Künneth und Hanns Lilje, der auch das Organ „Junge Kirche" von 1933 bis 1936 herausgibt. Er spielt in der Bekennenden Kirche eine wichtige Rolle und ist nach '45 Landesbischof von Hannover und stellvertretender EKD-Ratsvorsitzender. Lilje schreibt noch 1933:

> „Und wenn nicht alles täuscht, dürfen wir die deutsche Revolution als Anbruch einer geschichtlichen Umwälzung hinnehmen, die für Europa eine ähnlich umgestaltende Wirkung haben wird wie jene vorausgegangenen großen europäischen Revolutionen."[135]

Auch *Otto Dibelius*, der kurmärkische Generalsuperintendent, der wegen seiner Kritik an staatlicher Einmischung in Kirchenfragen Schwierigkeiten bekommt, unterstreicht in einem Brief vom 26. Juli 1933 an seinen preußischen Oberkirchenrat seine Loyalität mit dem neuen Staat und beteuert, er habe schon während der Studentenzeit „im Kampf gegen Judentum und Sozialdemokratie gestanden [...]. Dieser Haltung meiner Jugendtage bin ich ohne Schwanken treu geblieben bis zu dieser Stunde [...]. Ich habe die Aufgabe und die Ehre gehabt, diesen Staat im Gottesdienst der Nikolaikirche in Potsdam am 21. März von der Kanzel her zu grüßen."[136]

Dibelius wird trotzdem noch 1933 seines Amtes enthoben. Er arbeitet ab 1934 in der Bekennenden Kirche mit und wird nach '45 Bischof von Berlin-Brandenburg und langjähriger EKD-Ratsvorsitzender.

Martin Niemöller, der ehemalige U-Boot-Kommandant aus dem 1. Weltkrieg und jetzige Dahlemer Pastor, gründet mit Kollegen im September 1933 den Pfarrernotbund. Anfang 1933 hatte Niemöller noch NSDAP gewählt, sich aber bereits im Mai der Jungreformatorischen Bewegung angeschlossen.

Der *Pfarrernotbund* ist die Reaktion auf die Einführung des Arierparagraphen in den von den Deutschen Christen beherrschten Landeskirchen, nicht zuletzt in der großen Kirche der Altpreußischen Union (auf der sogenannten „Braunen Synode" Anfang September). Der Pfarrernotbund erklärt den Arierparagraphen in der Kirche auf der Ende September 1933 tagenden Nationalsynode in Wittenberg für bekenntniswidrig.

Niemöllers Aufruf wird immerhin in kurzer Zeit von mehreren tausend Pfarrern unterschrieben und verhindert, dass der Arierparagraph überall in der Deutschen Evangelischen Kirche eingeführt wird. Die Bekenntnisnotwendigkeit bezieht sich aber nur auf die Stellung der getauften Juden in der Kirche und nicht auf die beginnende Verfolgung der Juden überhaupt.

Ein solidarisches Bekenntnis zu den Juden als den Geschwistern hat es nicht gegeben. Man hat vor allem die Freiheit der Kirche im Blick, die sich dann auch auf die getauften Juden in der Kirche bezieht.

Selbst Martin Niemöller telegrafiert im Zusammenhang mit dem Austritt Deutschlands aus dem Völkerbund noch im November 1933 an Hitler:

> „In dieser für Volk und Vaterland entscheidenden Stunde grüßen wir unsern Führer. Wir danken für die mannhafte Tat und das klare Wort, die Deutschlands Ehre wahren.
> Im Namen von mehr als 2500 evangelischen Pfarrern, die der Glaubensbewegung Deutsche Christen nicht angehören, geloben wir treue Gefolgschaft und fürbittendes Gedenken."[137]

So gibt es in den Monaten nach den April-Maßnahmen auch von Vertretern der entstehenden Bekennenden Kirche viel Solidarität mit dem Staat und kein Wort zu dem, was den Juden durch diesen Staat zugefügt wird. Es sind nur Einzelne wie Dietrich Bonhoeffer und Elisabeth Schmitz, die den Ungeist des Nationalsozialismus von Anfang an klar durchschauen und alle Juden im Blick haben, nicht nur die Judenchristen. Aber es sind Stimmen am Rande.

Dietrich Bonhoeffer, der junge Berliner Privatdozent, dessen Zwillingsschwester mit einem Judenchristen verheiratet ist, schlägt in seinem Aufsatz vom 15. April 1933 „Die Kirche vor der Judenfrage" ganz andere Töne an – zeitgleich, aber ohne Kenntnis des bereits erwähnten Künneth-Gutachtens.[138]

Er formuliert als Aufgaben für die Kirche angesichts der beginnenden Rassenverfolgung gleich im April 1933:

Erstens habe die Kirche den Staat nach der Legitimität seines Handelns zu fragen.

Zweitens sei sie verpflichtet, sich für alle Opfer des staatlichen Handelns einzusetzen, auch wenn diese nicht zur christlichen Gemeinde gehören.

Drittens könnte sie in die Lage kommen, „nicht nur die Opfer unter dem Rad zu verbinden, sondern dem Rad selbst in die Speichen zu fallen", wenn Juden rechtlos gemacht werden oder wenn der Staat den Ausschluss der getauften Juden aus der Kirche erzwingt und Judenmission verbietet.

Als lutherischer Theologe überwindet Bonhoeffer hiermit sowohl den Antijudaismus als auch die „Zwei-Reiche-Lehre" in der lutherischen Tradition.

Zur geplanten Einführung des Arierparagraphen für kirchliche Beamte und Pfarrer in der Kirche erklärt Bonhoeffer in einem Flugblatt „Der Arierparagraph in der Kirche" vom August 1933 folgerichtig: „Darum ist der Arierparagraph eine Irrlehre von der Kirche und zerstört ihre Substanz. Darum gibt es einer Kirche gegenüber, die den Arierparagraphen in dieser radikalen Form durchführt, nur noch einen Dienst der Wahrheit, nämlich den Austritt."

Seine Aufrufe und Aktionen haben leider keinen größeren Einfluss, auch nicht in der entstehenden Bekennenden Kirche. Im Gegenteil: Als Bonhoeffer vorschlägt, alle Pfarrer, die den Arierparagraphen ablehnen, sollen ihr Amt niederlegen, geht das selbst Bonhoeffers Freunden von der kirchlichen Opposition zu weit. Bonhoeffer verzichtet 1933 auf eine Pfarrstelle in Berlin und geht nach London, um dort für zwei Jahre ein Auslandspfarramt zu übernehmen.[139] Im Oktober 1933 verabschiedet er sich von seinen Studenten mit den Worten: „Es gilt nun, in der Stille auszuhalten und an allen Ecken des deutschchristlichen Prunkhauses den Feuerbrand der Wahrheit anzulegen, damit eines Tages der ganze Bau zusammenkracht."[140]

Elisabeth Schmitz, eine Berliner Studienrätin, die viele Juden in ihrem Bekannten- und Freundeskreis hat, erweist sich ähnlich wie Bonhoeffer von Anfang an als völlig „immun" gegenüber den national-völkischen Tönen (siehe Exkurs: Zur Biografie von Elisabeth Schmitz, S. 132 ff.).

Bereits am 18. April 1933 berichtet sie in einem ersten Brief an Karl Barth von den „Folgen der Judenverfolgung" und von der Kirche, die Ostern feiert „in der Siegesstimmung, die augenblicklich durch unser deutsches Volk geht". Sie bittet den Theologen, „dessen Stimme in Deutschland am meisten gehört wird", die Gewissen in der theologischen Welt wachzurütteln.[141]

In ihrem langen Brief von Neujahr 1934 an Karl Barth heißt es:

> „Sollten die Gesetze, wie sie heute sind, längere Zeit bestehen bleiben, so würde das das glatte Todesurteil bedeuten für Hunderttausende

von Menschen, vielleicht für Millionen. [...] Zu alledem schweigt die Kirche. Ob sie überhaupt bemerkt, was vorgeht, ist nicht zu erkennen. Es sieht nicht so aus.

[...] Solang die sogenannte Opposition nur immer Bücklinge vor dem Staat macht, wird es nicht anders. [...] Und wieso verstehen auf einmal so viele Theologen von Biologie und Rassekunde mehr als alle Anthropologen? Die meisten Oppositionellen sind doch nur etwas zahmere deutsche Christen.

[...] Wir haben keine Zeit zu warten. [...] Ich stehe dem kirchenpolitischen Kampf, der sicher nötig ist, nah genug, um seine Gefahr zu sehen. Er wird durch die Freude am Kampf bei vielen schließlich zum Selbstzweck. Er beruhigt auch die Gewissen – man kämpft ja gegen den Arierparagraphen (aber beileibe nur in der Kirche!) – u. macht die Menschen blind der Tatsache gegenüber, dass ebenso dringliche Aufgaben, ja die allerdringlichste vergessen wird. Wo hätte man ein Trostwort der Kirche an ihre verfolgten Glieder gehört, geschweige denn ein mitfühlendes Gedenken an die verfolgten – von Christen verfolgten – überhaupt? Was die Kirche am nötigsten braucht, ist weder ein neues Bekenntnis, noch die Verfassung, noch theologische Auseinandersetzungen über Volk u. Rasse, sondern ganz einfache, schlichte, selbstverständliche christliche Liebe. Auf keinem Gebiet hat die Kirche u. die deutsche Christenheit so rettungslos versagt wie auf diesem [...]."[142]

In einem weiteren langen Brief an Karl Barth vom 12. Februar 1934 schreibt Elisabeth Schmitz:

„Selbstverständlich sehe ich, dass von der Philosophie u. Universität, überhaupt der gesamten Wissenschaft an – und sie sollte doch auch im Gewissen gebunden sein – bis hin zur Frauenbewegung alles, aber auch alles restlos vor diesem Staat einfach umgefallen ist. [...] Aber gereicht es der Kirche nicht zur Würde, wenn man von ihr grundsätzlich mehr verlangt als von allen diesen Institutionen?"[143]

Und sie regt ein „Sofortprogramm" an. Erstens: Pfarrer haben ihre verfolgten Gemeindeglieder in Schutz zu nehmen; zweitens: katholische, evangelische und jüdische Gemeinden müssen Kontakt zueinander aufnehmen; drittens: die dogmatisch-theologische und die ethische Aufgabe seien gleichzeitig anzupacken. Schließlich mahnt sie an, die Kirche müsse sich um Menschen in den KZs kümmern und generell für Humanität eintreten.

Die Worte dieser klar sehenden Frau werden in der Bekennenden Kirche nicht gehört. Auch spricht die 3. These der wenige Wochen später verabschiedeten Barmer Theologischen Erklärung von der christlichen Kirche nur als „Gemeinde von Brüdern", obwohl Frauen in der BK engagiert mitarbeiten. Dass sich die aufzubauende Bekennende Kirche über sogenannte Bruderräte organisiert und sich also als „Männer-Kirche" darstellt, wird von Karl Barth allerdings in einer Stellungnahme vom Mai 1934[144] ausdrücklich kritisiert und hinterfragt – ob dies eine Konzession an den „männerbündelnden Geist der Zeit" sei? Von Schrift und Bekenntnis her sei das ein Unrecht an den zahllosen Frauen, die nicht weniger intensiv als Männer an dem Kampf der Kirche beteiligt seien. Darum sollten sie auch in den Gremien der BK sein.

Bekennende Kirche ab 1934

Drei Beispiele sollen zeigen, ob und wie die Bekennende Kirche in den Jahren 1934 und 1935 auf die fortlaufende Ausgrenzung der Juden reagiert hat:

1. *Die Barmer Bekenntnissynode vom Mai 1934 und Karl Barth:*
   Auf der 1. Reichsbekenntnissynode in Barmen konstituiert sich die Bekennende Kirche und verabschiedet am 31. Mai 1934 die Barmer Theologische Erklärung.[145] Sie ist maßgeblich von dem reformierten und zu dieser Zeit in Deutschland lehrenden Theologieprofessor Karl Barth verfasst worden.
   In den sechs Thesen der Barmer Erklärung geht es um ein theologisches Bekenntnis gegenüber der Ideologie und den Vereinnahmungsversuchen des NS-Staates. Konkrete Konsequenzen für die aktuelle politische Situation werden darin nicht explizit gezogen, auch wenn

Die Skulptur von Ulla Hees
„Ja-Sager und Nein-Sager" in Wuppertal-Barmen
erinnert an die „Barmer Erklärung" von 1934

> sie für Barth und für einige andere klar sind. Die Frage der Solidarität mit den Juden und auch die Irrlehre des Arierparagraphen (so Bonhoeffer) werden nicht angesprochen. Diese sogenannte „7. These" zum Verhältnis Kirche – Israel und die Verwerfung des Antisemitismus fehlen.

Karl Barth meinte damals, die Herausforderung der Kirche liege nicht in der sogenannten „Judenfrage", sondern in der Häresie der Deutschen Christen, also in einer Bekenntnisfrage.[146]

Wohl hatte Barth am 2. Advent 1933 in der Bonner Schlosskirche die christliche Solidarität mit den Juden gepredigt und in seinem Antwortbrief an Elisabeth Schmitz vom 18. Januar 1934 klar gesagt: „Die evangelische Kirche müsste heute mit einem klaren Nein zu all dem, was jetzt in der Arierfrage geschieht und mit einem ebenso bestimmten Wort des Trostes und der Hoffnung für ihre in dieser Sache angefochtenen Glieder und sogar mit einer ernsten Fürsprache für die Glieder der Synagoge auf dem Plane sein" – aber eine Einzelaktion lehnt er ab.[147]

Später bereut es Barth, dass in dieser Barmer Erklärung nicht auf die „Judenfrage" eingegangen wurde: 1967 schreibt er, er empfinde es „längst als eine Schuld", die „Judenfrage" im Kirchenkampf „jedenfalls öffentlich ... nicht ebenfalls als entscheidend geltend gemacht zu haben".[148] Schon 1937 kommt Barth im Rückblick auf die Auseinandersetzung um den Arierparagrafen in der Kirche und die Vernachlässigung der Judenfrage zu dem Urteil:

> „Ich denke mit Schaudern an diese Zeit zurück. Da sah man vermeintliche Weise zu Kindsköpfen werden und vermeintliche Charaktere zu Waschlappen. Da sah man, da hörte man Professoren und Pastoren, aber auch Bischöfe und Priester und Mönche die neuen Schlagworte von Blut und Rasse lallen."[149]

2. *Die geplante Kanzelabkündigung vom März 1935 und Paul Schneider:*[150]
In den Bekenntnisgemeinden der acht Kirchenprovinzen der Altpreußischen Union soll im März 1935 ein Wort an die Gemeinde von den Kanzeln verlesen werden.
Darin wird vor der Entstehung einer neuen Religion gewarnt, in der „Blut und Rasse, Volkstum, Ehre und Freiheit zum Abgott" würden und damit das erste Gebot pervertiert würde.
Die Gestapo übt Druck auf die Pfarrer aus, damit sie auf die Kanzelabkündigung verzichten und eine entsprechende Erklärung unterschreiben. Rund siebenhundert Pfarrer, die ihre Unterschrift verweigern, werden daraufhin für einige Tage verhaftet, darunter auch der Hunsrücker Pfarrer Paul Schneider. Damit ist die geplante Abkündigung gescheitert.
3. *Die Augsburger Reichsbekenntnissynode vom Juni 1935 und die Denkschrift von Marga Meusel:*
Die von der Berliner Fürsorgerin Marga Meusel im Mai 1935 verfasste „Denkschrift über die Aufgaben der Bekennenden Kirche an den evangelischen Nichtariern", in der es um die konkreten Nöte der getauften Juden geht, wird auf der Synode nicht behandelt.[151] Diese verabschiedet ein „Wort an die Obrigkeit", in dem es lediglich u. a. heißt: „Wir müssen aber mit ehrerbietigem Ernst darauf hinweisen, dass Gehorsam im Wi-

derspruch gegen Gottes Gebot nicht geleistet werden darf. [152]

Karl Barth, der wegen seiner kritischen Haltung zum Nationalsozialismus auf Weisung des bayerischen Landesbischofs Hans Meiser schon gar nicht mehr eingeladen ist (!), schreibt nach der Lektüre der Augsburger Beschlüsse am 30. Juni 1935 einen Brief aus Basel an den befreundeten Theologen Hesse:

> „Die Bekenntniskirche [...] denkt noch gar nicht daran, dass sie ein ‚Wort an die Obrigkeit' richtend auch noch etwas anderes auszusprechen haben könnte als die mit der Beteuerung ihrer politischen Zuverlässigkeit begründete ‚inständige Bitte' um die Erhaltung ihres durch die Reichsregierung garantierten Bestandes [...] Sie hat für Millionen von Unrecht Leidenden noch kein Herz [...] Sie redet – wenn sie redet – noch immer in ihrer eigenen Sache. Sie hält noch immer die Fiktion aufrecht, als ob sie es im heutigen Staat mit einem Rechtsstaat im Sinne von Röm 13 zu tun habe [...] Es wird mir eine peinliche Erinnerung an die letzten zwei Jahre sein und bleiben, dass ich selber nicht kräftiger in der hier gebotenen Richtung vorgestoßen habe. Vielleicht stand es mir als Schweizer auch nicht an, dies zu tun.“[153]

Das ist eine scharfe Kritik an der Bekennenden Kirche vom Verfasser der Barmer Erklärung, nur ein Jahr nach der Barmer Bekenntnissynode.

Auch der junge Theologe Helmut Gollwitzer, der zu dieser Zeit noch in Österreich tätig ist und im Juni 1935 Niemöller kennen lernt, erschrickt über den Zustand der evangelischen Kirche in Deutschland. Weder Stillhalten noch das Beharren auf einem „Bekenntnis" nach innen sind für ihn der Weg. Er meint, die Kirche müsse in die Opposition gehen, und zwar in den offenen politischen Widerstand.

So schreibt er in einem Rundbrief an die Thüringer Freunde: „dass es nämlich die letzte Stunde für die Kirche ist, und dass einer gänzlichen Umgestaltung der Kirche, von der Geschichte vollzogen, nicht mehr auszuweichen ist". Und: „Wird die Kirche hier versagen, weiter schweigen zu Rechtsentwicklung, Konzentrationslager, Ariergesetzgebung, so wird ihr Versagen nicht geringere Folgen haben wie ihr Versagen in der sozialen Frage. Solange sie nur für ihre eigene Sache bekennt, solange könnte das auch ein verschleierter Egoismus des Selbsterhaltungstriebes sein."[154]

Fazit Die Amtskirche schweigt zur Erosion des Rechtsstaates, die sofort 1933 einsetzt, „nicht, weil sie nicht reden konnte, sondern weil sie in tiefster Überzeugung mit den Intentionen des neuen Reiches stand". Aber die evangelische Kirche schweigt nicht nur. Sie unterstützt den neuen Kurs auch durch Wort und Tat.

So zeigen z. B. die kirchlichen Verlautbarungen zum 12. November 1933 – zu den Reichstagswahlen und zur Abstimmung über den Austritt aus dem Völkerbund – „eine völlige Identifizierung mit der Außenpolitik des Führers“, und das nicht nur vonseiten der Deutschen Christen.

Schon 1933 gibt es heftige innerkirchliche Auseinandersetzungen zwischen den Deutschen Christen und der entstehenden Bekennenden Kirche über Theologie und Verkündigung und über die Bildung einer Reichskirche. Trotzdem muss man sehen, „dass die innerkirchlichen Differenzen jetzt und auch später nicht die große politische Übereinstimmung im Ja zum Führerstaat aufgehoben haben [...] Der politische Hitler-Mythos blieb die große nationale Klammer in allen Kirchenwirren und Kirchenkämpfen. Nationalsozialisten, alte und neue, gab es bei den Deutschen Christen und bei Mitgliedern der kirchlichen Opposition.“[155]

Die Bekennende Kirche bekämpft vor allem die Deutschen Christen, nicht Hitler. Typisch für Stellungnahmen aus der Bekennenden Kirche ist die scharfe und höchst problematische Unterscheidung zwischen Juden und Judenchristen. Nur den letzteren wird in der Regel ein Beistand in Aussicht gestellt, obwohl diese ja häufig erst durch das kirchliche Ausstellen der Ariernachweise als solche identifizierbar geworden waren.

Der Staat hat diese Unterscheidung freilich nicht gemacht und aufgrund seiner Rassentheorie die christliche Taufe von Juden ignoriert.

Kirchliche Reaktionen auf die Entrechtung der Juden (1935–1938: 2. Phase)[156]

Im September 1935 werden die Nürnberger Gesetze verabschiedet. Sie markieren einen radikalen Einschnitt in das Leben jüdischer Menschen in Deutschland.

Denn das „Reichsbürgergesetz“ und seine darauf folgenden Verordnungen beraubt Juden jüdischen und christlichen Glaubens ihrer Rechte bei Eheschließung, Wahlen, Berufsausübung usw. Die Trennung in Arier und Juden wird zunehmend für alle Lebensbereiche festgeschrieben. Insgesamt werden unter dem NS-Regime etwa zweitausend antijüdische Gesetze oder Ergänzungsverordnungen erlassen, die den Weg zur physischen Vernichtung bereiten.

„Nur wer für die Juden schreit, darf auch gregorianisch singen!“, so lautet der bekannte Ausspruch Bonhoeffers, der vermutlich aus dem Jahr 1935 stammt und sich seinen Schülern eingeprägt hat.[157]

Aber der Aufschrei der Kirche angesichts der Gewalt gegen die Juden bleibt aus.

Aus der Bekennenden Kirche sind unterschiedliche Töne zu hören. Zwei Protestversuche sollen hervorgehoben werden: die Denkschrift von Elisabeth Schmitz und die Denkschrift des entschiedenen Flügels der BK an Hitler.

Wenige Tage nach den „Nürnberger Gesetzen“ findet Ende September 1935 eine große, öffentliche Synode der Preußischen Bekennenden Kirche (APU) in Berlin-Steglitz statt.[158] Mancher Synodale erwartet, dass die Kirche jetzt ein kritisches Wort zur Entrechtung der Juden sagt, andere wollen dem Staat ausdrücklich das Recht zu gesetzlichen Regelungen gegen Juden zugestehen.

Die Berliner Studienrätin Elisabeth Schmitz (siehe Exkurs: Zur Biografie von Elisabeth Schmitz S. 132 ff.) gibt zu dieser Synode eine rund 20-seitige Denkschrift „Zur Lage der deutschen Nichtarier“ ab.

Im Mai 1936 fügt sie dieser Denkschrift auch noch einen ausführlichen mehrseitigen Nachtrag zu den Folgen der Nürnberger Gesetze an.

Da Schmitz zu ihrem Schutz ihren Namen nicht daruntersetzt, wurde diese Denkschrift bis vor kurzem fälschlicherweise der Berliner Fürsorgerin Marga Meusel zugeschrieben, von der bereits die Denkschrift vom Mai 1935 „Aufgaben der Bekennenden Kirche an den evangelischen Nichtariern“ stammt. Wie aber schon im Titel deutlich wird, geht es Schmitz nicht nur um die evangelischen Nichtarier, also um die getauften Juden, sondern um die deutschen Nichtarier, das heißt, um alle Juden, die diskriminiert und verfolgt werden.

Diese Denkschrift kann als der bedeutendste Text betrachtet werden, der im Dritten Reich auf evangelischer Seite zur Lage der Juden geschrieben wurde.

Als Schmitz 1947 die Denkschrift ihrem Gesuch an den hessischen Regierungspräsidenten als Anlage hinzufügt, bemerkt sie dazu:

> „Ich habe die Denkschrift eigenhändig in 200 Exemplaren abgezogen und diese 200 Exemplare der Vorläufigen Leitung der Bekennenden Kirche, den Landes- und Provinzialbruderräten, soweit ich Beziehung zu ihnen herstellen konnte (Altpreußen, Kurhessen, Frankfurt/M., Nassau/Hessen, Berlin, Brandenburg, die altpreußischen Provinzen, die Württembergische Sozietät) und einigen einflussreichen Einzelpersönlichkeiten der BK zugestellt. Ich wollte mit dieser Schrift aufklären über die Lage der Nichtarier, die damals (1935/36) weitgehend unbekannt war, und dadurch die BK rufen zu ihrem Amt und zum Widerstand gegen die antichristlichen Maßnahmen des Staates.“[159]

Auch Karl Barth in Basel hat 1936 ihre Denkschrift erhalten,[160] und in ihrem Brief an Barth vom 16. Juli 1936 betont Schmitz, dass sie mit der Denkschrift „nicht als Privatperson XY einigen mir zufällig erreichbaren Pfarrern Material gebe[n wolle], sondern dass die Kirche anerkennt, dass es sich um ein Gebiet handelt, das sie angeht, u. dass sie meine Arbeit in irgendeiner Form als einen ihr erwiesenen Dienst annimmt“.[161]

Zum Inhalt der Denkschrift[162]

In den ersten beiden Kapiteln „Die innere Not“ (Kapitel I) und „Die äußere Not“ (Kapitel II) belegt Schmitz mit einer Vielzahl von drastischen Beispielen die Situation der Juden und kommt zu dem Schluss: „Die Beispiele genügen um zu zeigen, dass es keine Übertreibung ist, wenn von dem Versuch der Ausrottung des Judentums in Deutschland gesprochen wird.“ Elisabeth Schmitz sieht die Endlösung bereits 1935 (!) kommen. Die Theologin zitiert auch ein Wort aus Schweden: „Die Deutschen haben einen neuen Gott, das ist die Rasse, und diesem Gott bringen sie Menschenopfer.“ Und weiter: „Was sollen wir antworten einst auf die Frage: Wo ist dein Bruder Abel? Es wird auch uns, auch der Bekennenden Kirche keine andere Antwort übrig bleiben als die Kainsantwort.“

In dem Kapitel „Die Stellung der Kirche“ (Kapitel III), mahnt sie eindringlich und fragt:

> „Was soll man antworten auf all die verzweifelten, bitteren Fragen und Anklagen:
> Warum tut die Kirche nichts?
> Warum lässt sie das namenlose Unrecht geschehen?
> Wie kann sie immer wieder freudige Bekenntnisse zum nationalsozialistischen Staat ablegen, die doch politische Bekenntnisse sind und sich gegen das Leben eines Teiles ihrer eigenen Glieder richten? Warum schützt sie nicht wenigstens die Kinder? […]

Warum betet sie nicht für die, die dies unverschuldete Leid und die Verfolgung trifft? […] Menschlich geredet bleibt die Schuld, dass alles dies geschehen konnte vor den Augen der Christen, für alle Zeiten und vor allen Völkern und nicht zuletzt vor den eigenen künftigen Generationen auf den Christen Deutschlands liegen. Denn noch sind fast alle Glieder des Volkes getauft, und noch trägt die Kirche Verantwortung für Volk und Staat, anders als zu Zeiten des alten römischen Reiches, denn es sind ihre getauften Glieder, die all den Jammer und all das Elend auf dem Gewissen haben."

Schmitz fordert nicht nur christliche Solidarität mit den Opfern, sondern spricht offen von der Täterschaft der Christen in Deutschland.

Auf der Bekenntnissynode vom September 1935 gibt es ein leidenschaftliches Ringen um ein Wort zur Judenfrage, doch ist davon auszugehen, dass die Denkschrift leider nicht besprochen worden ist.[163] Diese Synode findet kein Wort zur Entrechtung der Juden, nicht zuletzt wegen der starken Differenzen innerhalb der Bekennenden Kirche (siehe Exkurs: Bekennende Kirche im Überblick S. 77 ff.).

Führende Männer der Bekennenden Kirche warnen ausdrücklich und mit Erfolg vor einer Erklärung. Der Landesbischof von Bayern (1933 bis 1955), Hans Meiser, meint schon im Vorfeld: „Ich möchte meine Stimme erheben gegen ein selbstverschuldetes Martyrium. Ich sehe mit einiger Sorge auf die kommende preußische Synode, wenn sie solche Dinge anschneiden will wie z. B. die Judenfrage."[164]

Die Warnung von Karl Immer „Die Kirche könne an ihrem Schweigen sterben" bleibt dagegen folgenlos.[165]

Beinahe wird ein Satz verabschiedet, der sogar als indirekte Bestätigung der Nürnberger Gesetze hätte verstanden werden können, nämlich: „Die Taufe begründet für niemand Ansprüche gesellschaftlicher, wirtschaftlicher und politischer Art. Sie gibt kein weltliches Bürgerrecht." Dass das verhindert wird, ist nicht zuletzt dem Eingreifen des eigens aus Finkenwalde herbeigeeilten Bonhoeffer zu verdanken – er soll getobt haben.[166]

Auch schafft er ein Exemplar der Denkschrift von Elisabeth Schmitz (ohne den Namen der Autorin) an seinen Londoner Pfarrerkollegen Julius Rieger. [167]

Es kommt zu folgendem Synoden-Ergebnis.[168]

Erstens: ein Einverständnis, dass die Kirche einem Juden die Taufe, wenn er sie begehre, nicht verweigern dürfe.

Zweitens: eine Absichtserklärung, ein theologischer Ausschuss möge eine Vorlage für eine „Denkschrift und eine Synodalerklärung zur Judenfrage" vorlegen und eine spätere Reichsbekenntnissynode möge sich damit beschäftigen.

Aber die Arbeit des Ausschusses bleibt ohne Ergebnis, und die geplante Synode kommt nie zustande.

Martin Niemöller findet am Schluss der Steglitzer-Synode deutliche Worte. Er wolle sich nicht auf einen „kalten Grundsatz“ beschränken:

> „Juden werden getauft, aber was nachher daraus wird, darüber ist hier nichts ausgesagt [...]. Das drückt mich, liebe Brüder, und von diesem Drucke möchte ich, dass er Ihnen allen auf dem Herzen brennt, bis wir das Wort haben, das hier geredet werden muss, der christlichen Brüderlichkeit. Dabei ist es mir vollkommen gleichgültig, ob und wie bald die Reichssynode oder der Reichsbruderrat ein umfassendes Wort zu dieser Frage spricht. Dass aber diese Frage, die uns stündlich gestellt ist, gestern gestellt war, ja vor einem Jahr gestellt war und vor zwei Jahren, jetzt wieder ohne ein deutliches Wort bleibt, schmerzt mich, und ich wünschte zu Gott, sie schmerzte uns alle und lasse uns nicht wieder los.“

Und beinahe prophetisch fügt er hinzu:

> „Wir werden mehr sagen müssen, und es wird so werden, dass uns der Mund erst dann aufgetan wird, wenn wir haben leiden müssen.“[169]

Niemöller und wenige andere erkennen klar, dass wenige Tage nach den Nürnberger Gesetzen die Stunde gewesen wäre für ein öffentliches kirchliches Wort zur Judenfrage.

So hat die Denkschrift von Elisabeth Schmitz nicht die von ihr erhoffte Wirkung auf der Synode.

Selbst die Gestapo hatte im Vorfeld der Synode damit gerechnet, dass die Bekennende Kirche jetzt ihr Schweigen brechen würde. In einem vertraulichen Lagebericht heißt es:

> „Von weiten Kreisen der Bekenntnisfront wird erwartet, dass auf der Königsberger Synode [= der ursprünglich vorgesehene Verhandlungsort] offiziell Stellung zur Judenfrage genommen wird. Hierbei sei bemerkt, dass führende Männer der Bekenntnisfront nach vorliegenden Äußerungen die Stellung des Staates zur Judenfrage grundsätzlich bejahen, aber die Tendenzen des Stürmers aus sittlich-moralischen Gründen ablehnen.“[170]

Dass das Schweigen der Synode zur Judenfrage nicht nur aus Angst vor Leiden geschieht, wird auch daran deutlich, wie der 100. Geburtstag von Adolf Stöcker kurz danach im Dezember 1935 begangen wird. Nur drei Monate nach der Verkündung der Nürnberger Gesetze wird Stöcker auch in der Bekennenden Kirche gebührend gefeiert, trotz seiner ausdrücklich judenfeindlichen Gesinnung (s. S. 54 ff.).

Im Aufruf der 1. Vorläufigen Leitung der DEK unter Bischof Marahrens, Hannover, wird von Stöcker gesagt: „Er sah die Gefahr, dass der Geist der Zeit, der Geist ungebundener Selbstsucht und schrankenloser Selbstherrlichkeit die deutsche Volksseele im Innersten verdürbe und zersetzte […] Er sah diesen Geist der Zeit vorangetrieben durch ein von seinen religiösen Wurzeln gelöstes Judentum und eine verantwortungslose liberalistische Presse. Da nahm er gegen beide den Kampf auf."[171]

Enttäuscht schreibt der wegen seiner jüdischen Abstammung zwangspensionierte badische Pfarrer Kurt Lehmann an eine junge Theologin: „Dass man das Stöcker-Jubiläum dazu benützt, die armen Juden auch durch ihn wieder durchprügeln zu lassen und dass sich an dieser Prozedur auch nun wieder die Kirche in namhaften Vertretern beteiligt, lässt einen immer trauriger fragen: wo ist denn der Geist Christi in der Kirche?"[172]

Das Problem ist nicht nur, dass selbst viele Mitglieder der Bekennenden Kirche eine kritische oder gar feindliche Haltung gegenüber Juden einnehmen.

Dazu gibt es auch noch eine hinterhältige antikirchliche Propaganda, die die hier und da sichtbare Judenfreundschaft aus Bekenner-Kreisen völlig überzogen und karikiert darstellt und scharf attackiert.

Das wirkt nicht nur als Warnung für jede weitere Solidarisierung mit den Juden, sondern provoziert sogar kirchliche Loyalitätbekundungen dem Staat gegenüber.[173]

Die Denkschrift an den Führer 1936 und die Bekennende Kirche

Diese vertrauliche Denkschrift „An den Führer und Reichskanzler" vom 28. Mai 1936 kommt vom entschiedenen Flügel der Bekennenden Kirche und wird am 4. Juni 1936 der Präsidialkanzlei übergeben.

Die Unterzeichner dieser persönlich an Hitler gerichteten Denkschrift sind auch bereit, strafrechtliche Konsequenzen auf sich zu nehmen, es sind die Geistlichen Mitglieder der 2. Vorläufigen Kirchenleitung der DEK (Müller, Albertz, Böhm, Forck) und die Mitglieder des Rates der DEK (Asmussen, Lücking, Middendorf, Niemöller, von Thadden).[174]

Den Autoren dürfte die Denkschrift von Elisabeth Schmitz „Zur Lage der deutschen Nichtarier", womöglich auch schon mit dem Nachtrag vom 8. Mai 1936, bekannt sein. Darin hatte sie am Schluss gesagt: „Es geht um die Existenz von Hunderttausenden, es geht um das nackte Leben. Und es geht um die Haltung der Christen, der Gemeinde, der Kirche. Es geht um die Schuld des Volkes und um die Sünde der Kirche."[175]

In der Denkschrift an Hitler[176] wird zunächst durchaus die Verbundenheit der DEK mit dem Führer betont, bevor auf kritische Entwicklungen hingewiesen wird, die vor allem die Kirche und die Christen betreffen. Aber dann geht die Denkschrift noch darüber hinaus, insbesondere in den Kapiteln 5 „Nationalsozialistische Weltanschauung" und 6 „Sittlichkeit und Recht". Zur Rechtswillkür in Deutschland wird unter anderem gesagt:

> „Das evangelische Gewissen, das sich für Volk und Vaterland mitverantwortlich weiß, wird aufs härteste belastet durch die Tatsache, dass es in Deutschland, das sich selbst als Rechts-

> staat bezeichnet, immer noch Konzentrationslager gibt, und dass die Maßnahmen der Geheimen Staatspolizei jeder richterlichen Nachprüfung entzogen sind."

Und schließlich finden sich in der mehrseitigen Denkschrift auch kritische Sätze zum Antisemitismus:

> „Wenn hier Blut, Volkstum, Rasse und Ehre den Rang von Ewigkeitswerten erhalten, so wird der evangelische Christ durch das erste Gebot gezwungen, diese Bewertung abzulehnen.
> Wenn der arische Mensch verherrlicht wird, so bezeugt Gottes Wort die Sündhaftigkeit aller Menschen.
> Wenn dem Christen im Rahmen der nationalsozialistischen Anschauung ein Antisemitismus aufgedrängt wird, der zum Judenhass verpflichtet, so steht für ihn dagegen das christliche Gebot der Nächstenliebe."

Vergleicht man die beiden Denkschriften, die von Schmitz mit Nachtrag vom 8. Mai 1936 und die an Hitler vom 28. Mai 1936, so sind die Unterschiede augenfällig. Sie können nicht nur mit ihren unterschiedlichen Funktionen erklärt werden. Die Texte sprechen eine völlig andere Sprache – und letztlich steht wohl auch eine andere Theologie im Hintergrund.

Was passiert mit der Denkschrift an Hitler?[177]

Dieser antwortet nicht. Nachdem sie aber auf ungeklärte Weise den „Basler Nachrichten" zugespielt und dort am 23. Juli 1936 veröffentlicht wird, kommt es zu heftigen Auseinandersetzungen innerhalb der Bekennenden Kirche und zu verstärkten staatlichen Repressionen. Der Reichsbruderrat erklärt, die Denkschrift sei ohne sein Wissen und seinen Willen an die Auslandspresse gelangt. Er bittet gar den Staat um Ermittlung der Täter und entlässt den Kanzleichef der Vorläufigen Kirchenleitung, Friedrich Weißler – dieser wird 1937 im KZ ermordet.

Nach der Veröffentlichung in der Schweiz wird die Denkschrift in Deutschland dann auch intern weitergegeben.[178]

Der entschiedene Flügel der BK beschließt darüber hinaus eine Kanzelabkündigung der Denkschrift in abgewandelter Form.[179] Auch diese wird als Flugblatt in einer Auflage von annähernd einer Million verbreitet. In dieser Kanzelabkündigung vom 23. August 1936 „An die evangelische Christenheit und an die Obrigkeit in Deutschland" wird zunächst die Veröffentlichung der Denkschrift ausdrücklich bedauert:

> „Mit größter Gewissenhaftigkeit ist diese Denkschrift und ihr Inhalt vor der Öffentlichkeit, ja selbst vor den Gliedern der Bekennenden Kirche geheim gehalten, um dem Führer des Reiches Gelegenheit zu sachlicher Prüfung zu geben und gleichzeitig einen Missbrauch dieser Denkschrift in der Öffentlichkeit zu verhindern. Gegen unseren Willen und ohne Verantwortung

> der Bekennenden Kirche wurde die Denkschrift in der ausländischen Presse veröffentlicht und dadurch in Deutschland bekannt. Wir sind nunmehr gezwungen, öffentlich zu diesem Wort zu stehen. Wir müssen jetzt der Gemeinde bezeugen, was uns im Blick auf unser Volk und unsere Kirche bewegt."

In der dann folgenden Zusammenfassung der Denkschrift geht es vor allem um die Beeinträchtigung der Kirche und der Christen. Die wenigen kritischen Sätze zu Konzentrationslagern, Rechtswillkür und Judenhass sind in der Abkündigung nicht mehr enthalten. Nur an einer Stelle heißt es allgemein, nicht konkret:

> „Immer und unter allen Umständen ist der evang. Christ seinem Staat und seinem Volke Treue schuldig. Auch das ist Treue, wenn der Christ einem Gebot, das gegen Gottes Wort ist, widersteht und seine Obrigkeit dadurch zum Gehorsam gegen Gott zurückruft."

Diese Kanzelabkündigung der Bekennenden Kirche wird trotz staatlichem Verbot von schätzungsweise mehreren tausend Pfarrern verlesen. Dazu gehörte viel Mut.

Da kurz zuvor die Olympischen Spiele in Berlin zu Ende gegangen waren, ist mit verschärften Maßnahmen der Gestapo zu rechnen. In diesem Sommer 1936 hatte es auch nicht an Einschüchterungen und Drohungen gegenüber der BK gefehlt.

In einem Berliner Buchladen hing dieses Plakat:
„Nach der Olympiade
haun wir die B.K. zu Marmelade
dann schmeißen wir die Juden raus,
dann ist die B.K. aus."[180]

So wird die Bekennende Kirche nach der Veröffentlichung dieser Denkschrift und der Kanzelabkündigung immer mehr geschwächt. Gerade die Mitglieder ihres entschiedenen Flügels sind jetzt zunehmend Repressalien ausgesetzt. Niemöller, der führende Kopf dieser Gruppe, sitzt ab Juli 1937 bis Kriegsende in Haft (siehe Exkurs: Bekennende Kirche im Überblick S. 77 ff.).

Weiterhin ist die Bekennende Kirche mit vielen praktischen Einzelfragen beschäftigt bezüglich des Umgangs mit den getauften Juden, den evangelischen Nichtariern.

Zum einen gehören ja ihrer Gemeinschaft mindestens 100000 getaufte Juden an, die durch die antijüdische Gesetzgebung nicht weniger in Gefahr geraten waren als die Glaubensjuden und die Konfessionslosen jüdischer Herkunft, zum anderen ist die Kirche Arbeitgeberin von „jüdisch-stämmigen" Pfarrern, Kirchenmusikern von Diakoniemitarbeitenden .

Diese Probleme sind eindrücklich in dem schon mehrfach zitierten Band 2/I „Juden – Christen – Deutsche" von Röhm/Thierfelder dokumentiert: [181] Darin geht es um das Für und Wider der Abschiebung in judenchristliche Gemeinden, um die Judenchristen in Schule, Konfirmandenunterricht und evangelischen Waldheimen, und immer wieder um die nichtarischen Pfarrer und Kirchenmusiker. Obwohl die Bekennende Kirche von Anfang an die Übernahme des staatlichen Arierparagraphen ablehnt, müssen im Laufe der Zeit fast alle „nichtarischen" Pfarrer und Kirchenmusiker vorzeitig in den Ruhestand gehen.

Schließlich gibt es in der Bekennenden Kirche auch Bemühungen um koordinierte Hilfsmaßnahmen für „nichtarische" evangelische Christen, die aber im Unterschied zur katholischen Seite jahrelang nicht recht vorankommen – erst Ende 1938 wird das „Büro Pfarrer Grüber" errichtet, das bis 1940 arbeiten konnte.

Während in der Bekennenden Kirche gegen die staatliche Judenpolitik nicht laut protestiert wird, gibt es deutlichen Protest, als die neuheidnischen „Gottgläubigen" den Vorwurf erheben, die evangelische Pfarrerschaft sei verjudet.

Auf der Tagung des Reichsbundes der deutschen evangelischen Pfarrervereine in Bautzen 1937 verwehrt sich der Vorsitzende Friedrich Klingler (BK) nicht etwa gegen die Diffamierung der getauften Juden, sondern gegen die Verunglimpfung des Pfarrerstandes:[182]

> „Unter allen akademischen Berufen gibt es in Deutschland keinen Stand, der so wenig nichtarisch ist wie der evangelische Pfarrerstand. Es ist nachgewiesen, dass im evangelischen Pfar-

> rerstand 0,3 Prozent nichtarisch sind, und zwar im Sinne des Reichsbeamtengesetzes (also bis einschließlich der Großeltern) […] Und dennoch wird immer wieder von der starken Verjudung des evangelischen Pfarrerstandes gesprochen […] Hat dieser Stand solche Zurücksetzung und Kränkung, die bald im ganzen Volk als solche erkannt und empfunden werden wird, verdient?“

Schließlich ist noch ein 8-seitiger Brief zu erwähnen, der ab November 1938 in Kreisen des entschiedenen Flügels der Bekennenden Kirche kursiert, insbesondere in der württembergischen Sozietät: „Das Heil kommt von den Juden. Memorandum zur Judenfrage“– verfasst vom früheren Betheler Alttestamentler und jetzigen Basler Pfarrer Wilhelm Vischer und unterschrieben unter anderem auch von Karl Barth.[183]

Darin fehlt jedoch der erste Teil, der nur in der Fassung vom Oktober 1938 an die Pfarrer der reformierten Kirchen der Schweiz steht und eine genaue Kenntnis der Verfolgungssituation der Juden verrät bis hin zu den Konzentrationslagern, „aus dem kaum einer lebendig herauskommt“. Weiter heißt es in diesem ersten Teil:

> „Es wird immer deutlicher, dass den Juden in Deutschland auf die Dauer nicht einmal mehr eine Gettoexistenz gewährt werden soll […] Die Juden müssen bis auf den letzten Mann hinaus oder ‚verrecken!‘ erklären die maßgebenden Stellen. Und Hand in Hand mit der Gesetzgebung

arbeitet die Hetze, der kein Mittel zu gemein ist, um die deutsche Seele mit dem Ekel vor allem, was jüdisch heißt, bis zum Rande zu füllen."[184]

Der zweite Teil dieses Memorandums vom Herbst 1938 ist eine theologische Zurückweisung des Antisemitismus:[185]

„Die Juden und die Christen stehen einander gegenüber als die zweierlei Knechte des einen wahren Gottes, im tiefsten geschieden und verbunden durch den einen Herrn, der sich erbarmt, welches er will, und verstockt, welchen er will, die einen den anderen zum Zeugnis, dass Heil und Verdammnis ganz von seiner freien Gnade abhängen. Die Christen können das Erbarmen, von dem sie leben, nicht schlimmer verspotten, als wenn sie die Juden verspotten, weil sie von Gott verworfen seien."

Daraus folgt:

„Kein Mensch hat aber Teil an der Vergebung Jesu Christi, der sich nicht in Solidarität mit den Juden schuldig bekennt am Tode Jesu. Das ist der Friede, den Gott zwischen den Juden und den Nichtjuden gestiftet hat, dass sie nun solidarisch sind in der Schuld und aus der gleichen Vergebung leben. Das ist die Lösung der Judenfrage, die er gegeben hat. Wer sie annimmt, kann die Juden nicht mehr verurteilen, hassen und verfolgen."

Vielmehr gilt:

> „Mit ihnen hat Gott vor den Augen der Welt die Offenbarung seiner Gnade angefangen; mit ihnen wird er sie vollenden. Darum ist ihr Dasein so unvergleichlich anstößig und verheißungsvoll. Es hat endgeschichtliche Bedeutung: ‚Das Heil kommt von den Juden' (Joh. 4). Darum ist jeder Jude eo ipso ein Zeuge von der Herrlichkeit und Treue Gottes. An der Stellung zu den Juden entscheidet sich, ob der Glaube, die Liebe und die Hoffnung der Christenheit echt ist."

Entgegen der damals verbreiteten Einstellung wird hier auf die unauflösliche Verbundenheit von Juden und Christen hingewiesen. Damit kommen die ersten Ansätze eines neuen theologischen Nachdenkens über das Verhältnis von Juden und Christen aus dem Ausland nach Deutschland herüber.

Elisabeth Schmitz hatte schon zwei Jahre zuvor in ihrem Brief vom 16. Juli 1936 an Barth appelliert, sich der Judenfrage als einer theologischen Frage anzunehmen:

> „Zur Judenfrage selbst hätte ich noch viel zu fragen u. zu sagen, z. B. bezügl. der Empfindung der Fremdheit, die man gegenüber dem Jüdischen habe, das man noch im ‚Vierteljuden' spüre – wenn ich Sie richtig verstanden habe [...]. Es steht ja jedenfalls Empfindung gegen Empfindung, sonst könnte es ja nicht die ungezählten Mischehen geben. Also jedenfalls: von daher

geht es nicht. Da das auch Ihre Ansicht war u. es sich um eine theologische Frage handelt, darf ich noch einmal meine Bitte wiederholen: Sie möchten sich dieser theol. Frage annehmen, aber so, dass die Kreise der BK, auf die es ankommt, es erfahren."[186]

Auch Schmitz in Berlin muss nun von diesem Memorandum erfahren haben, denn in ihrem Brief an Gollwitzer vom 27. November 1938 spielt sie darauf an (s. S. 164).

Die Gestapo bekommt Kenntnis von diesem Memorandum. Der Geheimbericht des Sicherheitsdienstes erwähnt diesen Vorgang so: „Die Kirchlich-theologische Sozietät, der extremste Flügel der BK, gab an seine Anhänger und die zuverlässigsten Glieder der Gemeinden eine Vervielfältigung einer scharf und grenzenlos prosemitischen Schrift ‚Das Heil kommt von den Juden' heraus, die von dem berüchtigten Theologen Prof. Karl Barth, Basel, verfasst worden ist."[187]

FAZIT Die Auseinandersetzung der Kirche mit der NS-Judenpolitik auf der theologischen, der kirchenadministrativen und der karitativen Ebene wird von Röhm/Thierfelder wie folgt kommentiert:

„Auf allen drei Ebenen ist in den Jahren 1935–1938 viel Trägheit und Halbherzigkeit zu finden [...]." „Die Christen in Deutschland, auch die Mitglieder der Bekennenden Kirche taten sich schwer, ihrem Auftrag gemäß das Unrecht, das an den Juden geschah, öffentlich zu benennen und die Verfolgten in Schutz zu nehmen.“[188]

Nur in Bezug auf die Judenchristen hat sich die Bekennende Kirche – ganz im Gegensatz zu den Deutschen Christen – immer wieder mit dem Staat mehr oder weniger klar auseinandergesetzt.

Die meisten protestantischen Christen haben – geprägt von der lutherischen Tradition – die staatliche Judenpolitik unterstützt oder zumindest dem Staat den Freiraum und das Recht dazu zuerkannt.

Der Begriff „Kirchenkampf“ bezeichnet daher in erster Linie die innerkirchlichen Auseinandersetzungen der Bekennenden Kirche mit den Deutschen Christen.

Und wenn sich die Bekennende Kirche mit dem Staat auseinandersetzt, dann geht es vor allem um Eingriffe in die Kirche und Einschränkungen für ihre judenchristlichen Mitglieder, nicht um das Unrechtsregime und seine Judenpolitik.

Exkurs: Zur Biografie von Elisabeth Schmitz

Die folgenden Angaben zur Biografie von Elisabeth Schmitz stützen sich, wenn nicht anders vermerkt, auf Pfarrerin i. R. Dietgard Meyer.[189] Sie ist Schülerin von Elisabeth Schmitz, als diese von 1935 bis1938 in Berlin-Lankwitz unterrichtet, und bleibt später ihrer ehemaligen Lehrerin in jahrzehntelanger persönlicher Freundschaft verbunden.

Sie bekommt nach Schmitz’ Tod 1977 von deren Schwester eine Aktenmappe überreicht. Darin befindet sich auch die anonyme und bisher Marga Meusel zugeschriebene Denkschrift „Zur Lage der deutschen Nichtarier". Zu Lebzeiten von Elisabeth Schmitz hatten sie darüber nicht gesprochen.

1999 kann nun Meyer in ihrem „Exkurs Elisabeth Schmitz" erstmalig nachweisen, dass nicht Marga Meusel, sondern Elisabeth Schmitz die Verfasserin dieser außergewöhnlichen Denkschrift ist.

2004 findet Gerhard Lüdecke zufällig in einem Keller einer Hanauer Kirche noch eine Aktenmappe mit dem Vermerk: „Nachlaß Dr. Elisabeth Schmitz". In einem Briefumschlag „Zu meiner Denkschrift" ist das handschrift-liche Konzept enthalten.[190]

2007 – zu ihrem 30. Todestag – wird erstmalig eine wissenschaftliche Schmitz-Tagung in Berlin durchgeführt. Die dort gehaltenen Vorträge werden – zumeist erweitert – in dem von Manfred Gailus herausgegebenen Buch veröffentlicht: Elisabeth Schmitz und ihre Denkschrift gegen die Judenverfolgung, Konturen einer vergessenen Biografie (1893–1977).

Elisabeth Schmitz wird 1893 in Hanau/Main als dritte Tochter von Marie und August Schmitz, einem Gymnasialprofessor, geboren. Nach dem Abitur 1914 studiert sie zunächst in Bonn, dann von 1915 bis 1921 in Berlin die Fächer Religion, Geschichte und Deutsch und promoviert bei dem Historiker Friedrich Meinecke. Schmitz gehört – vermutlich als erste Frau – dem „Kirchengeschichtlichen Seminar" Adolf von Harnacks an, einem auserwählten Kreis von Eliteschülern, zu dem früher auch Karl Barth und später Dietrich Bonhoeffer zählen.[191]

Wenn der liberale Kirchenhistoriker schon 1890 sagt: „… das aber weiß ich, dass den Antisemitismus auf die Fahnen des evangelischen Christentums zu schreiben, ein trauriger Skandal ist“, vertritt er in Bezug auf die Judenfrage eine damals ungewöhnliche Meinung.[192] Der persönliche Kontakt zur Familie von Harnack wird sehr wichtig für Elisabeth Schmitz.

In ihrem Studienbuch ist auch der katholische Religionsphilosoph Romano Guardini vermerkt, der die enge Verbundenheit zwischen Christentum und Judentum betont im Unterschied zu den vielen völkischen und antijüdischen Überzeugungen namentlich in der evangelischen Theologie seiner Zeit.[193]

Parallel zu ihrem schulischen Vorbereitungsdienst absolviert Schmitz an der Theologischen Fakultät ein mehrjähriges Ergänzungsstudium. Damit will die Religionslehrerin und interessierte Christin ihre theologischen Kenntnisse vertiefen.

Von 1915 bis 1931 wohnt Elisabeth Schmitz im Evangelischen Hospiz, einem Wohnheim für alleinstehende Damen in der Auguststraße 82.[194] Das liegt mitten in einem von vielen Juden bewohnten Viertel und unweit der Großen Synagoge in der Oranienburger Straße und anderer jüdischen Einrichtungen.[195]

Ab 1923 unterrichtet Schmitz an verschiedenen Berliner Schulen, ab 1929 als fest angestellte Studienrätin. Als sie an der Luisenschule in Berlin-Mitte wegen ihrer Ablehnung des Nationalsozialismus

Die junge Elisabeth Schmitz

Schwierigkeiten bekommt, wird sie 1935 an die Auguste-Sprengel-Schule in Berlin-Lankwitz versetzt. Ihre damalige Schülerin Dietgard Meyer schreibt im Rückblick:

> „In Elisabeth Schmitz begegnete uns Schülerinnen ein absolut glaubwürdiger Mensch. Ihre den Nationalsozialismus ablehnende Gesinnung konnte niemandem verborgen bleiben. Statt des vorgeschriebenen strammen Deutschen Grußes eine verhuschte Handbewegung und ein gehauchter Hitler-Gruß …“[196]

Schon seit 1928 ist Schmitz Mitglied im „Weltbund für internationale Freundschaftsarbeit der Kirchen“, seit 1933 gehört sie zur Gemeindevertretung der Kaiser-Wilhelm-Gedächtniskirche, 1934 wird sie Mitglied der Bekennenden Kirche. Sie hat Kontakt zu den Dahlemer Pfarrern Hildebrandt und Niemöller, später auch zu Gollwitzer. Mehrfach hat sie mit Karl Barth korrespondiert und ihn auch in Basel besucht.[197] 1935 schreibt Elisabeth Schmitz die oben genannte Denkschrift zur Judenverfolgung in Deutschland, mit einem Nachtrag vom Mai 1936. Sie hofft, damit die Bekennende Kirche zu einem klaren Einspruch gegen die Judenpolitik der Nationalsozialisten zu bewegen (s. S. 114ff.).

Elisabeth Schmitz ist tief betroffen von dem, was ihren jüdischen Kolleginnen und vielen jüdischen Freunden geschieht und setzt sich nach Möglichkeit für sie ein. Nachdem die mit ihr befreundete Ärztin Martha Kassel, eine getaufte Jüdin, ihre Existenzgrundlage verliert, nimmt sie diese in ihre Wohnung in der Luisenstraße 67 auf. Schmitz wird deshalb 1937 angezeigt, jedoch nicht aus dem Schuldienst entlassen. Aber das von ihr geforderte Unterrichten im nationalsozialistischen Geist wird ihr immer mehr zur Belastung.

Die Reichspogromnacht 1938 gibt ihr den letzten Anstoß, aus dem Schuldienst auszuscheiden. Sie wagt es, einen Antrag auf Entlassung aus dem Schuldienst zu stellen. Fortan stellt sie sich der Bekennenden Kirche für ehrenamtliche Arbeit zur Verfügung, das bedeutet Bibelarbeiten, Besuchsdienst, Religionsunterricht für Juden, die sich taufen lassen wollen. Zeitweilig nimmt sie in ihrer Wohnung und in ihrem Wandlitzer Gartenhaus untergetauchte Personen auf. All das ist lebensgefährlich.

Gedenktafel in Berlin-Lankwitz, Barbarastraße 9 (heute: Beethoven Oberschule)

Schmitz zieht im Zuge der allgemeinen Evakuierung Berlins im August 1943 nach fast dreißig Jahren zurück nach Hanau. Nach Kriegsende geht sie nicht mehr zurück nach Berlin – ihre dortige Wohnung ist völlig ausgebrannt – sondern lebt mit ihrer Schwester im elterlichen Haus.

Ab 1946 unterrichtet sie bis zu ihrer Pensionierung 1958 am dortigen Realgymnasium für Mädchen, der späteren Karl-Rehbein-Schule. Schmitz arbeitet engagiert mit im Hanauer Geschichtsverein. Wichtig ist ihr, den Kontakt zu ihren jüdischen Freunden, die überlebt haben, aufrechtzuerhalten, auch durch viele Reisen im In- und Ausland. Mit Interesse hat sie wohl den auf dem Kirchentag 1961 beginnenden jüdisch-christlichen Dialog verfolgt. – 1977 stirbt Elisabeth Schmitz im Alter von 84 Jahren.

Und so hat sie den 1978 mit dem Gedenken an die Reichspogromnacht verstärkt einsetzenden Umdenkprozess in der evangelischen Kirche in Deutschland nicht mehr erlebt.

Die Denkschrift von Elisabeth Schmitz ergibt zusammen mit den Briefen an Karl Barth und Helmut Gollwitzer sowie mit ihrer Entscheidung, den Schuldienst zu quittieren und ihrer Bereitschaft, Juden Asyl zu gewähren, das Bild einer außergewöhnlichen Persönlichkeit.

Dass es sich lohnt, dieser Frau auf die Spur zu kommen und ihr Handeln vor dem Vergessen zu bewahren, wird durch die Worte von Kurt Theodor, einem Freund Martha Kassels, bestärkt.

In seinem Brief vom Dezember 1946 an Elisabeth Schmitz würdigt er ihre Arbeit in der Bekenntniskirche:

> „[…] die so viel zur Stärkung des Widerstandes beigetragen hat. Was hast Du nicht an Flugschriften verbreitet und zum Teil selbst abgetippt, um sie weiterzugeben! […] Sollen denn Menschen, […] die, wie Du das bewusste Risiko des Widerstandes auf sich genommen haben, übersehen werden, weil sie noch mal davongekommen sind? Was für ein Mut hat dazu gehört, von den Nazis die Pensionierung zu verlangen […] Wir haben Dich damals alle gewarnt, weil es

> Dir zu leicht das KZ eintragen konnte. Aber Du hast Dich nicht abhalten lassen, zu Deiner Überzeugung zu stehen [...]. Wenn es mehr mutige Menschen wie Dich gegeben hätte, hätten wir wahrscheinlich nicht das Schlimmste auskosten müssen. Du bist zwar kein Opfer, aber ein Vorbild, und jeder Ehrung und Bevorzugung vor vielen anderen würdig!" [198]

Nach 1945 ist Elisabeth Schmitz als Autorin der Denkschrift jahrzehntelang unbekannt geblieben. Auch an ihre Briefe hat man lange nicht erinnert. Ihre klaren und kirchenkritischen Worte bereits in den ersten Jahren des Dritten Reiches sind unbequem und kratzen an dem Bild von der Bekennenden Kirche, das nach 1945 entstanden ist.

Zu dem langen Schweigen über die, die in ihrem beruflichen und persönlichen Umfeld in der Nazizeit Widerstand geleistet haben, ohne dabei mit ihrem Leben zu bezahlen, bemerkt Alt-Bundespräsident Roman Herzog in seiner Rede zum 9. November 1998: „Lange Zeit hat man in Deutschland die kleinen und stillen Helden des Widerstands nicht zur Kenntnis genommen: zu sehr zerstörten sie die Legende, dass man ‚nichts habe machen können'."[199]

Natürlich stellt sich die Frage, warum Elisabeth Schmitz sich nicht selbst als Verfasserin dieser Denkschrift offenbart hat. Das kann heute nicht mehr beantwortet werden. Aber Dietgard Meyer erwägt:[200]

„Kannte sie überhaupt die Veröffentlichung von

> Wilhelm Niemöller, auf dessen Behauptung der Verfasserschaft Marga Meusels die wissenschaftliche Diskussion bis heute basiert?
> War Elisabeth Schmitz erneut enttäuscht über das auch nach 1945 andauernde Desinteresse der Kirche am Schicksal der Verfolgten?
> Hatte sie einfach nicht mehr die psychische Kraft, die für sie so belastende Zeit durch historische Richtigstellungen wieder aufleben zu lassen?
> Oder hielt sie ihr Handeln für so selbstverständlich, dass sie auf einen Einspruch in eigener Sache verzichtete?“

Heute erinnert nicht nur in ihrer Heimatstadt Hanau ein Gedenkstein an Elisabeth Schmitz und ihre Solidarität mit den Juden. Die israelische Holocaust-Gedenkstätte Yad Vaschem hat Schmitz am 11. November 2011 posthum als „Gerechte unter den Völkern“ ausgezeichnet. Ihr Name ist in Jerusalem auf die „Mauer der Geehrten“ geschrieben.

III
„An Luthers Geburtstag brennen in Deutschland die Synagogen"

(Landesbischof Martin Sasse, 1938)

Kirchliche Reaktionen auf die Reichspogromnacht 1938[201]

Das Attentat des Juden Herschel Grynszpan auf den deutschen Botschaftssekretär Ernst vom Rath am 7. November 1938 in Paris liefert den propagandistischen Vorwand für die Reichspogromnacht.

In der Nacht vom 9. auf den 10. November 1938 folgt ein deutschlandweiter Pogrom in Dörfern und Städten.

In dieser Nacht werden in ganz Deutschland Hunderte von Synagogen in Brand gesteckt, geschändet und demoliert, ca. 7000 jüdische Geschäfte und Wohnungen zerstört, ca. 26 000 jüdische Männer verhaftet, 91 Juden ermordet.[202]

Die Gewaltakte gegenüber jüdischen Mitbürgern und Einrichtungen sind nicht spontan, wie es von der Regierung dargestellt wird. Vielmehr hatte der Reichspropagandaminister Josef Goebbels die Aktion geplant und mithilfe der Partei, SA-Einheiten und auch SS-Leuten durchgeführt.

Es gibt nur wenige Beispiele von mutigem Widerstand:

Wachtmeister Wilhelm Krützfeld verhindert in Berlin das Niederbrennen der großen Synagoge in der Oranienburger Straße.

Bürgermeister Hirrle tritt im schwäbischen Albdorf Buttenhausen, wo hundert Jahre lang eine gute Gemeinschaft zwischen Christen und Juden bestanden hatte, den Brandstiftern mit einer Pistole drohend entgegen.

Zum Begriff „Reichspogromnacht“: Bis in die 70erJahre des vergangenen Jahrhunderts hinein wird allgemein von der Reichskristallnacht gesprochen. Da aber dieser Begriff schon von den Nationalsozialisten verwendet wurde und das Geschehen verharmlost – als ginge es um zerstörte Scheiben – wird seit dem 40. Jahrestag 1978 vermehrt der Begriff „Reichspogromnacht“ gebraucht.

Albrecht Goes äußert sich dazu bereits 1954 im Zusammenhang seiner Erzählung „Das Brandopfer“:

> „Ich vergegenwärtige mir einige Umstände aus dem Jahre, in dem ich mit der Erzählung umging, und ich weiß noch gut: der Zorn, auch der Zorn war ein Helfer bei meiner Arbeit:
> Es war der konkrete Zorn auf ein Wort, auf den abscheulich verschleiernden Euphemismus in dem Wort ‚Kristallnacht‘, ein Wort, das sich eingebürgert hatte – und sich zu meinem und nicht nur zu meinem Kummer noch immer nicht wieder ausgebürgert hat; es schien mir unerträglich, von den Ereignissen jener Novembernacht

des Jahres 1938 als wie von Bubenstreichen zu reden, wo es doch um das Verbrechen des Sakrilegs ging, das Sakrileg der zerschnittenen Thorarollen und der niedergebrannten Synagogen. Das Sakrileg war folgerichtig: in den Flammen jener Nacht wurde evident, was von allem Anfang an vorhanden war: die Vernichtung als Wille und Vorstellung, die willentlich-wissentliche Entscheidung für das Böse schlechthin, für das Inkommensurable in sich selbst, das Nein zu Gottes erstem Bund.“[203]

Auch in den Tagen und Wochen nach dem 9./10. November 1938 jagen sich die Verordnungen, die alle die Lage der Juden dramatisch verschlimmern. Nur zwei seien hier genannt[204]: Jüdische Schülerinnen und Schüler werden sofort aus deutschen Schulen entlassen; die Juden werden zur Zahlung einer Buße (!) von 1 Milliarde Reichsmark an das Deutsche Reich verpflichtet, dieses Geld wird gebraucht für die Kriegsvorbereitungen.

Nicht nur Synagogen werden demoliert oder umfunktioniert, sondern auch viele jüdische Friedhöfe werden geschändet und teilweise völlig zerstört, ihre Grabsteine zum Straßen- oder Mauerbau verwendet. Das ist für Juden ebenfalls eine schwerwiegende Entwürdigung, denn der Friedhof ist nach ihrer Vorstellung ein besonders heiliger Ort, wenn nicht gar der heiligste: In den Gräbern warten die Toten auf die Auferstehung beim Kommen des Messias.

Und wie sind die Reaktionen aus der evangelischen Kirche auf diesen Gewaltausbruch gegenüber den jüdischen Mitbürgern, auf diese Zerstörung ihrer heiligen Orte, der Gotteshäuser und Friedhöfe? „Der NS-Staat beobachtet genau, was sich nach der Kristallnacht in den Kirchen tut. Doch die Nachrichten lösen keinen Alarm aus: In den Kirchen rührt sich wenig."[205]

Es gibt sogar durchaus unterstützende Reaktionen der Deutschen Christen für das Handeln des Staates – auch mit ausdrücklichem Bezug auf Luther – und manches taktierende Wort aus den Reihen der Bekennenden Kirche (s. S. 144ff.). Nur Einzelne zeigen Solidarität und protestieren, sprechen aber nicht für die Bekennende Kirche insgesamt (s. S. 156ff.).

Deutsche Christen und Bekennende Kirche

Deutsche Christen

Der Berliner Domprediger und frühere Sächsische Bischof Friedrich Peter nutzt die Grabrede beim Staatsbegräbnis für von Rath zu einer massiven Judenhetze:

> „Wir fragen heute an diesem offenen Grab die Völker der Erde, wir fragen die Christen in der Welt: Was wollt ihr tun gegen den Geist jenes Volkes, von dem Christus sagt, ‚sein Gott ist ein Mörder von Anfang an gewesen und ist nicht bestanden in der Wahrheit'."[206]

Der damalige Thüringer Landesbischof Martin Sasse (1934–1942) begrüßt das Geschehen in der Reichspogromnacht. In dem nationalkirchlichen Blatt „Deutscher Sonntag“ vom 20. November 1938 betont er freudig die Tatsache, dass die Reichspogromnacht an Luthers Geburtstag, dem 10. November, stattfand: „Der Geburtstag Martin Luthers! Wahrlich, kein größerer Dienst hätte ihm geleistet werden können.“[207]

Noch im November stellt Sasse unter dem Titel: „Martin Luther über die Juden: Weg mit ihnen!“ eine Textauswahl zum Judenhass aus Luthers Schriften zusammen, die immerhin nur in den letzten Wochen des Jahres 1938 bereits eine Auflage von 100000 erreicht.[208]

Im Vorwort hebt er Luther als den größten Antisemiten seiner Zeit hervor und bringt die Reichspogromnacht ausdrücklich in Verbindung mit ihm:

> „Am 10. November 1938, an Luthers Geburtstag, brennen in Deutschland die Synagogen. Vom deutschen Volke wird zur Sühne für die Ermordung des Gesandtschaftsrates vom Rath durch Judenhand die Macht der Juden auf wirtschaftlichem Gebiete im neuen Deutschland endgültig gebrochen und damit der gottgesegnete Kampf des Führers zur völligen Befreiung unseres Volkes gekrönt.
> Der Weltkatholizismus und der Oxford-Weltprotestantismus erheben zusammen mit den westlichen Demokratien ihre Stimmen als Judenschutzherren gegen die Judengegnerschaft des Dritten Reiches.

> In dieser Stunde muss die Stimme des Mannes gehört werden, der als der Deutschen Prophet im 16. Jahrhundert aus Unkenntnis einst als Freund der Juden begann, der, getrieben von seinem Gewissen, getrieben von den Erfahrungen und der Wirklichkeit, der größte Antisemit seiner Zeit geworden ist, der Warner seines Volkes wider die Juden.
> In dieser Schrift soll nur Luther mit seinen eigenen Worten zu uns reden. Seine Stimme ist auch heute noch gewaltiger als das armselige Wort gottferner und volksfremder internationaler Judengenossen und Schriftgelehrter, die nichts mehr wissen von Luthers Werk und Willen.
> Wartburgstadt Eisenach, den 23. November 1938."

Sasse kann nicht einfach als Extremposition und Außenseiter abgetan werden. Er ist der Bischof am Fuß der Wartburg[209]. Deutliche Kritik an seinen Äußerungen ist mir nicht bekannt.

Der Thüringer Landeskirchenrat gibt zum Bußtag am 16. November eine entsprechende Kanzelerklärung heraus: Eine Woche (!) nach der Reichspogromnacht wird darin zum „Kampf gegen den volkszersetzenden Geist des Judentums" aufgerufen und verkündigt:

> „Der Nationalsozialismus hat in unserer Zeit diese Gefahr am klarsten erkannt und in verantwortungsvollem Ringen um die deutsche Volks-

gemeinschaft der jüdisch-bolschewistischen Gottlosigkeit den schärfsten Kampf angesagt. Aufgabe der Kirche in Deutschland ist es, aus christlichem Gewissen und nationaler Verantwortung in diesem Kampf treu an der Seite des Führers zu stehen."[210]

Außerdem ergeht am 17. Dezember die unmissverständliche Weisung an die Pfarrer der Thüringischen Landeskirche:

„Bei der Stellung des deutschen Volkes zum Judentum ist es ausgeschlossen, dass ein Pfarrer durch Vornahme von Amtshandlungen an Juden auch nur den Anschein erweckt, als erschwere die Kirche durch Unterlassung jeder Sonderung von Juden aus einer deutschen Gemeinschaft die Maßnahmen des Staates zur endgültigen Ausscheidung des Judentums aus dem deutschen Kulturleben."[211]

Nicht nur wegen der verschraubten Sprache muss man diesen Satz wohl mehrfach lesen, um ihn zu erfassen. Deutlicher kann die Unterstützung von einer kirchenleitenden Stelle für die staatlichen Maßnahmen gegen die Juden, wenige Wochen nach dem 9. November 1938, kaum ausfallen.

Es gibt auch noch andere Reaktionen aus den deutsch-christlich geleiteten Landeskirchen, beispielsweise will in Dresden der Präsident des sächsischen Landeskirchenamts noch am 10. November (!) die Zionskirche umbenennen lassen.[212]

Die Württembergische Sozietät wendet sich an ihren Landesbischof mit der Bitte, von allen Kanzeln Württembergs laut und öffentlich gegen das Unrecht an den Juden zu protestieren, aber Wurm lehnt ab.[213] Die Württembergische Kirchlich-theologische Sozietät[214] ist eine Gruppe von etwa hundert Pfarrern, darunter vielen Barth-Schülern. Sie vertreten die Linie des entschiedenen Flügels der Bekennenden Kirche, nicht zuletzt auch gegenüber der immer wieder taktierenden Haltung ihres Landesbischofs Theophil Wurm, der dem gemäßigten Flügel der BK angehört (Landesbischof 1929–1949, nach '45 Ratsvorsitzender der EKD).

Am 6. Dezember 1938 schreibt Wurm jedoch einen Brief[215] an den Reichsjustizminister Gürtner, in dem es heißt: „Die Ereignisse in der Nacht vom 9. auf den 10. November haben weite Volkskreise bis weit in die Partei hinein seelisch erschüttert und in ihren sittlichen Empfindungen verletzt."
Wurm sagt klar, dass unter den Augen der Behörden Brandstiftung und körperliche Misshandlungen geschehen sind und hierzu Mitglieder politischer Organisationen befohlen worden seien. Des Weiteren spricht er verschiedene Rechtsbrüche gegen württembergische Pfarrer an, auch den Fall von Jan (s. S. 169ff.). Er appelliert schließlich: „Tun Sie alles, was der Wiederherstellung der Autorität des Gesetzes und des Rechtsempfindens dient."

Als Motiv für die Mahnung aber wird in diesem Brief deutlich:

„Weil wir unserem Volk ersparen möchten, dass es später dieselben Demütigungen und Leiden über sich ergehen lassen muss, denen jetzt andere preisgegeben sind, erheben wir im Blick auf unser Volk fürbittend, mahnend, warnend unsere Hände, auch wenn wir wissen, dass man uns deshalb Judenknechte schilt und mit ähnlichem Vorgehen bedroht, wie es gegen die Juden angewandt worden ist."

Der kritische Appell wird auch noch dadurch relativiert, dass Wurm eingangs schreibt – und das einen Monat nach der Reichspogromnacht:

„Ich bestreite mit keinem Wort dem Staat das Recht, das Judentum als ein gefährliches Element zu bekämpfen. Ich habe von Jugend an das Urteil von Männern wie Heinrich von Treitschke und Adolf Stoecker über die zersetzende Wirkung des Judentums auf religiösem, sittlichem, literarischem, wirtschaftlichem und politischem Gebiet für zutreffend gehalten und vor dreißig Jahren als Leiter der Stadtmission in Stuttgart gegen das Eindringen des Judentums in die Wohlfahrtspflege einen öffentlichen und nicht erfolglosen Kampf geführt."

Und an späterer Stelle:

„Ich darf aus einer langjährigen Erfahrung sagen, dass es kaum einen Stand geben dürfte, der vom spezifisch jüdischen Wesen sich so frei gehalten hat und der seine Einsatzbereitschaft

> für Volk und Vaterland so unter Beweis gestellt hat wie der evangelische Pfarrerstand. Der tiefe Dank dafür, dass Deutschland heute eine ganz andere Stellung einnimmt als vor 20 Jahren, ist in ihm so lebendig wie in jedem andern, der sein Vaterland liebt. Er weiß, dass dies ohne den Führer und den Nationalsozialismus nicht möglich gewesen wäre."

Schließlich:

> „Die evangelischen Pfarrer in unserer Landeskirche sind von mir aufgefordert worden, alles zu vermeiden, was in einer so erregten Atmosphäre als aufreizend empfunden werden kann. Wenn der eine oder andere sich daran nicht hält und mit dem Gesetz, sei es mit dem Kanzelparagraphen oder dem Heimtückegesetz, in Konflikt gerät, so muss er die Folgen tragen. Andererseits aber darf nicht jedes Wort der Trauer und der Teilnahme, auch nicht jede Mahnung von Gottes Wort her als Staatsverrat ausgelegt werden."

Dem mittlerweile 70-jährigen Bischof geht es wohl vor allem darum, seine Pfarrer vor einer Einweisung ins KZ zu schützen. Aber andererseits: Stärkt Wurm mit solchen Worten nicht eher der nationalsozialistischen Willkürjustiz den Rücken anstatt den wenigen mutigen Pfarrern, die kritisch auf die Reichspogromnacht reagieren? Die Haltung von Wurm ist auch ein Beispiel für die vielen lutherisch geprägten Kirchenleute, deren Obrigkeitsdenken und deren jahrhundertealtes Vorurteil gegen die Juden wirkliche Solidarität mit den leidenden Juden verhindert.

Von der Gestapo werden die Reaktionen und Nichtreaktionen genau wahrgenommen, wenn es im Geheimbericht des Sicherheitsdienstes für Württemberg-Hohenzollern vom Februar 1939 heißt:

> „Obwohl sich die offiziellen Stellen und Personen der Landeskirche jeder Stellungnahme zur Judenfrage und zur Judenaktion enthielten, wurden doch die Vergeltungsmaßnahmen von dem Großteil der Geistlichkeit wie auch der ev. Bevölkerung mit Begründungen wie ‚Die Juden sind doch auch Menschen' und ‚Man darf doch keine Gotteshäuser anzünden, das ist doch Gotteslästerung' usw. abgelehnt."[216]

Die Konferenz der Landesbruderräte der Bekennenden Kirche bringt zum Bußtag im November 1938 eine Gottesdienstordnung heraus, in der es immerhin in einem Gebet heißt: „Nimm dich der Not aller der Juden in unserer Mitte an, die um ihres Blutes willen Menschenehre und Lebensmöglichkeiten verlieren."[217] Einen Monat später, im Dezember 1938, solidarisiert sich diese Konferenz zwar mit denen, die für die Juden eingetreten sind, doch ihr „Wort an die Gemeinden" geht über eine Verbundenheit mit den getauften Juden nicht hinaus: „Wir ermahnen unsere Gemeinden und Gemeindeglieder, sich der leiblichen und seelischen Not ihrer christlichen Brüder und Schwestern aus den Juden anzunehmen, auch für sie im Gebet vor Gott einzutreten."[218]

Die Bekennende Kirche als Ganze sieht sich nur den getauften Juden gegenüber in der Pflicht zu helfen: So baut Pfarrer Grüber seit August 1938 die zentrale Hilfsstelle der Bekennenden Kirche für nichtarische evangelische Christen in Berlin auf. Kurz nach der Reichspogromnacht im Dezember 1938 beginnt sie mit ihrer Arbeit. Dieses „Büro Pfarrer Grüber", das in den meisten Landeskirchen Außenbüros hat, beschäftigt allein in Berlin 30 bis 40 Mitarbeitende in folgenden Arbeitszweigen: Auswandererberatung, Stellenvermittlung nach dem Ausland, Geldunterstützung, Textilspenden, Rechtsberatung, Familienschule mit Gottesdienst und Religionsunterricht. Grüber selbst ist der Leiter dieses Büros bis zu seiner dreijährigen KZ-Haft ab 1940, sein Stellvertreter ist Pfarrer Werner Sylten, der 1942 ermordet wird.[219]

Dass es zu keiner öffentlichen Stellungnahme der Bekennenden Kirche zur Reichspogromnacht kommt, mag nicht allzu sehr verwundern nach dem, was bereits im zweiten Kapitel aufgezeigt wurde.

Hinzu kommt, dass die Bekennende Kirche (s. dazu Exkurs: Bekennende Kirche im Überblick, S. 77 ff.) im Herbst 1938 durch die monatelangen Auseinandersetzungen um den Treueeid auf Hitler und die Konflikte um die Gebetsliturgie der 2. Vorläufigen Kirchenleitung und den Brief Karl Barths an die Tschechen wie gelähmt ist. Der gemäßigte und der entschiedene Flügel (die sogenannte „Bekenntnisfront") der BK stehen gegeneinander, erst recht durch die Erklärung, mit der sich einige Bischöfe von den Verfassern der Gebetsliturgie distanzieren.

Die Lage der Bekennenden Kirche kurz vor dem 9. November 1938 ist so desolat, dass Reichskirchenminister Kerrl noch am 9. November, am Tag vor der Pogromnacht, an den Chef der Sicherheitspolizei schreiben kann:

> „Die übrigen Kirchenführer haben sich dieser Erklärung angeschlossen bzw. noch schärfer gehaltene Erklärungen abgegeben. Damit ist erwiesen, dass der augenblickliche Zeitpunkt denkbar günstig ist zu einem vernichtenden Schlage gegen die illegale und staatsfeindliche Organisation der radikalen Bekenntnisfront. Das ganze Volk ist einig in der Verurteilung dieser Volksschädlinge. Es ist das erstemal, dass auch sämtliche Kirchenführer einschließlich der gemäßigten Bekenntnis-Bischöfe Marahrens, Meiser, Wurm, Kühlewein in der Verurteilung dieser Tat als unchristlich und unreligiös einig sind, so dass ein vernichtender Schlag gegen die Bekenntnisfront von niemandem als antichristliche Maßnahme – wie früher immer – bezeichnet werden könnte."[220]

In dieser Situation ist an ein öffentliches Wort der Bekennenden Kirche zum Pogrom nicht zu denken.

Als es zu Verfolgungsmaßnahmen gegen die Verfasser der Gebetsliturgie kommt, reagieren die Bekenntnis-Bischöfe eine Woche später erschrocken.

> „Wohl die meisten BK-Pfarrer haben aus diesem aktuellen Anlaß am Sonntag nach dem Pogrom, dem 13. November 1938, ihre Gemeinden sehr konkret über die Verfolgungsmaßnahmen gegen die Verfasser der Gebetsliturgie informiert, wie sie auch sonst der verfolgten BK-Mitglieder gedachten; weit weniger nahmen zu den brennenden Synagogen das Wort.“[221]

Pfarrers Julius von Jan nimmt allerdings in seiner Bußtagspredigt nicht nur gegen den Pogrom Stellung (s. S. 169 f.), sondern erwähnt auch das Versagen der Bischöfe im Zusammenhang mit der Gebetsliturgie. Daraufhin verlangt die württembergische Kirchenleitung von ihm eine Erklärung, aber von Jan bleibt in seiner Antwort aus dem Gefängnis an Bischof Wurm vom 19. Januar 1939 bei seiner kritischen Haltung:

> „Ich empfinde es auch heute schmerzlich, dass Sie dem Herrn Kirchenminister Waffen in die Hand gegeben haben, um die Führer der BK in Preußen zu bekämpfen. Ich urteile nicht darüber, dass Sie eine andere kirchenpolitische Taktik für richtig halten. Das ist eine Frage, die innerhalb der BK zu erörtern ist. Aber nach meiner Überzeugung war Ihr Handeln in Berlin ein Verstoß gegen 1. Korinther 6,1 ff. [...] Sie und Ihre Mitbischöfe hätten die Möglichkeit gehabt, die Verantwortung für jenen Gottesdienstentwurf abzulehnen, ohne die Brüder zu belasten durch die Erklärung, dass Sie den Entwurf ‚aus politischen und religiösen Gründen verwerfen‘. Wäre

Brennende Synagoge in Heidelberg –
im Hintergrund die Heilig-Geist-Kirche

Ihnen solche Neutralität nicht zugestanden worden, so hätten Sie eher den äußeren ‚Frieden' unserer württembergischen Kirche opfern müssen, als die Brüder in Christo. Dieser Preis für den ‚Frieden' in der Kirche, der ja doch kein Friede ist, ist zu teuer." [222]

FAZIT Die evangelische Kirche besteht aus drei großen Lagern, den Deutschen Christen, der Bekennenden Kirche, die im Herbst 1938 handlungsunfähig ist, und einer Mitte, die zwischen beiden Gruppen hin- und herschwankt.

Der Protest auf das Attentat in Paris ist groß, auf lauten Protest nach der Reichspogromnacht wartet man vergeblich.[223] Der kirchliche Aufschrei für die Juden bleibt aus. Die kirchlichen Reaktionen reichen vom Unterstützen über das Taktieren bis zum betroffenen Schweigen.

„Es gibt nicht ein einziges verbindliches Kirchenwort zu den Unrechts- und Gewalttaten dieser Novembertage. [...] Was es nachweislich gegeben hat, ist ein Unbehagen und Entsetzen über die rigorosen Methoden dieser Tage. Diese setzten sich aber nicht um in vernehmbaren verbalen Protest oder gar in spontanen Widerstand."[224]

Proteststimmen einzelner evangelischer Christen – Elisabeth Schmitz, Helmut Gollwitzer und andere Prediger (Immer, von Jan), Karl Barth, Dietrich Bonhoeffer

Nur Einzelne erheben kritisch ihre Stimme angesichts der Vorgänge vom 9. November 1938. Sie gehören alle dem kleineren entschiedenen Flügel der Bekennenden Kirche an und haben schon früh den Ungeist der Nationalsozialisten durchschaut. Es sind Theologen im kirchlichen und akademischen Dienst und eine

Theologin im Schuldienst, die alle nicht in kirchenleitender Funktion tätig sind.

Martin Niemöller, der führende Kopf des entschiedenen Flügels, ist bereits im KZ ebenso wie manche andere aus der Bekennenden Kirche, darunter auch Pfarrer Paul Schneider. Dieser soll, als anlässlich der Reichspogromnacht etwa 12 000 jüdische Bürger durchs Lagertor in Buchenwald bei Weimar getrieben wurden, aus seinem KZ-Bunker geschrien haben: „Gebt die Juden frei, auch sie sind meine Brüder." [225]

Elisabeth Schmitz: „Die Steine schreien" und „Die Kirche sollte schweigen?"

Einzigartig ist die Reaktion von Elisabeth Schmitz (s. Exkurs zur Biografie, S. 132 ff.), die durch ihre jüdischen Freundinnen in Berlin auch persönlich betroffen ist. Am Tag nach der Reichspogromnacht erscheint sie nicht mehr in ihrer Berliner Schule und will ihren Dienst – mit 45 Jahren – sofort quittieren. Rückblickend beschreibt sie 1947 ihren Schritt so: „Ich beschloss, den Schuldienst aufzugeben und nicht länger Beamtin einer Regierung zu sein, die die Synagogen anstecken lässt."[226]

Nachdem sie ihre „nichtarische" Freundin Martha Kassel, die jahrelang bei ihr gewohnt hatte, Mitte Dezember in die Emigration verabschieden muss, stellt sie am 31. Dezember 1938 den Antrag auf Frühpensionierung:

„Ich befinde mich seit Monaten in einer inneren Unruhe und in starken seelischen Spannungen.

> Hierzu darf ich auf das in der Anlage beigefügte Attest verweisen. Es ist mir in steigendem Maße zweifelhaft geworden, ob ich den Unterricht bei meinen weltanschaulichen Fächern – Religion, Geschichte, Deutsch – so geben kann, wie ihn der nationalsozialistische Staat von mir erwartet und fordert. Nach immer wiederholter eingehender Prüfung bin ich schließlich zu der Überzeugung gekommen, dass das nicht der Fall ist. Da dieser dauernde Gewissenskonflikt untragbar geworden ist, sehe ich mich genötigt, den obigen Antrag zu stellen."[227]

Dass Schmitz in ihrem Antrag nicht nur auf gesundheitliche Gründe abhebt, sondern von ihren Zweifeln spricht, ist mutig und auch gefährlich. Als Pension erhält die Fünfundvierzigjährige rund 60 Prozent ihres Gehalts und bleibt dank der Deckung durch zwei höhere Beamte vor Repressalien bewahrt.[228]

Das ist nicht ihre einzige Reaktion auf die Reichspogromnacht: Unmittelbar danach nimmt sie Kontakt auf zu dem BK-Pfarrer Eitel-Friedrich von Rabenau in Berlin-Schöneberg und schreibt im November auch noch zwei Briefe an Gollwitzer, der vermutlich auch ihre Denkschrift von 1935/36 kennt.

In ihrem Brief vom 15. November[229] an Pfarrer von Rabenau dokumentiert sie zunächst Fakten zur Reichspogromnacht und appelliert dann dringend an ihn, im bevorstehenden Bußtagsgottesdienst am 16. November den brutalen Pogrom zu thematisieren.

Weitere Konsequenzen für die Evangelische Kirche sieht sie darin, an den führenden Repräsentanten der Juden Leo Baeck oder an die jüdische Gemeinde zu schreiben und, wenn nötig, den Juden auch mit Geld zu helfen.

Die folgende Formulierung im Brief von Schmitz deutet darauf hin, dass sie befürchtet, man könnte aus taktischen Erwägungen heraus schweigen oder eine Reaktion verschieben:

> „Die Verkündigung der Gebote – und zwar die konkrete Verkündigung hic et nunc – kann man nicht aufschieben. Hier hört alle Taktik auf."

Und grundsätzlich:

> „Eine evang. Kirche, noch dazu eine, die sich den Namen Bekennende Kirche gegeben hat, in einem Land, in dem geschehen ist, was in Deutschland geschieht, müsste sofort in allen Gemeinden Bußgottesdienste einsetzen. Und nun ist Bußtag – und die Kirche sollte schweigen? Können wir denn überhaupt anders als diese entsetzliche Schuld unseres Volkes gemeinsam vor Gott tragen und gemeinsam bekennen?"

Offenbar hat Elisabeth Schmitz dann den von Gollwitzer gehaltenen Bußtagsgottesdienst in Dahlem zusammen mit ihrer Freundin und Wohngenossin Martha Kassel besucht.

Wenige Tage danach, am 24. November 1938, bedankt sie sich bei Gollwitzer mit folgendem Brief:[230]

„Sehr geehrter Herr Pfarrer,
Bitte, erlauben Sie mir, dass ich Ihnen noch heute aus tiefstem Bedürfnis heraus für den Bußtagsgottesdienst danke. Es lässt sich wohl nicht mehr sagen als dies: dass man erfüllt war von dem Gefühl: So, und nur so kann und darf nach dem, was geschehen ist, eine christliche Gemeinde in Deutschland zusammen sein. Meiner Freundin, die vor der – im Augenblick unmöglich gemachten – Auswanderung steht, haben Ihre Worte herausgeholfen aus tiefer Bitterkeit und Verzweiflung über die Haltung der Kirche.
Ich weiß nicht, ob Sie sich besinnen, dass ich vor einigen Wochen einmal bei Ihnen war, um mit Ihnen darüber zu sprechen, dass die Kirche ihren Gemeinden ein wahres Wort zur Behandlung der Juden in Deutschland sagen müsse. Ich habe auf Ihren Rat hin an Niesel geschrieben. Das Wort ist nicht gekommen. Dafür haben wir das Grauenhafte erlebt und müssen nun weiterleben mit dem Wissen, dass wir daran schuld sind. Als wir am 1. April '33 schwiegen, als wir schwiegen zu den Stürmerkästen, zu der satanischen Hetze der Presse, zur Vergiftung der Seele des Volkes und der Jugend, zur Zerstörung der Existenzen und der Ehen durch sogenannte ‚Gesetze', zu den Methoden von Buchenwald – da und tausendmal sonst sind wir schuldig geworden am 10. November 1938. Und nun? Es scheint, dass die Kirche auch dieses Mal, wo ja

nun wirklich die Steine schreien, es der Einsicht und dem Mut des einzelnen Pfarrers überlässt, ob er etwa sagen will, und was.

Aber was m. E. nun überall kommen muss, ist die Fürbitte."

In diese Fürbitte gehören für sie die verhafteten judenchristlichen Pfarrer, aber:

„nicht nur sie, sondern all die andern auch und nicht nur die Christen, sondern auch die Juden, d.h. alle die 40000 oder mehr Verschleppten. In ganz England finden besondere Fürbittgottesdienste statt für die Opfer der Pogrome. Müssten denn wir nicht Tag und Nacht auf den Knien liegen? [...] Smend sagte mir, Grüber habe gebeten, um der Gefahr für die Juden willen von einer Fürbitte abzusehen. Dazu muss ich sagen:

1. Ich glaube nicht an diese Gefahr. Die Absichten der Regierung halte ich für so radikal, nämlich im Jahre 1940 mit der Àusrottung ‚im wesentl. fertig zu sein, dass von einer' Gefahr gar nicht mehr zu reden ist.
2. Ich halte das Argument für völlig unkirchlich. Die Kirche hat ja gar keine Wahl, es ist ihr geboten, die Fürbitte zu tun.

Ob wohl jemand auf den Gedanken gekommen ist, an Dr. Baeck zu schreiben im Namen der Kirche, oder an die jüdische Gemeinde, der man alle Gotteshäuser in Deutschland verbrannt oder in die Luft gesprengt hat, wobei man an manchen Orten Rabbiner gezwungen hat, zuzu-

sehen. Wo sollen denn nun die Gemeinden Gottesdienst halten in dieser Notzeit?“ […]
In solcher Situation hilft nur der Einsatz aller Kräfte am entscheidenden Punkt, und das würde hier heißen: dass die Kirche in jedem Fall strikt als Kirche handelt, ohne rechts und links zu sehen, ohne Taktik, ohne zu fragen: was wird daraus, allein nach ihrem Wesen und Auftrag, dass sie sich selbst ganz ernst nimmt. Und dass sie vorbereitet ist auf das, was kommt. Kommen tut nach Ankündigung der Regierung zweifellos die völlige Trennung zwischen Juden und Nichtjuden. Es gehen Gerüchte um – und derartiges hat auch in ausländischen Zeitungen gestanden – dass ein Zeichen an der Kleidung beabsichtigt sei. Unmöglich ist nichts in diesem Land, das wissen wir. Aber sei dem, wie ihm wolle –, was soll aus unseren Bibelkreisen werden? Was aus unseren Gottesdiensten? Was gedenkt die Kirche zu tun angesichts der drohenden Zerreißung der Gemeinden? Wenn die ‚Gesetze‘ da sind, ist es zu spät. Hierfür müssen die Gemeinden zugerüstet werden. Und weiter: Wir haben die Vernichtung des Eigentums erlebt, zu diesem Zweck hatte man im Sommer die Geschäfte bezeichnet. Geht man dazu über, Menschen zu bezeichnen, so liegt ein Schluss nah, den ich nicht weiter präzisieren möchte. Und niemand wird behaupten wollen, dass diese Befehle nicht ebenso prompt, ebenso gewissenlos und stur,

ebenso böse und sadistisch ausgeführt würden wie die jetzigen. Ich habe schon diesmal von grauenhaften blutigen Exzessen gehört. Die Presse der ganzen Welt ist voll von dieser Katastrophe, und hier hat man den Eindruck, dass sie schon jetzt, wo die zahllosen Verhaftungen noch andauern, bei den Menschen wieder vergessen wird – auch in kirchlichen Kreisen. Darf die Kirche das zulassen?
Ich bin überzeugt, dass – sollte es dahin kommen – mit den letzten Juden auch das Christentum aus Deutschland verschwindet. Das kann ich nicht beweisen, aber ich glaube es. [...]
Mit besten Wünschen
Ihre Elisabeth Schmitz"

Dieser Brief ist ein zeitgeschichtliches Dokument ersten Ranges. Was Schmitz hier schreibt, gehört mit zum Klarsten, was zu dieser Zeit überhaupt gesehen und gesagt wurde.[231]

In ihrem Brief vom 27. November 1938[232] bedankt sie sich zunächst für die Übersendung der Predigt. Sie schreibt, dass sie gehört habe, an einer katholischen Kirche in (Berlin-) Lichterfelde sei angeschlagen: „Juden, wenn ihr beten wollt und kein Gotteshaus habt, kommt zu uns!"

Darin sieht sie auch ausdrücklich eine Aufgabe für die Bekennende Kirche und fügt hinzu, dass in Gesprächen in jüdischen Kreisen immer wieder das eine oder andere Rühmliche aus der katholischen Kirche erzählt würde und: „Ich kann dann nichts anderes tun als voll bitterer Scham schweigen.“ Die evangelische Kirche müsse ihrer Meinung nach einen Weg finden, „der jüdischen Gemeinde zu bezeugen, dass wir mit ihr zusammenstehen als die zwei Knechte des einen Herrn“, und zwar „einmal durch ein persönliches Schreiben und zweitens durch die Fürbitte“. Mit der Formulierung „zwei Knechte des einen Herrn“ bezieht sich Schmitz auf das Memorandum aus Basel „Das Heil kommt von den Juden“ (s. S. 128ff.).

Ihre Vorschläge, die BK möge alle Juden in ihre Fürbitten einbeziehen oder Kirchengebäude den Juden für Gottesdienste zur Verfügung stellen, werden nicht umgesetzt.

Elisabeth Schmitz steht mit ihren deutlichen Worten ziemlich allein da, auch in der Bekennenden Kirche. Als Studienrätin hat sie nicht die Position, um öffentlich wirkungsvoll zu protestieren. Aber als Kirchenmitglied erinnert sie ihre Kirche – in seltener Klarheit und Solidarität mit den jüdischen Opfern – an das Doppelgebot der Liebe, das über allen Geboten stehen soll.

Die Bekennende Kirche hört diese Stimme nicht.

Helmut Gollwitzer und andere Prediger (Immer/ von Jan): „Tu deinen Mund auf für die Stummen!“

Es gibt tatsächlich einzelne mutige Pfarrer, die am Sonntag nach der Pogromnacht (13. November) oder am darauffolgenden Bußtag (16. November) ein kritisches Wort gewagt haben.

Helmut Gollwitzer[233], der bei Karl Barth promovierte junge Theologe, wird im Mai 1937 von Niemöller als „Hilfsprediger“ in seine Dahlemer Gemeinde geholt. Nach Niemöllers Verhaftung wenige Wochen später wählt der Gemeindekirchenrat aber nicht Gollwitzer, sondern einen Pfarrer vom gemäßigten BK-Flügel zum offiziellen Nachfolger.

Aber die Bekenntnisgemeinde stellt auf eigene Kosten Gollwitzer ein, der nicht zuletzt auch die täglichen Fürbittandachten der Bekennenden Kirche in der St.-Annen-Kirche in Dahlem initiiert. Seine auf anderen Kanzeln gehaltenen Sonntagspredigten haben großen Zulauf. Faktisch ist er der Nachfolger und die Stimme Niemöllers in Berlin.

Seine Bußtagspredigt[234] am 16. November, beginnt der knapp dreißigjährige Gollwitzer im Dahlemer Gemeindesaal mit folgenden Worten:

> „Wer soll denn heute noch predigen? Wer soll denn heute noch Buße predigen? Ist uns nicht allen der Mund gestopft an diesem Tage? Können wir heute noch etwas anderes als nur schweigen? Was hat nun uns und unserem Volk und unserer Kirche all das Predigen und Predigthören genützt, die ganzen Jahre und Jahrhunderte lang, als dass wir nun da angelangt sind, wo wir heute stehen, als dass wir heute haben so hereinkommen müssen, wie wir hereingekommen sind? [...].
> Was muten wir Gott zu, wenn wir jetzt zu ihm kommen [...]? Ekeln muss es ihn doch vor unse-

rer Dreistigkeit und Vermessenheit. Warum schweigen wir nicht wenigstens? Ja, es wäre vielleicht das Richtigste, wir säßen heute hier nur schweigend eine Stunde lang zusammen, wir würden nicht singen, nicht beten, nicht reden, nur uns schweigend darauf vorbereiten, dass wir dann, wenn die Strafen Gottes, in denen wir ja schon mitten drin stecken, offenbar und sichtbar werden, nicht schreiend und hadernd herumlaufen: Wie kann Gott so etwas zulassen? – ach, wie viele von uns werden's dann ja tun und in ihrer Blindheit keinen Zusammenhang sehen zwischen dem, was Gott zulässt, und dem, was wir getan und gelassen haben [...].

Genug Anzeichen sagen es uns, [...] dass wir mit verhaftet sind in die große Schuld, dass wir mit schamrot werden müssen und mit gemeinsamer Schande behaftet sind. Es steckt ja in uns allen; dass man erleben kann, wie biedere Menschen sich auf einmal in grausame Bestien verwandeln, ist ein Hinweis darauf, was mehr oder weniger verborgen in uns allen steckt. Wir sind alle daran beteiligt, der eine durch die Feigheit, der andere durch die Bequemlichkeit, die allem aus dem Wege geht, durch das Vorübergehen, das Schweigen, das Augenzumachen, durch die Trägheit des Herzens [...], durch die verfluchte Vorsicht [...]."

Gollwitzer spricht schließlich auch die betroffenen „nichtarischen“ Christen und/oder ihre Angehörigen persönlich an, „die nun in großem Leide sind, neben denen heute einer ihrer Lieben fehlt, der sonst mit ihnen hier war, die unter schwerer Bedrückung seufzen".

Und der Schluss der Predigt:

> „Werden die biblischen Mahnungen, die heute so dringend und uns so nahe gerückt sind, mehr Kraft haben als bisher, diese so praktischen, so aufs Alltägliche und Unbequeme gehenden Mahnungen: Seid gastfrei ohne Murren! Segnet, die euch verfolgen! Seid nicht träge in dem, was ihr tun sollt! Tu deinen Mund auf für die Stummen und für die Sache aller, die verlassen sind!"

Man weiß, dass die Gestapo in den Gottesdiensten unter den Zuhörern sitzt. So hatte der Bruderrat der Bekennenden Kirche die Anweisung gegeben, das Wort „Jude" an diesem Tag in der Predigt nicht zu nennen.[235] Doch die Gottesdienstgemeinde bezieht die Predigt sehr wohl auf die Vorgänge des 9. November und versteht, was Gollwitzer sagen will – das zeigen die Reaktionen auf die Predigt, nicht zuletzt auch der Brief von Schmitz (s. o.).

Gollwitzer selbst allerdings betrachtet seine Predigt nach '45 selbstkritisch, weil er die Vorgänge der Reichspogromnacht nicht wörtlich angesprochen hatte.

> „Es ist mir heute sehr zweifelhaft, ob dieses Beim-Namen-Nennen nicht gerade hätte geschehen müssen. Darum mag die jetzt zum ers-

ten Male abgedruckte Predigt nicht als Vorbild dienen, sondern nur als Beispiel, wie deutlich und unmissverständlich jedenfalls gesprochen werden konnte, auch soweit man die Dinge nicht beim Namen nannte – oder zu nennen wagte.“[236]

Es entspricht der Haltung Gollwitzers, dass er sich im Jahr 1940 einlässt auf eine Liebesbeziehung zu der „nichtarischen“ Christin Eva Bildt[237], die 1941 zur Verlobung führt. Der Antrag auf Heiratserlaubnis, der bei einer Verbindung zwischen einem „Arier“ und einer „Halbarierin“ nötig ist, wird abgelehnt.

Zu den wenigen Pfarrern, die auf die schrecklichen Ereignisse reagieren, gehört auch *Karl Immer* in Barmen-Gemarke. Über den Gottesdienst am Sonntag nach der Pogromnacht berichtet später Heinrich Albertz:

> „Karl Immer stellte sich hin vor die Gemeinde, ohne Talar, und sagte seiner Gemeinde, ein paar hundert Meter von der Gemarker Kirche entfernt sei das Wort Gottes verbrannt worden. Er meinte damit die Zerstörung und das Anzünden der Barmer Synagoge in der Zur-Scheuren-Straße.
> Er wolle und könne deshalb heute keine Predigt halten. Er wolle nur zwei Texte vorlesen.
> Und er las die Zehn Gebote in ihrer ursprünglichen Fassung und das Gleichnis vom Barmherzigen Samariter, betete das Vaterunser und sagte: Wer die Texte richtig verstanden habe, der

möchte doch bitte nachher zu ihm in die Sakristei kommen. Und es kamen nach meiner Erinnerung so vierzig oder fünfzig Gemeindeglieder."[238]

Am Ort des Barmer Bekenntnisses von 1934 wird hier ein eindrückliches Zeichen gesetzt – leider nur von einem Einzelnen.

Auch der württembergische Dorfpfarrer *Julius von Jan* findet am Bußtag in Oberlenningen unmissverständliche Worte. Am Beginn der Predigt[239] über Jeremia 22 sind die aktuellen Bezüge deutlich herauszuhören:

> „Der Prophet ruft: O Land, Land, Land! Höre des Herrn Wort! […]. Seit fast 30 Jahren predigt er dem Volk des Herrn Wort. Er widerspricht den Lügenpredigten derer, die in nationaler Schwärmerei Heil und Sieg verkündigen. […] Da kommt die große Stunde, wo Gott seinen Propheten ruft: Gehe hinab in das Haus des Königs selbst und rede dies Wort: […] So spricht der Herr: Haltet Recht und Gerechtigkeit und errettet den Beraubten von des Frevlers Hand und schindet nicht die Fremdlinge, Waisen und Witwen und tut niemand Gewalt an und vergießt nicht unschuldig Blut an dieser Stätte."

Von Jan nennt nicht nur das an Juden geschehene Unrecht öffentlich beim Namen, sondern nimmt im weiteren Verlauf der Predigt auch Stellung zur Lage der Bekennenden Kirche nach der Gebetsliturgie:

> „Wo ist in Deutschland der Prophet, der in des Königs Haus geschickt wird, um des Herrn Wort zu sagen? [...] Gott hat uns solche Männer gesandt! Sie sind heute entweder im Konzentrationslager oder mundtot gemacht. Die aber, die in der Fürsten Häuser kommen und dort noch heilige Handlungen vollziehen können, sind Lügenprediger wie die nationalen Schwärmer zu Jeremias Zeiten und nur Heil und Sieg rufen, aber nicht des Herrn Wort verkündigen. Die Männer der ‚Vorläufigen Kirchenleitung', von denen die Zeitungen in der letzten Woche berichteten, haben in einer Gottesdienstordnung das Gebot des Herrn klar ausgesprochen und sich wegen der erschreckenden Missachtung der göttlichen Gebote durch unser Volk vor Gott gebeugt für Kirche und Volk. Jedermann weiß, wie sie dafür als Volksschädlinge angeprangert und außer Gehalt gesetzt worden sind – und schmerzlicherweise haben es unsre Bischöfe nicht als ihre Pflicht erkannt, sich auf die Seite derer zu stellen, die des Herrn Wort gesagt haben."

Von Jan sieht Grund zur Trauer und Buße:

> „Wenn nun die einen schweigen müssen und die andern nicht reden wollen, dann haben wir heute allen Grund, einen Bußtag zu halten, einen Tag der Trauer über unsre und des Volkes Sünden. Ein Verbrechen ist geschehen in Paris. Der Mörder wird seine gerechte Strafe empfan-

> gen […]. Aber wer hätte gedacht, dass dieses Verbrechen in Paris bei uns in Deutschland so viele Verbrechen zur Folge haben könnte? Hier haben wir die Quittung bekommen auf den großen Abfall von Gott und Christus, auf das organisierte Antichristentum. Die Leidenschaften sind entfesselt, die Gebote missachtet, Gotteshäuser, die andern heilig waren, sind ungestraft niedergebrannt worden, das Eigentum der Fremden geraubt oder zerstört, Männer, die unserem deutschen Volk treu gedient haben und ihre Pflicht gewissenhaft erfüllt haben, wurden ins KZ geworfen, bloß, weil sie einer anderen Rasse angehörten! […]
> Darum ist der Bußtag ein Tag der Trauer über unsre und unsres Volkes Sünden, die wir vor Gott bekennen und ein Tag des Gebets: Herr, schenk uns und unsrem Volk ein neues Hören auf dein Wort, ein neues Achten auf deine Gebote! Und fange bei uns an!"

Von Jan schließt seine Predigt mit den Worten:

> „Gott Lob! Es ist herausgesprochen vor Gott und in Gottes Namen. Nun mag die Welt mit uns tun, was sie will. Wir stehen in unsres Herren Hand. Gott ist getreu.
> Du aber, o Land, Land, Land, höre des Herrn Wort. Amen."

Diese Predigt hat Konsequenzen.[240] Am Abend des 25. November 1938 stürmen Hunderte von auswärtigen

SA- und SS-Männern aller Altersgruppen in Zivil zum Pfarrhaus. Der 41-jährige Pfarrer von Jan wird von rasenden Menschen wüst beschimpft, zusammengeschlagen und auf das Dach eines Holzschuppens geworfen, schließlich ins Gefängnis gebracht.

Der Stuttgarter Oberkirchenrat stellt Strafantrag wegen Landfriedensbruch gegen die von auswärts angereisten Gruppen sowie gegen einen der Rädelsführer, einen Neckartenzlinger Arzt Dr. W. Auch protestiert Landesbischof Wurm in seinem oben erwähnten Schreiben vom 6. Dezember 1938 an den Reichsjustizminister wegen verschiedener Rechtsbrüche gegenüber württembergischen Pfarrern, auch wegen von Jan.

Mit gleichem Datum aber schickt Wurm ein Rundschreiben[241] an alle Pfarrer, das als Distanzierung von dessen Verhalten verstanden werden kann:

> „Im Kampf gegen die christliche Kirche ist die Behauptung von ihrer angeblichen Judengenossenschaft (‚Judenknecht') die neueste Erfindung [...] Es ist selbstverständlich, dass die Kirche, auch auf die Gefahr solcher gehässigen Missdeutung, die ihr aufgetragene Predigt im Sinne von Micha 6,8, nicht unterlassen darf. Es ist aber ebenso selbstverständlich, dass der Diener der Kirche bei dieser Predigt alles zu vermeiden hat, was einer unzulässigen Kritik an konkreten politischen Vorgängen gleichkommt. [...] So sehr der Fehler zu vermeiden ist, dass das Evangelium in einer Weise verkündigt wird, ‚als ob

> nichts geschehen wäre', dass es also ganz unbezogen auf die Gegenwart bleibt, so sehr ist auch der andere Fehler zu vermeiden, dass statt der Verkündigung des Evangeliums mit seinem tiefsten seelenrettenden Inhalt in der ganz bestimmten konkreten Situation der Zuhörer die Predigt belastet wird mit politischen und kirchenpolitischen, wohl den Pfarrer, aber nicht ohne weiteres die Zuhörer bewegenden Ausführungen."

Nur wenige Pfarrer aus den Reihen der Bekennenden Kirche wagen es, am 4. Dezember ein Wort der Solidarität mit von Jan im Gottesdienst zu verlesen, in dem es heißt: Er habe in seiner Bußtagspredigt „ein klares, kraftvolles und biblisch berechtigtes Zeugnis gegen die Versündigung unseres Volkes in den Ausschreitungen gegen die Juden abgelegt".[242]

Nach fünf Monaten U-Haft und Gestapo-Gefängnis muss von Jan zunächst Württemberg verlassen und kommt noch einmal für ein halbes Jahr ins Gefängnis. Die württembergische Kirchenleitung schlägt das für Vorbestrafte vorgesehene Disziplinarverfahren nieder. 1943 wird von Jan zur Wehrmacht eingezogen.

Die drei Beispiele von Predigern an ganz verschiedenen Orten in Deutschland zeigen, dass es sehr wohl möglich war, auch so zu denken und zu reden. Allerdings finden sie nicht die nötige Unterstützung und

Verstärkung durch die Kirchenleitung. Wurm selbst bereut nach 1945 sein Verhalten von 1938. Er schreibt später, er werde wohl bis an sein Lebensende nicht damit fertig werden, wie er damals gehandelt habe.[243]

Karl Barth: „Antisemitismus" ist Sünde gegen den Heiligen Geist!

Karl Barth, der seit seiner Ausweisung aus Deutschland Mitte 1935 in der Schweiz Theologie lehrt, spricht am 5. Dezember 1938 auf einer Tagung des Schweizerischen Evangelischen Hilfswerks für die Bekennende Kirche in Deutschland klar aus:

Der eigentliche biblisch-theologische Grund zu der Feststellung, dass es sich im Nationalsozialismus um eine „grundsätzlich antichristliche Gegenkirche" handele, „liegt ja nicht in den verschiedenen antichristlichen Beteuerungen und Handlungen des Nationalsozialismus, sondern in der Sache, die uns gerade in den letzten Wochen besonders bewegt hat, nämlich seinem prinzipiellen Antisemitismus […]."

Weiter führt er aus:

> „Wenn das geschieht, was in dieser Sache in Deutschland jetzt offenkundig beschlossen und schon ins Werk gesetzt ist: die ‚physische Ausrottung' gerade des Volkes Israel, die Verbrennung gerade der Synagogen und Thorarollen, die Perhorreszierung gerade des ‚Judengottes' und der ‚Judenbibel' […] dann ist […] entschieden: da wird die christliche Kirche in ihrer Wur-

> zel angegriffen und abzutöten versucht. Mag denn jemand hinweghören können über all den unsagbaren Jammer, der eben jetzt in allen deutschen Landen, verursacht durch die antisemitische Pest, gen Himmel schreit? Wie aber ist es möglich, dass uns Christen nicht die Ohren gellen angesichts dessen, was diese Not und Bosheit sachlich bedeutet? Was wären, was sind wir denn ohne Israel? Wer den Juden verwirft und verfolgt, der verwirft und verfolgt doch den, der für die Sünden der Juden und dann und damit erst auch für unsere Sünden gestorben ist. Wer ein prinzipieller Judenfeind ist, der gibt sich [...] als prinzipieller Feind Jesu Christi zu erkennen. Antisemitismus ist Sünde gegen den Heiligen Geist. Denn Antisemitismus heißt Verwerfung der Gnade Gottes."[244]

Die eindeutige Stellungnahme Barths hat leider keine nennenswerte Wirkung mehr. Nach seinem Brief in der Sudetenkrise (s. Exkurs BK im Überblick S. 77 ff.) haben sich weite Kreise der Bekennenden Kirche in Deutschland von Barth distanziert.

Das große Ansehen Karl Barths nach 1945 darf nicht darüber hinwegtäuschen, dass er mit seiner Kritik am Nationalsozialismus seinerzeit auf wenig Gehör stieß. Barth engagiert sich auch im Schweizer Hilfswerk für „nichtarische" Flüchtlinge aus Deutschland – nicht wenige verdanken ihm ein Visum oder eine berufliche Stellung in der Schweiz.[245]

Dietrich Bonhoeffer: „Wer euch antastet, der tastet meinen Augapfel an!“

Der 32-jährige *Dietrich Bonhoeffer*[246] arbeitet im Herbst 1938 illegal in der Vikarsausbildung für die Bekennende Kirche. Er hat Aufenthaltsverbot für Berlin, und seine Korrespondenz wird von der Gestapo überwacht. Zu dieser Zeit hat Bonhoeffer auch schon Kontakte zu Verschwörerkreisen und muss sich mit Äußerungen zurückhalten. In der Bekennenden Kirche ist er zunehmend isoliert und wird später wegen seiner konspirativen Tätigkeit sogar von ihrer Fürbittliste gestrichen.

Bonhoeffer ist tief erschrocken über das Geschehen der Reichspogromnacht, auch wenn er nicht öffentlich protestiert. Mit der Randbemerkung „9. November 1938“ kommentiert Bonhoeffer in seiner Bibel die Verse 7 und 8 des 74. Psalms und streicht die Verse 9 und 10 an. Der Text lautet:

7 „Sie verbrennen dein Heiligtum; sie entweihen und werfen zu Boden die Wohnung deines Namens.
8 Sie sprechen in ihrem Herzen:
Lasst uns sie plündern!
Sie verbrennen alle Häuser Gottes im Lande.
9 Kein Prophet predigt mehr, und keiner ist bei uns, der weiß, wie lange.
10 Ach Gott wie lange soll der Widersacher schmähen und der Feind deinen Namen so gar verlästern?“

In einem als „Persönlicher Brief“ getarnten Rundbrief an seine Schüler vom 20. November 1938 nimmt Bonhoeffer verschlüsselt, aber eindeutig Stellung: „In den letzten Tagen habe ich viel über Psalm 74, Sach 2,12, Römer 9,4f. und 11,11–15 nachgedacht. Das führt sehr ins Gebet.“

Wer die Bibelstellen aufschlägt, findet deutliche Worte: Neben Psalm 74 das Wort aus Sacharja 2,12, in dem der Prophet in Bezug auf Israel sagt: „Wer euch antastet, der tastet meinen Augapfel an.“

Die Stellen im Römerbrief sind aus den sogenannten Israelkapiteln Römer 9 bis 11, in denen Paulus über die Juden unter anderem schreibt: „Welchen die Kindschaft gehört und die Herrlichkeit und der Bund und das Gesetz und der Gottesdienst und die Verheißungen“ (9,4). Und: „Wenn ihre Verwerfung der Welt Versöhnung ist, was wird ihre Annahme anderes sein als Leben aus den Toten!“ (11,15).

Fazit All diese Proteststimmen sind nicht repräsentativ für die Bekennende Kirche, sondern es sind einsame Stimmen in der Wüste. Vor dem Hintergrund der sonstigen Reaktionen kommen diesen Proteststimmen aber noch größere Bedeutung zu.

Diejenigen, die gegen die Judenverfolgung protestierten oder Widerstand leisteten, hatten es dreifach schwer: Sie mussten nicht nur ihre Angst überwinden, sondern auch die tief verwurzelte antijüdische und obrigkeitsnahe Haltung der lutherischen Tradition. Und dann waren sie auch noch weitgehend allein gelassen, ohne Rückendeckung durch ihre Kirchen.

Eine Unterstützung durch die Kirchenleitungen hätte aber nicht nur das Risiko für die Einzelnen vermindern, sondern vor allem die Wirkung des Protests verstärken können.

IV
„Gewiss fällt es der Evangelischen Kirche nicht ein, dem Staat bei seinem Kampf gegen den unheilvollen Einfluss des Judentums in die Arme zu fallen"

(Landesbischof Theophil Wurm, 1939)

Die Reichspogromnacht am 9. November 1938 markiert den Beginn der 3. Phase der Judenverfolgung, das Ausstoßen (s. dazu auch Kapitel III). Im Folgenden geht es zunächst um die weiteren kirchlichen Reaktionen in dieser 3. Phase vor und nach Kriegsausbruch. Dabei ist der Gründung des Eisenacher Instituts zur „Entjudung von Kirche und Christentum" am Fuß der Wartburg im Frühjahr 1939 ein eigenes Kapitel gewidmet. Selbst in der 4. Phase ab 1941, der Zeit der Vernichtung, gibt es keine eindeutige kirchliche Reaktion, sondern verschiedene Stimmen. Unmittelbar nach Kriegsende wird der Blick auf das Geschehene frei. Das führt auch zu Fragen an die Kirche.

Kirchliche Reaktionen auf das Ausstoßen der Juden (1938–1941: 3. Phase)[247]

Im Frühjahr 1939 und erst recht mit Beginn des 2. Weltkriegs am 1. September 1939 verschärft sich die Lage der Juden auf dramatische Weise. Auswanderung ist nicht mehr möglich. Vielmehr kommen bald nach Kriegsausbruch in den eroberten Ländern zwei Millionen Juden unter deutsche Herrschaft, und das bedeutet: Sie werden verpflichtet, den Judenstern zu tragen. Es folgen die ersten Massendeportationen in die Konzentrationslager und die Errichtung von Gettos.

Äußerungen aus dem Frühjahr 1939

Die Äußerungen aus den ersten Monaten des Jahres 1939 können durchaus noch als „Reaktionen" im weiteren Sinn auf die Reichspogromnacht gesehen werden.

Anfang Februar 1939 verbieten fünf deutschchristlich geleitete Landeskirchen (Anhalt, Thüringen, Mecklenburg, Sachsen und Lübeck) per Gesetz Taufe und Neuaufnahme von Juden in die Kirche. Der Dienst an Kirchenmitgliedern jüdischer Herkunft soll eingeschränkt werden. Nur einzelne BK-Pastoren in diesen Landeskirchen haben den Mut, gegen ihre Kirchenleitungen zu protestieren.[248]

Die Auseinandersetzung um die „Godesberger Erklärung"

Auf Anregung von Reichkirchenminister Kerrl verständigen sich am 25./26. März 1939 Vertreter der „Nationalkirchlichen Einung (sic) Deutsche Christen" mit Vertretern der kirchlichen „Mitte" auf folgende Punkte:

> „Indem der Nationalsozialismus jeden politischen Machtanspruch der Kirchen bekämpft

und die dem deutschen Volke artgemäße nationalsozialistische Weltanschauung für alle verbindlich macht, führt er das Werk Martin Luthers nach der weltanschaulich-politischen Seite fort und verhilft uns dadurch in religiöser Hinsicht wieder zu einem wahren Verständnis des christlichen Glaubens."

„Der christliche Glaube ist der unüberbrückbare religiöse Gegensatz zum Judentum."

„Überstaatliches und internationales Kirchentum römisch-katholischer oder welt-protestantischer Prägung ist politische Entartung des Christentums. Echter christlicher Glaube entfaltet sich fruchtbar nur innerhalb der gegebenen Schöpfungsordnungen."[249]

Diese „Godesberger Erklärung" löst eine Flut von Stellungnahmen aus. Röhm/Thierfelder kommentieren dies so: „Sie waren alle mehr oder weniger von einem judenfeindlichen Tenor geprägt. Dies offenbart, wie tief die Aversion gegen das Judentum in den Kirchen wurzelte [...]. Es wäre fast müßig, die in der ‚Judenfrage' oft bis in den Wortlaut hinein ähnlichen Formulierungen von Vertretern unterschiedlichster kirchenpolitischer Richtungen aneinanderzureihen, wenn nicht gerade dadurch die erschreckende Tatsache einer im wesentlichen gemeinsamen Front gegen das Judentum deutlich würde."[250]

So stellen sich bereits am 4. April 1939 elf deutschchristliche Landeskirchenleiter hinter die Godesberger

Erklärung und kündigen die Gründung eines „Instituts zur Erforschung und Beseitigung des jüdischen Einflusses auf das kirchliche Leben des deutschen Volkes“ an (s. S. 190 ff.).

Aber selbst in der Erklärung der Konferenz der Landesbruderräte der Bekennenden Kirche vom 13. April heißt es:

> „Die Kirche als das wahre Israel ist Erbe der Verheißung, die dem Volk Israel gegeben wurde. Der christliche Glaube steht in einem unüberbrückbaren religiösen Gegensatz zum Judaismus. Dieser Judaismus lebt aber nicht nur im Judentum, sondern ebenso in allen nationalkirchlichen Bestrebungen.“ [251]

Die übrigen Landeskirchenführer, die die Godesberger Erklärung nicht unterschrieben haben, darunter auch die BK-Bischöfe Marahrens, Wurm und Meiser, einigen sich am 31. Mai 1939 – auf den Tag genau fünf Jahre nach der Barmer Erklärung – auf die später sogenannte „Godesberger variata“.

Hier heißt es in Bezug auf die Juden:

> „Im Bereich des Glaubens besteht der scharfe Gegensatz zwischen der Botschaft Jesu Christi und seiner Apostel und der jüdischen Religion der Gesetzlichkeit und der politischen Messiashoffnung, die auch schon im Alten Testament bekämpft ist. Im Bereich des völkischen Lebens

> ist eine ernste und verantwortungsbewusste Rassenpolitik zur Reinerhaltung unseres Volkes erforderlich."[252]

Zwar äußert sich Bischof Wurm zugleich in einem persönlichen Brief an Reichskirchenminister Kerrl kritisch zur „Form" des Kampfes gegen die Juden in der Reichspogromnacht, aber das wird auch wieder relativiert:

> „Gewiss fällt es der Evang. Kirche nicht ein, dem Staat bei seinem Kampf gegen den unheilvollen Einfluss des Judentums in die Arme zu fallen. Der Assimilationsprozess, der seit der Aufklärung im 18. Jahrhundert begonnen hat und in den letzten Jahren ein immer gefährlicheres Ausmaß angenommen hat, ist gerade von bewusst christlichen Kreisen nicht mitgemacht worden. Wir können aber nicht den Anschein erwecken, als ob wir von der Kirche aus die Form wie sie dieser Kampf z. B. in den Ausschreitungen am 9. und 10. 11. 1938 angenommen hat, decken würden."[253]

Sämtliche Landeskirchenführer der DEK haben so mit ihrer Unterschrift unter diese Dokumente (Godesberger Erklärung und Godesberger variata) im Frühjahr 1939 einer Rassenpolitik im Prinzip ihre Zustimmung gegeben. Damit hat die Kirche trotz Beteuerung des Gegenteils den Anschein erweckt, als ob sie den Kampf des Staates gegen das Judentum decken würde.

Peter von der Osten-Sacken kommt im Zusammenhang dieser Dokumente auch ausdrücklich auf den Einfluss Luthers zu sprechen: „Es ist [...] keine Frage, dass Luthers Schriften und Äußerungen über das Judentum wie auch seine Äußerungen über das Verhältnis von Kirche und Staat in der NS-Zeit von Deutschen Christen wie Theodor Pauls und leitenden Kirchenmännern wie den Unterzeichnern der herangezogenen Dokumente gezielt rezipiert worden sind. Man hat Luther so verstehen wollen und war überzeugt, ihn so verstehen zu können und zu sollen." Und: „Ungeachtet allen ihr gebührenden Respektes gilt diese Folgerung auch im Hinblick auf die Bekennende Kirche."[254]

Glückwunschschreiben aus den Kirchen zu Hitlers 50. Geburtstag am 20. April 1939

Im Namen der Deutschen Evangelischen Kirche gratuliert Dr. Werner (DC), der juristische Leiter der Kirchenkanzlei und Präsident des preußischen Oberkirchenrats, nicht ohne wieder einmal Luther zu bemühen:

> „Mit dem gesamten deutschen Volke feiert die evangelische Kirche am 20. April in jubelnder Freude den fünfzigsten Geburtstag unseres Führers.
>
> In ihm hat Gott dem deutschen Volke einen wahren Wundermann geschenkt, wie Martin Luther die Großen nannte, die Gott nach seinem freien Rat und Willen je und dann aussendet, dass sie in der Weite und Tiefe der Geschichte

> mächtig hineinwirken, dass sie ihrem Volke und der Welt neue Ziele weisen, Bahn brechen in eine lebendige Zukunft und ein neues Zeitalter heraufführen.
> In tiefer und dankbarer Ergriffenheit erlebt das deutsche Volk, erlebt in ihm auch die deutsche evangelische Christenheit noch einmal die gewaltige Größe des Geschehens, das die mit Adolf Hitler anbrechende Stunde der Deutschen in sich fasst: Die Aufrüttelung aller völkischen Kräfte zu kampfes- und todesfreudigem Einsatz für Freiheit, Ehre und Macht des Vaterlandes."

Und am Schluss heißt es:

> „Dass die Ausmerzung alles wesensfremden Einflusses auf die geistige, sittliche und künstlerische Kultur unsers Volkes begleitet sei von einer immer tieferen Erschließung der Quellen, aus denen unser Volk geboren und seine Geschichte gespeist ist; dass wir durch das, was Gott an dieser Wende der Geschichte der Deutschen an uns tut, zu immer festerem Vertrauen auf ihn und zu immer willigerem Gehorsam gegen ihn uns rufen lassen, das sei unser Begehren, unser Wille, unser Gelübde zum fünfzigsten Geburtstag des Führers."[255]

Selbst die „Junge Kirche", die Zeitschrift der Bekennenden Kirche, gratuliert auf der Titelseite mit folgenden Worten:

„Es ist heute dem Letzten offenbar geworden, dass die Gestalt des Führers, mächtig sich durchkämpfend durch alte Welten, neues mit innerem Auge schauend und seine Verwirklichung erzwingend, auf den wenigen Seiten der Weltgeschichte genannt ist, die den Anfängern einer neuen Zeit vorbehalten sind. [...] Der Christ, der das Walten der Vorsehung und den Schritt des Allmächtigen ehrfürchtig in den Wandlungen der Weltzeit spürt, vernimmt den Aufruf, in Alltag und Sonntag treuer zu glauben, inniger zu lieben, stärker zu hoffen, fester zu bekennen [...]. Wir bitten Gott, den Führer zu segnen."[256]

Kann Hitler in derartigen kirchlichen Ergebenheitsadressen nicht eine Ermutigung sehen, gerade auch in seiner Judenpolitik auf dem eingeschlagenen Weg weiterzugehen?

Äußerungen ab Kriegsbeginn, Herbst 1939

Der Kriegsbeginn am 1. September 1939 bewirkt ein patriotisches Zusammenrücken aller Deutschen. Auch die verschiedenen „Parteien" in der evangelischen Kirche kommen sich in der Unterstützung des Kriegszuges näher.[257] Allgemein ist festzustellen, so Brakelmann: „Die Kundgebungen und Worte von Kirchenleitungen und Verbänden, die Leitartikel in Kirchenzeitungen wie das kirchliche Kleinschrifttum wie die Reflexionsartikel in den Führungszeitschriften zeigen eine klare Identifizierung mit der Entscheidung des Führers, einen Feldzug gegen Polen zu führen. Geht es doch um die Befreiung der Deutschen, die unter Polen seit 1918/19 zu leiden haben. Geht es doch um die Revision des Versailler Diktates mit seinen Landabtretungen und der Danzig-Regelung [...] Diese Kirche betet den Siegesmeldungen und Kommentaren des ‚Völkischen Beobachters' entlang. Die Gebete sind Reichstagsreden Hitlers in religiöser Sprache." Und: „Bei allen theologischen und kirchenpolitischen Nuancen und Unterschieden ist ein traditioneller Patriotismus der gemeinsame Grundzug in allen protestantischen Äußerungen am Anfang der Kriegszeit."[258]

Die Kirche ist nun mit dem Krieg und seinen Folgen für die Gemeinden beschäftigt. Viele Pfarrer und Kirchenmänner sind an der Front. Damit fehlt jetzt auch der eine oder andere, der eine kritischere Haltung zur Judenpolitik des Staates hatte. Zudem kann jedes protestierende Wort den Eindruck erwecken, als falle man dem eigenen Land und Volk in den Rücken.

Das, was den Juden geschieht, scheint außerhalb des Blickfeldes, bis auf wenige Ausnahmen.

Gollwitzer, der im ersten Kriegsjahr noch in Berlin lebt und auch Kontakt zu Bonhoeffer hat, setzt sich als lutherischer Theologe allerdings kritisch mit dem verbreiteten Obrigkeitsdenken auseinander. Als er bereits 1939/40 von führenden Generälen des Widerstandes gefragt wird, wie man in der Bekennenden

Kirche eigentlich über eine Beseitigung Hitlers denke, antwortet er:

> „Man sei – wenn damit eine illegale Aktion oder gar ein Attentat gemeint sei – bei uns so uneinig wie anderwärts auch; viele Freunde seien aber mit mir der Meinung, dass das ‚Seid untertan der Obrigkeit' von Röm 13 nur in der Klammer des Pauluswortes im gleichen Kapitel ‚Die Liebe ist des Gesetzes Erfüllung' zu verstehen sei und dass darum die Pflicht der Liebe in besonderen Situationen auch die Anwendung von Gewalt gegen eine verbrecherisch gewordene Staatsführung in sich schließen könne und eben dies dann als ein Kampf für rechte Obrigkeit zu verstehen sei."[259]

Im Herbst 1940 bekommt Gollwitzer Reichsredeverbot und die Ausweisung aus Berlin, zum Jahresende dann die Einberufung zur Wehrmacht. Fortan fehlt nun auch seine Stimme.

Bonhoeffer schreibt 1940 im Rahmen seiner Ethik einen Entwurf für ein Schuldbekenntnis der Kirche. Darin heißt es unter anderem:

> „Das Bekenntnis der Schuld geschieht ohne Seitenblick auf die Mitschuldigen. [...]
> Sie (die Kirche) war stumm, wo sie hätte schreien müssen, weil das Blut der Unschuldigen zum Himmel schrie. Sie hat das rechte Wort in rechter Weise zur rechten Zeit nicht gefunden. [...]
> Sie hat es mit angesehen, dass unter dem Deck-

> mantel des Namens Christi Gewalttat und Unrecht geschah. […]
> Die Kirche bekennt, die willkürliche Anwendung brutaler Gewalt, das leibliche und seelische Leiden unzähliger Unschuldiger, Unterdrückung, Hass und Mord gesehen zu haben, ohne ihre Stimme für sie zu erheben, ohne Wege gefunden zu haben, ihnen zu Hilfe zu eilen. Sie ist schuldig geworden am Leben der schwächsten und wehrlosesten Brüder Jesu Christi […]. Die Kirche bekennt sich schuldig aller zehn Gebote, sie bekennt darin ihren Abfall von Christus. […]
> Durch ihr eigenes Verstummen ist die Kirche schuldig geworden an dem Verlust an verantwortlichem Handeln, an Tapferkeit des Einstehens und Bereitschaft, für das als recht Erkannte zu leiden."[260]

Dieses Bekenntnis, das jedoch nie von der Kirche gesprochen wurde, macht deutlich, wie Bonhoeffer die Rolle der Kirche, auch seiner Bekennenden Kirche, im Jahr 1940 einschätzt und wie sehr er darunter leidet, dass die Kirche nicht für die Juden schreit.

FAZIT An den Äußerungen und Aktionen aus den ersten Monaten des Jahres 1939, nur wenige Monate nach der Reichspogromnacht, wird deutlich: Die evangelische Kirche hat daraufhin nicht nur geschwiegen, sondern auch „reagiert", allerdings in einer Weise, die die nationalsozialistische (Juden)politik mehr oder weniger positiv bestärkt anstatt kritisiert.

Die verschiedenen judenfeindlichen Erklärungen von kirchenleitenden Persönlichkeiten aus der Evangelischen Kirche wie auch die Einrichtung eines „Instituts zur Erforschung des jüdischen Einflusses auf das deutsche kirchliche Leben" im Frühjahr 1939 erregten selbst im Ausland Aufsehen.[261]

Nach Kriegsausbruch im Herbst 1939 ist noch weniger als zuvor ein öffentliches kritisches Wort der Kirche zur Judenpolitik zu erwarten.

Die evangelische Kirche unterstützt vielmehr den Kriegszug und bemüht sich um die „vaterländische Pflicht", wobei die kirchenpolitische Ausrichtung in den Hintergrund tritt.

Ein Zeichen am Fuße der Wartburg: Institut zur „Entjudung von Kirche und Christentum"[262]

Am 6. Mai 1939 wird das „Institut zur Erforschung und Beseitigung des jüdischen Einflusses auf das deutsche kirchliche Leben" feierlich in Eisenach eingeweiht.

Ein halbes Jahr nach der Reichspogromnacht sehen elf deutschchristlich geprägte Kirchenführer und nicht wenige akademische Theologen ihre Aufgabe also in der „Entjudung" von Kirche und Christentum. Klare Proteste gegenüber dem Programm des Instituts sucht man vergebens.

Obwohl das Institut seinen Sitz in einer großen Villa in der Bornstraße 11 in Eisenach hat, wird für die

In diesem Gebäude arbeitete das Institut zur „Entjudung der Kirche“

Einweihung die Wartburg gewählt, dieser geschichtsträchtige Ort, an dem Martin Luther Zuflucht fand und die Bibel ins Deutsche übersetzte.

In der Begrüßungsansprache zur Eröffnung sagt Friedrich Werner (DC), der juristische Leiter der Kirchenkanzlei der DEK und Präsident des preußischen Oberkirchenrats: „Ich verbinde hiermit die Zuversicht, dass die Ergebnisse Ihrer Arbeit zu einer neuen Begegnung von evangelischer Kirche und Volk, einer Neuaufnahme des unverfälschten Evangeliums durch den Menschen des Dritten Reiches beitragen möchten.“ [263]

Das erste Werbeschreiben des Instituts hat folgenden Wortlaut:

„Seine Gründung beruhte auf der Überzeugung, dass der jüdische Einfluss auf allen Gebieten des deutschen Lebens, also auch auf dem religiös-kirchlichen, entlarvt und gebrochen werden muss. Das Christentum hat mit dem Judentum nichts gemein. Es ist, von der Christusbotschaft her, im Gegensatz zum Judentum gewachsen und ist von diesem dauernd bekämpft worden. Da im Lauf der geschichtlichen Entwicklung entartende jüdische Einflüsse auch im Christentum wirksam geworden sind, wird die Entjudung von Kirche und Christentum zur unausweichlichen und entscheidenden Pflicht des kirchlichen Lebens; sie ist die Voraussetzung für die Zukunft des Christentums. Unter dieser Zielsetzung hat das Institut die Aufgabe, in gründlicher wissenschaftlicher Forschung Art und Umfang des jüdischen Einflusses auf das kirchliche Leben im einzelnen genau festzustellen. Führende Männer der Wissenschaft und des praktisch-kirchlichen Lebens stehen hier in enger Arbeitsgemeinschaft zusammen mit dem entschlossenen Willen, diese Aufgabe zu erfüllen.

Auf Grund der Ergebnisse der wissenschaftlichen Forschungsarbeit ist es dann möglich, in dem kirchlichen Leben des deutschen Volkes das zu überwinden, was auf jüdischem Einfluss beruht, und einem Glauben, der von der unver-

fälschten Christusbotschaft her bestimmt ist, den Weg freizumachen zum Dienst am deutsche Volke in der Gestaltung seiner religiösen Gemeinschaft.
Dabei ist von entscheidender Wichtigkeit, dass das Institut sich in dieser Arbeit nicht nur von den Landeskirchen, die es gegründet haben, getragen weiß, sondern auch von dem fördernden Willen eines jeden, der der Zielsetzung und der Arbeit des Institutes zustimmt. Es hat sich deshalb ein Förderkreis des Instituts gebildet, dessen ständiges Wachstum es bezeugt, wie stark die Frage nach der Verjudung des kirchlichen Lebens die Gemüter bewegt und wie freudig in allen Teilen des großdeutschen Reiches und in allen Städten des deutschen Volkes die Arbeit des Instituts begrüßt wird. Dies zeigt sich besonders, nachdem das Volkstestament in seinem ersten Teil erschienen ist und an diesem Ergebnis der Arbeit des Instituts deutlich wurde, dass es dem Institut nicht nur um kritische, sondern darüber hinaus um positiv aufbauende Arbeit geht.“ [264]

Das Institut wird vor allem von den deutschchristlich geleiteten Kirchen (v. a. Thüringen) und von einem Förderkreis finanziert und bekommt 1942 erstmals 3000 RM von der Kirchenkanzlei der DEK überwiesen.[265]

Zur Arbeit des Instituts:[266] Wissenschaftlicher Leiter ist das NSDAP- und DC-Mitglied Walter Grundmann, Professor für völkische Theologie in Jena, ehemaliger Assistent von Professor Kittel, Tübingen.

Namhafte Theologen aus ganz Deutschland wirken mit, insgesamt an die zweihundert Bischöfe, Konsistoriale, Professoren, Doktoren, Pastoren, Religionspädagogen, Kunstschaffende und Regierungsbeamte.[267]

In Arbeitskreisen, Forschungsaufträgen oder Einzelarbeiten beschäftigen sie sich vor allem mit neutestamentlichen, religionsgeschichtlichen und religionspädagogischen Fragen.

Da soll z. B. die These belegt werden, dass das Bild Jesu in den Evangelien jüdisch übermalt worden sei – für Grundmann, den Verfasser vielgelesener Kommentare zum Neuen Testament, ist Jesus „mit größter Wahrscheinlichkeit" kein Jude (!).

Außerdem geht es um den Gegensatz zwischen arischer und semitischer Religiosität, um die Haltung Luthers zum Judentum, aber auch um Grundsätze für die Beurteilung von Kunstwerken mit alttestamentlichem Bezug usw. Neben zahlreichen Publikationen liegt ein Schwerpunkt der Öffentlichkeitsarbeit auf drei Tagungen in Wittenberg (1940), Eisenach (1941) und Nürnberg (1942), die bis zu 600 Teilnehmer besuchen. Im November 1941 wird sogar im siebenbürgisch-rumänischen Hermannstadt/Sibiu, dem Sitz der Lutherischen Kirche Augsburgischen Bekenntnisses, eine Außenstelle des Instituts gegründet.

Praktische Ergebnisse der Arbeit sind das Volkstestament „Die Botschaft Gottes" und der Katechismus „Deutsche mit Gott“. Die Herausgabe eines eigenen Gesangbuches erübrigt sich, da die „Nationalkirchliche Einung Deutsche Christen“ – der radikalere Flügel der Deutschen Christen – ein „gereinigtes“ Gesangbuch mit dem Titel „Großer Gott, wir loben dich“ herausgibt, das dem Geist des Instituts voll entspricht. Diese drei Werke sollen hier kurz vorgestellt werden:

1. Das Volkstestament „Die Botschaft Gottes“, 1940:[268]
   Anstelle des vollständigen Textes des Neuen Testamentes sind hier Teile aus den Evangelien zu einer Evangelienharmonie zusammengefügt und mit Abschnitten aus der neutestamentlichen Briefliteratur ergänzt. Das Judesein Jesu wird verleugnet. Mit entsprechenden hinführenden Kommentaren wird das antijudaistische Verständnis gestärkt und ein unversöhnlicher Gegensatz zwischen christlichem Glauben und Judentum herausgestellt.
   Auf das Alte Testament als „Judenbuch“ wird natürlich verzichtet und damit auch auf die Psalmen. Das von dem Institut herausgegebene „Volkstestament“ ist eine zerstückelte Bibel und sicher nicht im Sinne Martin Luthers. Sie erlebt jedoch eine Auflage von mehr als 300 000 Exemplaren.
2. Der Erwachsenenkatechismus „Deutsche mit Gott“, 1941:
   Dazu heißt es: „Hier war uns die Erkenntnis maßgebend, dass die zehn Gebote des Moses

für Deutsche nicht verpflichtend sein können. Schon Luther wusste das. Wenn er das erste Gebot des Moses [...] eigenmächtig abänderte, [...] das Verbot, sich von Gott Bilder zu machen, weglässt und das Sabbatgebot erheblich kürzt, so zeigt sich hier, dass er [...] in rechter christlicher Freiheit alles das beseitigt oder ändert, was deutsche Menschen nicht anspricht. Konnte uns also Luthers Haltung dem Dekalog gegenüber voll maßgeblich sein, so mussten wir außerdem damit Ernst machen, dass das Gesetz, das über unserem deutschen Volke steht, ein heiliges, unser Gewissen verpflichtendes Gottesgesetz ist, und von hier aus Gebote in neuer Fassung ableiten."[269]

3. Das Gesangbuch „Großer Gott, wir loben dich", 1941:[270]
   In einer besonderen Feier am 13. Juni 1941 wird dieses Kirchengesangbuch in der Wartburgkapelle in Eisenach der Öffentlichkeit vorgestellt. Die Startauflage von 55 000 Exemplaren ist sofort vergriffen. Die Gesangbuchlieder sollen „entjudet" werden:
   Da heißt es im Weihnachtslied „Es ist ein Ros entsprungen" nicht mehr „Wie uns die Alten sungen, von Jesse kam die Art", sondern „... von wunderbarer Art"; im Lutherlied „Ein feste Burg" nicht mehr „Er heißt Jesu Christ, der Herr Zebaoth", sondern „Er heißt Jesus Christ, der Retter in der Not".

Das Lied „Wachet auf, ruft uns die Stimme“ wird komplett umgedichtet. Die erste Strophe, in der das „Wach auf, du Stadt Jerusalem“ getilgt ist, hört sich dann so an:

> „Wachet auf, ruft uns die Stunde,
> sie rufet uns mit hellem Munde.
> Wach auf, wach auf, du deutsches Land.
> Sie, die Nacht hielt dich gefangen,
> dein Morgen kommt herauf mit Prangen;
> der Freiheit großer Tag bricht an.
> Wohlauf zum harten Gang!
> Steht auf! Der Sturmgesang grüßt die Erde.
> Der Feinde Krieg ist unser Sieg.
> Dein Wort ist Sturm, Herr, und Gericht.“

Auf Lieder wie „Jerusalem, du hochgebaute Stadt“ wird natürlich in diesem deutschchristlichen Gesangbuch gänzlich verzichtet, dafür werden Lieder wie „Der Gott, der Eisen wachsen ließ“ usw. neu ins Gesangbuch aufgenommen.[271]

Fazit Das Treiben und Studieren von Luthers Erben am Fuße der Wartburg mag uns heute sehr fremd erscheinen. Doch Versuche, die Arbeit dieses Instituts als Randerscheinung einiger radikaler Deutschen Christen zu verharmlosen, sind angesichts der breiten Unterstützung und der Erfolge nicht angemessen.

Kirchliche Reaktionen auf die Vernichtung der Juden (1941–1945: 4. Phase)[272]

Mit dem Überfall auf die Sowjetunion im Juni 1941 beginnt die Endphase der Judenvernichtung, das systematische Ermorden der europäischen Juden vor allem durch Massenerschießungen und Vergasungen. Ende September 1941 wird Auschwitz als Konzentrations- und Vernichtungslager eingerichtet. Jetzt müssen auch die Juden in Deutschland den „Judenstern" tragen.

Am 20. Januar 1942 kommen fünfzehn hochrangige Nationalsozialisten auf der Wannseekonferenz zusammen, um die von den Nazis so genannte „Endlösung" der Judenfrage im Detail zu organisieren – dass der daran teilnehmende Unterstaatssekretär im Auswärtigen Amt den Namen Martin Luther trägt, könnte wohl auf die Herkunft aus einem bewusst protestantisch-lutherischen Milieu hindeuten.[273]

Der Krieg gegen die bolschewistische (christenfeindliche) Sowjetunion mag als Grund gelten für den letzten großen Zuspruch vieler Christen zu Hitlers Politik. Dass mit dem Überfall auf die Sowjetunion die Endphase der Judenvernichtung beginnt, scheint außen vor zu sein. Landesbischof Wurm verknüpft zwar seine Zustimmung zum Krieg gegen den Bolschewismus mit einer Kritik an der Bedrängung des christlichen und kirchlichen Lebens in Deutschland.[274] Aber was sagen die Christen zur existentiellen Bedrängung der Juden?

Am 17. Dezember 1941 unterzeichnen sieben DC-geführte evangelisch-lutherische Landeskirchen (Sachsen, Hessen-Nassau, Mecklenburg, Schleswig-Holstein, Anhalt, Thüringen, Lübeck) eine „Bekanntmachung über die kirchliche Stellung evangelischer Juden“. Darin geht es aber nicht nur um die endgültige Trennung der Kirche von den Judenchristen, sondern es wird vielmehr erklärt:

> „Die nationalsozialistische deutsche Führung hat mit zahlreichen Dokumenten unwiderleglich bewiesen, dass dieser Krieg in seinen weltweiten Ausmaßen von den Juden angezettelt worden ist. Sie hat deshalb im Innern wie auch nach außen die zur Sicherung des deutschen Lebens notwendigen Entscheidungen getroffen. Als Glieder der deutschen Volksgemeinschaft stehen die unterzeichneten deutschen Evangelischen Landeskirchen und Kirchenleiter in der Front dieses historischen Abwehrkampfes, der u.a. die Reichspolizeiverordnung über die Kennzeichnung der Juden als der geborenen Welt- und Reichsfeinde notwendig gemacht hat, wie schon Dr. Martin Luther nach bitteren Erfahrungen die Forderung erhob, schärfste Maßnahmen gegen die Juden zu ergreifen und sie aus deutschen Landen auszuweisen. Von der Kreuzigung Christi bis zum heutigen Tage haben die Juden das Christentum bekämpft oder zur Erreichung ihrer eigennützigen Ziele missbraucht oder ver-

> fälscht. Durch die christliche Taufe wird an der rassischen Eigenart eines Juden, seiner Volkszugehörigkeit oder seinem biologischen Sein nichts geändert. Eine deutsche evangelische Kirche hat das religiöse Leben deutscher Volksgenossen zu fördern. Rassejüdische Christen haben in ihr keinen Raum und kein Recht. Die unterzeichneten deutschen evangelischen Kirchen und Kirchenleiter haben deshalb jegliche Gemeinschaft mit Judenchristen aufgehoben. Sie sind entschlossen, keinerlei Einflüsse jüdischen Geistes auf das deutsche religiöse und kirchliche Leben zu dulden." [275]

Das ist eine ausdrückliche Bestätigung der nationalsozialistischen Judenpolitik, selbst in dieser Phase, und sogar mit Berufung auf Luther. Auch in der ausführlichen „theologischen" Begründung für die „Bekanntmachung" beruft sich der Jenaer Professor für Systematische Theologie Heinz-Erich Eisenhuth, der auch beim Eisenacher Institut mitarbeitet, ausdrücklich auf Luthers Obrigkeitslehre und dessen „Kampf gegen die Juden".[276]

Am 22. Dezember 1941 erlässt die Kirchenkanzlei der DEK im Einvernehmen mit dem Geistlichen Vertrauensrat ein Rundschreiben an die evangelischen Landeskirchen. Das nimmt offiziell Stellung zur Einführung des Judensterns und schließt die getauften Juden aus der Kirche aus:

„Der Durchbruch des rassischen Bewusstseins in unserem Volk, verstärkt durch die Erfahrungen des Krieges, und entsprechende Maßnahmen der politischen Führung haben eine Ausscheidung der Juden aus der Gemeinschaft mit uns Deutschen bewirkt. [...] Wir bitten daher [...], geeignete Vorkehrungen zu treffen, dass die getauften Nichtarier dem kirchlichen Leben der deutschen Gemeinde fernbleiben.“ [277]

Dieses Schreiben macht deutlich, wie sich nach Kriegsausbruch Positionen der Deutschen Christen in den offiziellen Verlautbarungen der DEK und des Geistlichen Vertrauensrates, dem neben DC-Leuten auch Marahrens (BK) angehört, wiederfinden.[278]

Nicht nur die Juden, auch die judenchristlichen „Sternträger“ sollen keinerlei Solidarität in den evangelischen Landeskirchen erhalten, im Gegenteil. Die Lage für die Judenchristen wird auch noch dadurch verschärft, dass seit Jahresfrist das Büro Pfarrer Grüber und die Berliner Judenmission auf Druck der Gestapo ihre Arbeit einstellen mussten.[279]

Bekenntniskreise

Ausdrücklich weist Brakelmann darauf hin, dass in der Kriegszeit die Bekennende Kirche nicht die Mehrheit in der evangelischen Kirche vertrat und dass sich die bischöfliche lutherische Bekennende Kirche (gemäßigter Flügel) weit mehr hat äußern können als die bruderrätliche Richtung der Bekennenden

Kirche (entschiedener Flügel), zumal diese seit der Verhaftungswelle im Mai 1941 noch mehr gelähmt ist.[280]

Bischof Marahrens, der als Vertrauensrat-Mitglied das obengenannte Rundschreiben mitverantwortete, steht aber nicht für die Bekennende Kirche.

So fordert die 2. Vorläufige Kirchenleitung der DEK und die Konferenz der Landesbruderräte am 5. Februar 1942 von der Kirchenkanzlei die Rücknahme ihres Rundschreibens vom 22. Dezember mit folgenden Worten:

> „Wollten wir [...] die christlichen Nichtarier aus der Gemeinschaft der deutschen Evangelischen Kirche ausschließen, so würde sich daraus die Nötigung ergeben, sämtliche Apostel, und nicht zuletzt Jesus Christus selbst, den Herrn der Kirche, wegen ihrer rassischen Zugehörigkeit zum jüdischen Volk aus unserer Kirche zu verweisen. Es wird niemand leugnen können, dass die Thüringer Christen auf dem besten Wege dazu sind."[281]

Auch der Bekenntnis-Bischof *Wurm* setzt sich dafür ein, dass die getauften Juden ihren Platz in der Gemeinde haben und fordert in seinem Schreiben an die Kirchenkanzlei vom 6. Februar 1942 die Rücknahme dieses Rundschreibens. Doch seine prinzipielle Judenfeindschaft überwindet er auch jetzt nicht. Er hält weiterhin strikt fest an der Trennung von Kirche und Staat, selbst wenn dieser Menschen verfolgt:

„Von keiner evangelischen Kirche ist dem Staat das Recht bestritten worden, zum Zweck der Reinhaltung des deutschen Volkes eine Rassegesetzgebung durchzuführen. Führende Männer der Evangelischen Kirche – ich erinnere an Adolf Stöcker und seine Gesinnungsgenossen – haben einst zuerst auf die Gefahren hingewiesen, die dem deutschen Volk aus der jüdischen Überfremdung auf wirtschaftlichem, politischem und kulturellem Gebiet drohen."[282]

Klar protestiert dagegen die Breslauer Stadtvikarin *Katharina Staritz.* In einem Schreiben fordert sie ihre Amtsbrüder auf, sich um die bedrängten Judenchristen zu kümmern, sie zu begleiten, sich in der Kirche neben sie zu setzen und sie zu schützen vor Pöbeleien. Im Frühjahr 1942 kommt sie selbst ins KZ Ravensbrück.[283]

Seit Sommer 1942 sind leitende Männer der Bekennenden Kirche wie Dibelius, Wurm und Meiser durch das ehemalige jugendliche BK-Mitglied Kurt Gerstein[284] genau darüber informiert, was in den Vernichtungslagern geschieht. Gerstein fährt als SS-Sturmführer und Leiter der Abteilung Gesundheitstechnik auch in die Lager, ist aber subversiv tätig. Die von ihm erwartete öffentliche landesweite Protestwelle bleibt aus, doch sind jetzt vereinzelt kritischere Töne von kirchlicher Seite zu hören.

Drei Beispiele für die wenigen anderen Worte der Kirche, die einen „Hauch von Solidarität" spüren lassen, aber andererseits untergehen in dem „Meer des Schweigens“, sollen beschrieben werden.[285]

1. *Persönliche Briefe des württembergischen Landesbischofs Wurm 1941–1943*

Der mittlerweile über 70-jährige Wurm, der jetzt das sogenannte Kirchliche Einigungswerk initiiert, wird immer mehr zum Sprecher all der Christen, die sich nicht zu den Deutschen Christen zählen. Seine persönlichen Briefe an die Staats- und Parteiführung, an Hitler, Goebbels und andere „Größen“, bleiben unbeantwortet. Wurm gibt sie aber auch vertraulich weiter an die Dekane in Württemberg, die sie zum Teil weiter verbreiten, manche Briefe gelangen bis ins Ausland.

In seiner Denkschrift an Hitler vom 9. Dezember 1941[286] spricht Wurm noch sehr vorsichtig von der sich „steigernden Härte in der Behandlung der Nicht-Arier“. Dabei war gerade am 1. Dezember 1941 der erste Sammeltransport württembergischer Juden vom Stuttgarter Killesberg aus nach Riga gefahren. Eine öffentliche Verlautbarung dazu lehnt Wurm ab, weil Proteste vertrauliche „Chefsache“ sein sollten.

Die Bitte Hermann Diems, des Leiters der Sozietät, am dritten Adventssonntag in einer Predigthilfe für die württembergischen Pfarrer auf die besondere Erwählung der Juden und den unlöslichen Zusammenhang von Juden und Christen einzugehen, weist er ebenso zurück.

In seinem Brief an Diem vom 5. Dezember 1941[287] wird darüber hinaus deutlich: Auch wenn Wurm gegen die Maßnahmen zur „Endlösung“ ist, sieht er die Juden unter dem Gericht Gottes.[288]

In seinem Brief vom 28. Januar 1943[289] an einen Ministerialdirektor im württembergischen Innenministerium begründet Wurm seinen Protest gegen die nationalsozialistische Judenpolitik auch damit, dass das Volk, von dem jetzt so viele Opfer verlangt werden, moralische Entlastung brauche und dass er fürchte, diese Schuld an den Juden könne sich rächen.

Nach der vernichtenden Niederlage der Hitler-Armee in Stalingrad im Februar 1943 kommt es zu einer zweiten Protestbriefwelle von Wurm. Am 16. Juli 1943 schreibt er an Hitler persönlich.[290]

Aber erst in seinem letzten Schreiben an die Regierung, datiert vom 20. Dezember 1943, verzichtet Wurm auf die frühere Zurückhaltung. Und doch erwecken auch jetzt seine Worte den Eindruck, als ob es weniger um die Leiden des jüdischen Volkes als um die gegenwärtigen und künftig drohenden Leiden des deutschen Volkes geht:

„Nicht aus irgendwelchen philosemitischen Neigungen, sondern lediglich aus religiösem und ethischem Empfinden heraus muss ich in Übereinstimmung mit dem Urteil aller positiv christlichen Volkskreise in Deutschland erklären, dass wir Christen diese Vernichtungspolitik ge-

> gen das Judentum als ein schweres und für das deutsche Volk verhängnisvolles Unrecht empfinden. Das Töten ohne Kriegsnotwendigkeit und ohne Urteilsspruch widerspricht auch dann dem Gebot Gottes, wenn es von der Obrigkeit angeordnet wird, und wie jedes bewusste Übertreten von Gottes Geboten rächt sich auch dieses früher oder später. Unser Volk empfindet vielfach die Leiden, die es durch die feindlichen Fliegerangriffe ertragen muss, als Vergeltung für das, was den Juden angetan worden ist."[291]

Nach diesem Schreiben wird Wurm im März 1944 von der Reichskanzlei ausdrücklich verwarnt, er solle „Ausführungen zu Fragen der allgemeinen Politik" unterlassen, was einem Schweigegebot gleichkommt.[292] Fortan schreibt Wurm nur noch im privaten und vertraulichen Rahmen. So heißt es in einem Brief[293] an einen württembergischen deutschchristlichen Pfarrer vom September 1944 auch selbstkritisch:

> „Jedermann weiß oder kann wissen, wie das Dritte Reich mit den Juden verfahren ist, besonders seit der Nacht vom 9./10. November 1938 und im Kriege bis zur völligen Vernichtung draußen in Polen und Russland. [...] Ich frage: Kann ein gläubiger Christ Segen erhoffen für ein Volk, das dies alles hat geschehen lassen und für ein politisches System, das dies alles durchgeführt hat und keinerlei Kritik an seinen Maßnahmen zulässt? [...] Dieser Kurs war von Anfang an fest-

gelegt: wir harmlosen evangelischen Christen haben es lange nicht gemerkt, aber man kann es nun doch nicht mehr übersehen, und man muss eben den Mut haben, sich einzugestehen, dass man nicht scharf genug gesehen hat."

Röhm/Thierfelder kommentieren die Briefe Wurms folgendermaßen: „Sicher darf die Wirkung der Schreiben Wurms nicht überbewertet werden. [...] Möglicherweise sind aber die kirchlichen Proteste beider Konfessionen gegen die Zwangsscheidungen von Mischehen ein Grund dafür gewesen, dass Hitler der Entscheidung über die Mischehen- und Mischlingsfrage auswich. [...] Schreiben wie die von Landesbischof Wurm dienten ohne Zweifel der Ermutigung der Glieder der Bekennenden Kirche. Möglicherweise hatte Wurm jedoch schon seit seinen Protesten im Jahre 1943 an die Zeit nach dem Krieg gedacht, in der ein Verweis auf die damalige Standhaftigkeit sich als mildernde Umstände für Volk und Kirche bei den Alliierten auswirken könnte." [294]

Nach dem Krieg hat Wurm zwar sein langes Schweigen ausdrücklich bedauert, doch kommt er bis zu seinem Tod 1953 nicht los von seiner antijüdischen Grundhaltung.[295]

2. *Frühjahr 1943: Der Münchner Laienbrief*[296]

Ähnlich wie die württembergische Sozietät vertritt in Bayern der Lemppsche Kreis aus Laien und Theologen den entschiedenen Kurs der Bekennenden Kirche, auch gegenüber dem gemäßigten Kurs der eigenen Landeskirchenleitung.

Zu Ostern 1943 schreibt diese Gruppe den sogenannten Münchner Laienbrief an den bayerischen Landesbischof Hans Meiser (BK). Dieser von Hermann Diem entworfene Brief soll Grundlage eines öffentlichen Protestes gegen die Judenverfolgung sein.

Der bayerische Bischof bedauert zwar, was in den Konzentrationslagern geschieht, lehnt aber eine solche Protestaktion ab und gibt den Brief an den württembergischen Bischof Theophil Wurm (BK) weiter.

Der Brief beginnt mit dem Satz: „Als Christen können wir es nicht mehr länger ertragen, dass die Kirche in Deutschland zu den Judenverfolgungen schweigt."

Aus zwei Gründen müsse die Kirche protestieren: Zum einen legt Jesus im Gleichnis vom barmherzigen Samariter das Gebot der Nächstenliebe aus und lehnt dabei jede Einschränkung auf den Glaubens-, Rassen- oder Volksgenossen ab. Zum anderen sei die „Judenfrage" primär eine theologische Frage, denn das jüdische Volk ist Gottes Werkzeug seiner Offenbarung.

Daraus folgt ein doppelter Appell an die Kirche: Sie habe erstens in der Gemeinde dem „christlichen Antisemitismus" zu widerstehen, „der das Vorgehen der nichtchristlichen Welt gegen die Juden, bzw. die Passivität der Kirche in dieser Sache mit dem ‚verdienten' Fluch über Israel entschuldigt".

Sie habe zweitens dem Staat zu widerstehen bei „jedem Versuch, die Judenfrage nach einem selbstgemachten politischen Evangelium zu ‚lösen', d. h.das Judentum zu vernichten".

Dieser Laienbrief lässt eine neue Israel-Theologie erkennen, wenn hier die enge Verbindung zwischen Kirche und Judentum herausgestellt wird:

> „Die Kirche muss bekennen, dass sie als das wahre Israel in Schuld und Verheißung unlösbar mit dem Judentum verknüpft ist. Sie darf nicht länger versuchen, vor dem gegen Israel gerichteten Angriff sich selbst in Sicherheit zu bringen. Sie muss vielmehr bezeugen, dass mit Israel sie und ihr Herr Jesus Christus selbst bekämpft werden.
> [...] Uns treibt neben dem Mitleid für die Verfolgten die Angst, das Predigtamt unserer Kirche könne durch sein Schweigen sein Dasein sichern wollen um den Preis, dass es dafür seine Vollmacht und Glaubwürdigkeit zu binden und zu lösen verliert. Und damit wäre alles verloren – mit der Kirche wäre auch unser Volk verloren."

Der Brief wird im Juli in der Schweiz veröffentlicht und auch in Deutschland anonym verbreitet. Der junge Elberfelder Bekenntnispfarrer Helmut Hesse, der den Brief schon am 6. Juni 1943 im Gottesdienst verliest, kommt nicht zuletzt deshalb ins KZ Dachau, wo er bald darauf stirbt.

3. *Preußensynode in Breslau Herbst 1943*[297]

Im Herbst 1943 kommt die Bekenntnissynode der acht preußischen Kirchenprovinzen zum letzten Mal zusammen. Diese Synode verabschiedet zwei Erklärungen, die später in den Gemeinden verlesen und verteilt werden.

In der ersten Erklärung mit dem Titel „Wort zur Auslegung des fünften Gebotes" eine Handreichung für die Verkündigung, heißt es:

„Begriffe wie ‚Ausmerzen', ‚Liquidieren' und ‚unwertes Leben' kennt die göttliche Ordnung nicht. Vernichtung von Menschen, lediglich weil sie Angehörige eines Verbrechers, alt oder geisteskrank sind oder einer anderen Rasse ange hören, ist keine Führung des Schwertes, das der Obrigkeit von Gott gegeben ist [...] Denn das Leben aller Menschen gehört Gott allein. Es ist ihm heilig, auch das Leben des Volkes Israel. Gewiss hat Israel den Christus Gottes verworfen, aber nicht wir Menschen oder gar wir Christen sind gerufen, Israels Unglaube zu strafen.

Den nicht-arischen Mitchristen sind wir die Bezeugung der geistlichen Gemeinschaft und der Bruderliebe schuldig. Sie aus der Gemeinde auszuschließen, verstößt gegen den Dritten Artikel des Glaubensbekenntnisses, gegen das rechte Verständnis des Sakramentes der Heiligen Taufe, gegen Gal. 3,28 und gegen das, was Röm 9–11 über das Israel nach dem Fleisch sagt."

Und am Schluss heißt es:

> „Wo wir aber deutlich erkennen, dass Unrechtes von uns verlangt wird, oder dass uns verwehrt wird, das nach Gottes Willen rechte zu tun, haben wir in eigener Verantwortung zu tun, was vor Gott recht ist, und haben darin Gott mehr als den Menschen zu gehorchen (Apg 5,29)."

In der zweiten Erklärung, einem kurzen „Wort an die Gemeinden zum Buß- und Bettag 1943", das aber nur an manchen Orten verlesen wird, heißt es zum 5. Gebot:

> „Wehe uns und unserem Volk, wenn das von Gott gegebene Leben für gering geachtet und der Mensch, nach dem Ebenbilde Gottes erschaffen, nur nach seinem Nutzen bewertet wird; wenn es für berechtigt gilt, Menschen zu töten, weil sie für lebensunwert gelten oder einer anderen Rasse angehören, wenn Hass und Unbarmherzigkeit sich breit machen.
> Denn Gott spricht: ‚Du sollst nicht töten.' "

Die beiden letzten Beispiele aus den Reihen des kleinen entschiedenen Flügels der Bekennenden Kirche zeigen nicht nur Protest, sondern auch, wie sich Theologen vom Antijudaismus und Obrigkeitsdenken ihrer lutherischen Tradition entfernt haben.

Es sind darüber hinaus klare Worte des Schuldeingeständnisses und der Solidarität mit den Juden, obwohl das im vierten und fünften Kriegsjahr Verfolgung und Haft bedeuten kann.

Nicht zuletzt gibt es vereinzelt auch praktische Solidarität mit den Juden. Schätzungsweise sind es etwa 20000 nichtjüdische Deutsche, die bedrohten Juden helfen, im Untergrund zu überleben, wie die 2008 in Berlin eröffnete Gedenkstätte „Stille Helden“ dokumentiert. Sie versorgen die Verfolgten mit falschen Papieren und Lebensmitteln und geben ihnen in ihren Wohnungen und Gartenhäusern Asyl. Es ist ein illegales und lebensgefährliches Engagement – und scheitert auch in jedem zweiten Fall. Doch rund 5000 Juden sollen auf diese Weise in Deutschland überlebt haben, allein in Berlin an die 2000.

„Lichter im Dunkel“ heißt das Buch, in dem der Jude Max Krakauer von der 27-monatigen Flucht 1943 bis 1945 zusammen mit seiner Frau durch Deutschland erzählt, versteckt in 66 Häusern, darunter in 34 württembergischen Pfarrhäusern – das war die sogenannte „Pfarrhauskette“.[298] Es sind wirklich Lichter im Dunkeln, und die Menschen, die diese Nächstenliebe praktizieren, riskieren viel.

In der Schlussphase des Krieges nimmt nun auch mancher Kirchenführer, der bisher nicht deutlich und öffentlich gegen das Naziregime und seine Judenpolitik protestiert hatte, Kontakt mit den Widerstandskreisen auf. Ein Beispiel ist der spätere Landesbischof von Hannover Hanns Lilje, der wegen seiner Verbindungen zu Mitgliedern des Kreisauer Widerstandskreises 1944 inhaftiert wird.

Die meisten in den Widerstandkreisen, auch die führenden Verschwörer, waren überzeugte Christen. Und ihr Handeln ist nicht zuletzt auch eine Folge ihres Entsetzens über die planmäßige Judenvernichtung seit 1941. Das wird deutlich am Beispiel von Heinrich Graf Lehndorff, wie Antje Vollmer in ihrem Buch aufzeigt:[299]

Schon früh ist er über seinen Vetter Hans von Lehndorff im Kontakt zur Bekennenden Kirche, er und seine Frau werden 1937 von Niemöller getraut. Letzter Anlass zum entschlossenen Widerstand wird für ihn und andere das Massaker von Borissow an 7000 Juden im Oktober 1941. Zuletzt ist Lehndorff als Kurier zwischen den Widerstandszentralen um Stauffenberg in Berlin und um Tresckow an der Ostfront tätig, aber wie so viele Attentatsversuche zuvor scheitert auch das geplante Attentat auf Hitler am 20. Juli 1944.

FAZIT Die beiden im Dezember 1941 veröffentlichten Schreiben der Deutschen Christen und der Kirchenkanzlei gelten als der Tiefpunkt judenpolitischer Äußerungen innerhalb des deutschen Protestantismus.[300] Dagegen dringen die kritischen Äußerungen aus den Bekenntniskreisen zwischen 1941 und 1945 kaum an die Öffentlichkeit, werden im Kriegslärm nicht mehr gehört und können keinerlei Veränderung mehr bewirken.

Nach dem Ende der Naziherrschaft werden aber gerade die späten kritischen Äußerungen aus den Reihen der Bekennenden Kirche sowie ihre Kontakte zum Widerstand im Vordergrund stehen, nicht die früheren Äußerungen und Positionen der kirchenleitenden Personen.

Die Maschinerie des Krieges und der Judenvernichtung läuft auf „Hochtouren" der endgültigen Katastrophe entgegen und kann auch von den Widerstandskreisen nicht mehr aufgehalten werden. Vom gescheiterten Attentat auf Hitler am 20. Juli 1944 bis zum Kriegsende am 8. Mai 1945 kommen mehr Menschen zu Tode als in allen Kriegsjahren zuvor, auch in den Konzentrationslagern.

„Stunde Null" 1945: Bilanz und Fragen

Nach Kriegsende 1945 kommt das ganze Grauen ans Tageslicht. Die Augen können nicht mehr verschlossen werden vor dem Ausmaß der Judenverfolgung. „Insgesamt fallen dem nationalsozialistischen Rassenwahn durch Vergasung, Erschießung, Injektionen, medizinische Versuche, Vernichtung durch Arbeit oder gezieltes Verhungernlassen rund 5,6 Millionen Juden zum Opfer, davon 2,7 Mio. in den Vernichtungslagern."[301] Mehr als 1 Million sind Kinder. Die Opfer kommen aus dem Deutschen Reich (ca. 160000) und aus allen von den Nazis besetzten Ländern, vor allem aus der Sowjetunion (1 Mio.) und aus Polen (3 Mio.).[302] Das europäische Judentum ist zerstört.

„Der Tod ist ein Meister aus Deutschland" heißt es in der „Todesfuge" des jüdischen Dichters Paul Celan – und wer nicht in ein Massengrab in der Erde gekommen ist, hat das „Grab in den Lüften" gefunden. Es gibt nicht einmal ein Grab für den einzelnen Men-

Denkmal für die ermordeten Juden Europas in Berlin nach dem Entwurf von Peter Eisenman

schen, wo dieses den Juden als Ruhestätte bis zum Tag der Auferstehung geradezu heilig ist.

Darüber hinaus ist das Leben der Überlebenden und das vieler Nachkommen bis in die nächste und übernächste Generation hinein und also bis auf den heutigen Tag verletzt, beschädigt und traumatisiert.

Viele konnten zwar durch Emigration ihr Leben retten, aber sie haben ihre Heimat, ihre Sprache und nahe Menschen verloren. Allein zwei Drittel der ca. 500000 deutschen Juden sind während der Nazizeit emigriert.

Nur Einzelne sind später aus dem Exil nach Deutschland zurückgekehrt, wie z. B. die Dichterin Hilde Domin, die in ihrem Namen ihren Zufluchtsort „Dominikanische Republik“ aufnimmt.

Ohne den Holocaust sähe auch die Situation im Nahen Osten anders aus, denn ohne den Holocaust hätte vermutlich die Zahl der Einwanderer nach Palästina nicht die Zahl der dort schon lebenden Bevölkerung überschritten und wäre der Zionismus für die meisten Juden der westlichen Welt Theorie geblieben.

Auch wenn das „Dritte Reich“ viele Jahrzehnte zurückliegt, sind also die furchtbaren Folgen des Verbrechens an den Juden bis in die Gegenwart spürbar.

Zum Begriff „Holocaust“ [303] Dieser wurde nach 1945 von dem jüdischen Schriftsteller Elie Wiesel eingeführt, da er nicht die Nazi-Bezeichnung „Endlösung“ gebrauchen wollte. „Holocaust“ bedeutet „Ganzopfer“.

Durchgesetzt hat sich der Begriff aber erst 1979, als der gleichnamige mehrteilige Fernsehfilm in Deutschland ausgestrahlt wird. Er setzt mit der Geschichte der Familie Weiß einem Millionenpublikum in Deutschland das unfassbare Leiden der Juden und das Ausmaß ihrer Vernichtung im Dritten Reich fassbar ins Bild. Heute wird auch oft das neuhebräische Wort „Schoa“ verwendet. Es ist die in Israel geläufige Bezeichnung für die Ermordung der Juden während der NS-Herrschaft und bedeutet: „Vernichtung, Katastrophe“. Aber auch „Auschwitz“ ist und bleibt ein

Schlüsselbegriff für die Verbrechen an den Juden in der Zeit des Nationalsozialismus.

An dieser Stelle soll die persönliche Bilanz eines Zeitzeugen angefügt werden, der nicht zu den Deutschen Christen zählte, aber auch nicht entschieden gegen die Judenverfolgung protestierte.

Der württembergische Pfarrer Hans Stroh (Jahrgang 1908), der nach dem Krieg Kontakte zu jüdischen Gemeinden – insbesondere zu der in Straßburg – aufbaut, schreibt im Rückblick:[304]

> „Sicherlich spielte auch bei mir und vielen Christen Feigheit mit. Wir ließen uns einschüchtern. Aber damit ist mein Verhalten nicht erklärt, da ich (und andere noch mehr) in anderem Zusammenhang weit tapferer reagierte. Mein Urteil muss lauten: ich war passiv, weil ich in der Judenfrage zu keinem besseren Verhalten motiviert war.[…] Ich hielt unsere Pflicht fest, auch Juden durch die Taufe in die Gemeinde aufzunehmen; […] Ich habe mich, wenn auch zu wenig, so doch eindeutig zu den jüdisch-blütigen Menschen meiner Seelsorge bekannt und sie bei wachsender Bedrängnis in wachsendem Maße gestärkt und unserer Solidarität versichert. […] Ich war entschieden motiviert, wehrlosen Juden, ‚wenn sie mir über den Weg liefen', beizustehen und dann auch weder Strafe zu fürchten noch mein Verhalten zurückzunehmen. […]
>
> Auf diesem Hintergrund wird nun deutlicher, wozu ich nicht motiviert war und was doch meine

Pflicht gewesen wäre. Wir hätten uns solidarisch erklären sollen, sowohl in der Zeit der Vorbereitung der Verfolgung als auch in der Zeit sofort nach der Kristallnacht, wo ein größerer Widerstand noch sinnvoll gewesen wäre, ebenso auch noch in der Zeit der Deportation, als es zu spät war, das Schlimmste abzuwenden […]. Wir hätten erkennen müssen und hätten von Anfang an, besonders aber in der Stunde des direkten Leidens, durch Wort und Tat bezeugen müssen, dass in der Israelfrage für uns und für alle Menschen die Gottesfrage gestellt ist.
Wir haben versäumt, uns mit den wenigen, die davon redeten, dafür eintraten und darum bedrängt waren, offen und ausreichend zu solidarisieren.
Zur Bilanz gehört es, dass wir uns soweit als möglich darüber Rechenschaft geben, wie es zu dieser Lähmung gekommen war. […]. So waren wir als biblisch gebildete Christen wohl ausnahmslos durch einen theologischen Antijudaismus bestimmt. […] Er hat dem Antisemitismus des Abendlandes immer wieder Argumente geliefert und emotional immer wieder Öl ins Feuer des Judenhasses gegossen. […] Der christlich gemeinte, in Wahrheit unchristliche Antijudaismus hat uns gehindert, den antichristlichen Charakter der Ereignisse voll zu durchschauen.
Im Herbst 1938 war das Gift, das uns lähmte, ein Gemisch von falsch verstandener nationaler Solidarität, von Obrigkeitsdenken, von geschichtli-

> cher Unwissenheit und von irrigen Konsequenzen aus den Entscheidungen der Christenheit des ersten Jahrhunderts. Der böse Kern war: Stolz, Rechthaberei, Machtwille auf seiten von Christen. Das ist das Wahrheitsmoment an der jüdischen Meinung, die Gasöfen von Auschwitz seien mit der Lehre von der alleinseligmachenden Kirche angeheizt gewesen."

FAZIT „Kirchenhistoriker sagen heute", so heißt es im Heft der ACK (Arbeitsgemeinschaft Christlicher Kirchen in Baden-Württemberg) zum 70. Jahrestag der Reichspogromnacht 2008, „dass die Kirchen das deutsche Judentum bereits im Sommer 1933 ohne zu zögern und bedingungslos dem Nazistaat preisgegeben hatten".[305]

Und in Bezug auf die Bekennende Kirche ist wohl van Norden zuzustimmen, wenn er von einer „Legendenbildung" spricht, „die nach 1945 die Kirche in den Rang einer Widerstandsorganisation erhob"[306]. Allerdings ist die Bekennende Kirche durchaus ein Störfaktor im Dritten Reich gewesen, vereinzelt auch in der sogenannten Judenfrage, die den Staat immer wieder zu schweren Repressalien gegenüber Einzelnen ihrer Mitglieder greifen ließ.

Die Frage stellt sich nun nach 1945: Wie geht die evangelische Kirche mit ihrem Verhalten gegenüber den Juden während der Zeit des Nationalsozialismus um?

Unmittelbar nach dem Ende des „Dritten Reiches" gibt es zunächst ein großes Erschrecken in der evan-

Worms: Blick auf den ältesten Judenfriedhof Europas und den Dom

gelischen Kirche über das Verbrechen der Nationalsozialisten an den Juden.

Nach Brakelmann[307] wird zwar die moralische Entrüstung zum Ausdruck gebracht, aber es gibt keine selbstkritischen Analysen des kirchlichen Beitrags zum Entstehen und zur Wirkungsgeschichte des Nationalsozialismus. Die evangelische Kirche ist mehrheitlich davon überzeugt, dass keine besondere Mitverantwortung oder gar Schuld der Kirche und der Christen an der Judenausrottung besteht. Zudem ist die deutsche Bevölkerung nach der Katastrophe vor allem mit ihrem Leben und Überleben in unmittelbarer Zukunft beschäftigt. Sie zeigt kaum Interesse an dem Schicksal der Juden im Dritten Reich. Auch führt das Wissen um die Ausmaße der Judenvernichtung nicht zu einem abrupten Ende des traditionellen Antisemitismus.

Bis heute wird die Schuld der Kirchen im Dritten Reich immer wieder in ihrem Schweigen gesehen. Wolfgang Huber aber, der spätere Ratsvorsitzende der EKD, sagt in seinem Aufsatz von 1980 „Die Kirche vor der Judenfrage“ ganz deutlich, dass die Mitschuld der Kirchen nicht nur die des Schweigens und Unterlassens war, sondern auch die des Redens und Handelns.[308]

In den folgenden Kapiteln geht es um die Reaktionen in der evangelischen Kirche bis heute.

Dabei differenziert sich die obige Frage in drei Fragen, die zeitlich nacheinander ihren Schwerpunkt haben:

1. Inwiefern erkennt die evangelische Kirche ihr Schweigen und das Unterlassen von Hilfe gegenüber den Juden als Schuld? (v. a. Kap. V)
2. Inwiefern sieht die evangelische Kirche auch eine Mitverantwortung und Schuld durch ihr judenfeindliches Reden und Handeln? (v. a. Kap. VI)
3. Inwiefern setzt sich die evangelische Kirche mit der Judenfeindschaft Martin Luthers auseinander und erkennt darin einen Irrweg? (v. a. Kap. VII)

V
„… nicht mutiger bekannt, nicht treuer gebetet, nicht fröhlicher geglaubt und nicht brennender geliebt“

(Stuttgarter Schuldbekenntnis, 1945)

In diesem Kapitel geht es vor allem um die Frage: Inwiefern erkennt die evangelische Kirche ihr Schweigen und das Unterlassen von Hilfe gegenüber Juden als Schuld?

Der 77-jährige württembergische Landesbischof Wurm ist in den ersten Nachkriegsjahren *die* protestantische Führungsperson. Bereits einen Tag nach Kriegsende weist er die Stuttgarter Militärregierung auf Grausamkeiten bei der Besetzung Deutschlands hin und wendet sich gegen die amerikanische These von der Kollektivschuld der Deutschen für die Verbrechen des Nationalsozialismus.

Die zentralen kirchlichen Themen scheinen nicht etwa die Judenvernichtung und die Rolle der Kirche im Dritten Reich zu sein, sondern das Elend der deutschen Bevölkerung und die Kritik an der Entnazifizierung. Die Kirchen sehen ihre Aufgaben vor allem in der Seelsorge an den zerschlagenen Deutschen.[309]

An die „Israelitische Religionsgemeinschaft“ schreibt Wurm im Juni 1945 lediglich:

„Wir haben als christliche Kirche in allen den

uns hinterliegenden Jahren schwer getragen an den satanischen Maßnahmen, die von deutscher Seite zur Vernichtung des Judentums in Deutschland und Europa angewandt wurden. Wir haben jene entsetzlichen Vorkommnisse leider nicht verhindern können.
Wir haben nur in einzelnen Fällen, bis in die letzte Zeit hinein, Ihren Glaubensgenossen helfen können. Meine, unmittelbar bei der Reichsregierung seinerzeit erhobenen ernsten und nachdrücklichen Vorstellungen gegen jene Politik der Unterdrückung und Ausrottung aus Gründen der Rasse und des Glaubens sind, wie so viele andere, unbeantwortet geblieben und haben mit dazu beigetragen, mir und meiner Kirche die Ungnade des NS-Systems zuzuziehen.
In herzlicher Teilnahme an dem schweren, das über Sie und Ihre Glaubensgenossen gekommen ist und noch auf Ihnen liegt, grüßen wir Sie …"[310]

In seinem Brief „An die Christenheit im Ausland" vom Juli 1945 prägt Wurm die Argumentationslinien[311]: die Schuld der Deutschen wird relativiert. Der Beitrag der „christlichen" Judenfeindschaft an dem, was Juden geschehen ist, wird nicht gesehen, vielmehr wird versucht, den Nationalsozialismus als Folge atheistischen Denkens darzustellen.

Bereits im August 1945 treffen sich auf Einladung von Wurm in Treysa/Hessen über hundert evangelische Christen aus ganz Deutschland – viele von ihnen haben ein kirchenleitendes Amt inne. Sie wollen beraten, wie der Weg der evangelischen Kirchen in Deutschland nach dem Ende des Dritten Reiches und des Krieges weitergehen soll. Also nicht der Blick zurück, sondern der Blick nach vorne, steht bei diesem ersten Treffen im Vordergrund.

Trotz großer Spannungen und Gegensätze formulieren die Teilnehmer eine vorläufige Grundordnung der Evangelischen Kirche in Deutschland (EKD). Sie wählen einen 12-köpfigen Rat der EKD mit dem Ratsvorsitzenden Theophil Wurm und seinem Stellvertreter Martin Niemöller an der Spitze.

Diese beiden sprechen immerhin auch die Schuldfrage an, allerdings mit unterschiedlichen Akzenten:[312]

Wurm hebt mehr auf die Schuld des Volkes ab und fordert die Solidarität der Kirche mit dem Volk „denn auch wir haben lange Zeit gebraucht, um den Betrug ganz zu durchschauen und wir haben unsre Zeugenpflicht sehr zaghaft angefasst".

Niemöller betont die Schuld der Kirche, die den verbrecherischen Weg Hitlers hätte durchschauen müssen. Die Kirche sei schuldig geworden und müsse sich darum zur Buße und Umkehr rufen lassen. Damit eröffnet Niemöller den Weg zu einem Schuldbekenntnis der Kirche.

Bekannt geworden sind die Stuttgarter Schulderklärung der EKD von 1945 und das Darmstädter Wort des Bruderrates von 1947. Beide enthalten aber kein konkretes Wort zur Judenverfolgung und -vernichtung,

Mitglieder des Rates der EKD 1945 in Stuttgart. Von links nach rechts: Pastor Martin Niemöller, Pastor Wilhelm Niesel, Landesbischof Theophil Wurm, Landesbischof Hans Meiser, Superintendent Heinrich Held, Oberlandeskirchenrat Hanns Lilje, Bischof Otto Dibelius

im Unterschied zum Wort der Württembergischen Sozietät von 1946. „Das Wort zur Judenfrage" kommt im Bruderrat erst 1948 und in der Evangelischen Kirche in Deutschland erst 1950, sozusagen als „Nachtrag".

Die evangelischen Bekenntnisse der unmittelbaren Nachkriegszeit: EKD 1945, Sozietät 1946, Bruderrat 1947

Stuttgarter Schulderklärung der EKD 1945[313]

Zur Sitzung des neuen Rates der EKD am 18./19. Oktober 1945 in Stuttgart sind Vertreter des Ökumenischen Rates der Kirchen geladen. Diesem gehören die christlichen Kirchen aus aller Welt mit Ausnahme der katholischen Kirche an. Die Voraussetzung dafür, dass die evangelische Kirche in Deutschland überhaupt wieder in diese Gemeinschaft der weltweiten Kirche zurückkehren kann, ist eine öffentliche Erklärung zu dem Geschehenen.

Die sogenannte Stuttgarter Schulderklärung trägt deutlich die „Handschrift" von Wurm, auch wenn die anderen Mitglieder des (vorläufigen) Rats der EKD namentlich mitunterschreiben:

Dr. Lilje, Dr. Heinemann, Martin Niemöller, Asmussen DD., Hahn, Smend D. Dr., Lic. Niesel, D. Meiser, Held, Dibelius.

Die Erklärung hat folgenden Wortlaut:

> „Wir sind für diesen Besuch um so dankbarer, als wir uns mit unserem Volk nicht nur in einer großen Gemeinschaft der Leiden wissen, sondern auch in einer Solidarität der Schuld.
> Mit großem Schmerz sagen wir: Durch uns ist unendliches Leid über viele Völker und Länder gebracht worden. Was wir unseren Gemeinden oft bezeugt haben, das sprechen wir jetzt im Namen der ganzen Kirche aus: Wohl haben wir lange Jahre hindurch im Namen Jesu Christi gegen den Geist gekämpft, der im nationalsozialistischen Gewaltregiment seinen furchtbaren Ausdruck gefunden hat;
> aber wir klagen uns an, dass wir nicht mutiger bekannt, nicht treuer gebetet, nicht fröhlicher geglaubt und nicht brennender geliebt haben.

Nun soll in unseren Kirchen ein neuer Anfang gemacht werden. Gegründet auf die Heilige Schrift, mit ganzem Ernst ausgerichtet auf den alleinigen Herrn der Kirche, gehen sie daran, sich von glaubensfremden Einflüssen zu reinigen und sich selber zu ordnen.
Wir hoffen zu dem Gott der Gnade und Barmherzigkeit, dass er unsere Kirchen als sein Werkzeug brauchen und ihnen Vollmacht geben wird, sein Wort zu verkündigen und seinem Willen Gehorsam zu schaffen bei uns selbst und bei unserem ganzen Volk.
Dass wir uns bei diesem neuen Anfang mit den anderen Kirchen der ökumenischen Gemeinschaft herzlich verbunden wissen dürfen, erfüllt uns mit tiefer Freude.
Wir hoffen zu Gott, dass durch den gemeinsamen Dienst der Kirche dem Geist der Gewalt und der Vergeltung, der heute von neuem mächtig werden will, in aller Welt gesteuert werde und der Geist des Friedens und der Liebe zur Herrschaft komme, in dem allein die gequälte Menschheit Genesung finden kann.
So bitten wir in dieser Stunde, in der die ganze Welt einen neuen Anfang braucht: Veni creator spiritus!“

An erster Stelle wird das Leiden des deutschen Volkes angesprochen, erst danach das Leid, das Deutsche anderen zugefügt haben. Wenn es heißt: „Durch uns ist unendliches Leid über viele Völker und Länder gebracht worden", so ist das sehr allgemein und das Verbrechen der systematischen Vernichtung der Juden wird nicht beim Namen genannt.

Die Aussage, lange Jahre in den Gemeinden gegen den Geist des Nationalsozialismus gekämpft zu haben, verharmlost die Tatsachen und ist höchstens die halbe Wahrheit. Wie viele Kirchenleute – darunter auch manche der Unterzeichner – haben den nationalsozialistischen Geist zunächst begrüßt oder nicht durchschaut, sich lange Jahre hindurch mit dem NS-Regime zu arrangieren versucht und schließlich den Kampf einiger weniger gegen das Gewaltregime geschwächt. Dieser Satz trifft nur für Einzelne zu, nicht für die evangelische Kirche in Deutschland.[314]

Bekannt geworden ist vor allem diese Aussage:

„Aber wir klagen uns an,
dass wir nicht mutiger bekannt,
nicht treuer gebetet,
nicht fröhlicher geglaubt und
nicht brennender geliebt haben."

Da stellt sich die Frage: Ist diese Formulierung in einer Botschaft der evangelischen Kirche in Deutschland an die Welt nach der Katastrophe des Dritten Reiches und des Holocaust angemessen?
Zumal sich dieser Satz anzulehnen scheint an eine Grußadresse zu Hitlers 50. Geburtstag im April 1939 (s. S. 186):

Da heißt es auf der Titelseite der „Jungen Kirche“, dem Organ der Bekennenden Kirche:

„In Alltag und Sonntag
treuer zu glauben, inniger zu lieben,
stärker zu hoffen, fester zu bekennen:
so allein kann sich zeigen,
was an dem christlichen Glauben echt ist.
Wir bitten Gott, den Führer zu segnen.“

Nach diesem komparativischen Bekenntnis wird sehr schnell zur Tagesordnung übergegangen, die eigentliche Schulderklärung nimmt – anders als es der Name vermuten lässt – nur den kleineren Raum ein. Es geht jetzt vor allem um einen neuen Anfang in den Kirchen, dessen Beschreibung reichlich vollmundig erscheint. Am Schluss dann noch eine versteckte Mahnung an die Sieger, wenn vom wieder mächtig werdenden Geist der Vergeltung die Rede ist. Die Sorge, wie mit den Nationalsozialisten nun umgegangen wird, ist den Kirchenführern abzuspüren.

Die Reaktionen in der kirchlichen und nichtkirchlichen Öffentlichkeit auf die Stuttgarter Schulderklärung gehen weit auseinander: Die einen sind empört darüber, wie die Kirche von der Schuld redet und lehnen jegliche „Kollektivschuld“ ab. Ihnen ist die Erklärung viel zu (selbst)kritisch. Es folgen Kirchenaustritte und der Vorwurf „Volksverräter“. Andere protestieren gegen die Komparative und vermissen ein Schuldbekenntnis gegenüber den Juden.

Wolfgang Huber, der spätere Ratsvorsitzende der

EKD, kommentiert 1980 die Stuttgarter Schulderklärung so: „Trotz der Bedeutung, die dieser Erklärung zukommt, kann man vor einem Faktum die Augen nicht verschließen: Mit keinem Wort ist in dieser Erklärung die Judenverfolgung ausdrücklich erwähnt [...] Und die Verwicklung der Kirche in diese Schuld wird in die allgemeine Formel gekleidet, ‚dass wir nicht mutiger bekannt, nicht treuer gebetet, nicht fröhlicher geglaubt und nicht brennender geliebt haben'. Je länger man darüber nachdenkt, desto erschrockener ist man – bei allem Respekt vor dem Schritt von Stuttgart – über die Allgemeinheit dieser Worte. Wie viel präziser ist da der Entwurf eines Schuldbekenntnisses, den Dietrich Bonhoeffer im Jahr 1940, unmittelbar nach Hitlers Sieg in Frankreich und noch vor dem letzten Abschnitt der Judenverfolgung niederschrieb; in ihm heißt es: ‚(Die Kirche) war stumm, wo sie hätte schreien müssen, weil das Blut der Unschuldigen zum Himmel schrie ... Sie ist schuldig geworden am Leben der schwächsten und wehrlosesten Brüder Jesu Christi (sc. der Juden).'" Und weiter so Huber: Die Sprache jenes komparativischen Satzes verstellte vielmehr die konkrete Analyse der Frage, „wie die Verkündigung der Kirche und ihre institutionelle Stellung in der Gesellschaft zur Ausbildung der Judenfeindschaft beigetragen haben".[315]

Erklärung der Württembergischen Sozietät 1946[316]

Die mehr oder weniger intern bleibende Erklärung der Württembergischen Sozietät, die zum entschiedenen Flügel der Bekennenden Kirche zählte, zeigt jedoch, dass auch 1946 anders geredet werden konnte. Die Erklärung vom 9. April 1946 ist im Namen und Auftrag der Sozietät unterschrieben von Hermann Diem, Christian Berg, Heinrich Fausel, Kurt Müller und Paul Schempp. Sie versteht sich als Konkretisierung und Erweiterung der Stuttgarter Schulderklärung und fordert insbesondere auch Konsequenzen für einen Neuanfang der Kirche. Obwohl gerade diese Gruppe kurz nach der Pogromnacht 1938 bereits deutlich ihre Stimme erhoben hat (s. S. 148), spricht sie im ersten Teil klar und konkret von der Schuld insbesondere als Prediger und Glieder der Gemeinde Christi, und das gerade auch in Bezug auf die Juden.

Der gemeinsame Irrweg wird bekannt und eindeutig, nicht komparativisch ausgesprochen: „Wir waren schwach im Glauben, träge in der Liebe und setzten unsere Hoffnung nicht allein auf die Gnade.“

Der erste Teil dieser vierteiligen Erklärung lautet:

> „Wir sind mutlos und tatenlos zurückgewichen, als die Glieder des Volkes Israel unter uns entehrt, beraubt, gepeinigt und getötet worden sind.
> Wir ließen den Ausschluss der Mitchristen, die nach dem Fleisch aus Israel stammten, von den Ämtern der Kirche, ja sogar die kirchliche Verweigerung der Taufe von Juden geschehen.
> Wir widersprachen nicht dem Verbot der Judenmission.

Wir wehrten nicht der militaristischen Verfälschung der Vaterlandsliebe.
Wir haben indirekt dem Rassedünkel Vorschub geleistet durch die Ausstellung zahlloser Nachweise der arischen Abstammung und taten so dem Dienst am Worte der frohen Botschaft für alle Welt Abbruch.
Wir haben zuwenig Widerspruch gewagt gegen die Vergötzung unseres Volkes und seiner Machthaber, gegen die Knechtung des Gewissens, gegen die Auflösung des Rechts, gegen die Vergiftung der Jugend, gegen die in Angst oder Unverstand erfolgende Selbstauslieferung der Christen einschließlich der Geistlichen an die Leib und Seele fordernde Diktatur eines irrenden Menschen, gegen die Massenermordung von Unschuldigen und gegen den Überfall und die Ausbeutung der Nachbarländer.
Wir waren schwach im Glauben, träge in der Liebe und setzten unsere Hoffnung nicht allein auf die Gnade unseres allmächtigen Vaters.
Wir haben Fleisch und Blut mehr geliebt als den, der uns durch sein Sterben und Auferstehen frei gemacht hat zum furchtlosen Bekenntnis seiner unverbrüchlichen Verheißung und zur Heiligung seines Namens.
Insoweit wir Pfarrer waren, sind wir dadurch besonders unseren Gemeinden gegenüber schuldig geworden.
Wir bekennen unsere Schuld, vor all denen, die

> unschuldig leiden mussten, vor allen denen, die ungewarnt Gottes Gebote mit verkehrtem Willen zertreten haben und vor allen denen, die heute mehr als wir selbst die furchtbare Last aller Folgen des gemeinsamen Irrwegs zu tragen haben. Wir bitten Gott um Jesu Christi willen um Gnade und Vergebung für uns, für unsere Gemeinden, für die Kirchen, für die besiegten Völker und für alle Menschen, und wir bitten all unsere Mitchristen, an denen wir schuldig geworden sind, uns zu vergeben, damit wir alle zusammen fröhliche Zeugen der Gnade unseres Herrn vor aller Welt sein und bleiben mögen."

Das ist eine andere Sprache als die der offiziellen Äußerungen – vielleicht die einzig angemessene nach allem Geschehenen. Diese Erklärung aber gerät in Vergessenheit und wird erst 1985 wieder veröffentlicht.

Darmstädter Wort des Bruderrats vom August 1947[317]

Das „Wort zum politischen Weg unseres Volkes", bekannt als „Darmstädter Wort", ist ein Wort des Bruderrates, einer freien Gruppierung innerhalb der EKD, die die Tradition des entschlosseneres Flügels der Bekennenden Kirche (sogenannte Dahlemiten) gegen die konservativen Tendenzen in der EKD fortführen will. Diese Erklärung wird von Hans-Joachim Iwand entworfen und von Karl Barth und Martin Niemöller (1947–1964 Kirchenpräsident von Hessen-Nassau) überarbeitet. Auch wenn dieser als Mitglied des Vorläufigen Rates der EKD die Stuttgarter Schulderklärung mit unterzeichnet hatte, gehört er zu denen, die ein deutlicheres Wort zur Schuld sagen wollen.

In den 7 Thesen des Darmstädter Wortes ist zwar gleich zu Beginn ausdrücklich von der Schuld die Rede, aber auch hier nicht konkret von der Schuld an den Juden:

> „Uns ist das Wort der Versöhnung der Welt mit Gott in Christus gesagt. [...] Dies Wort wird nicht gehört, nicht angenommen, nicht getan und nicht ausgerichtet, wenn wir uns nicht freisprechen lassen von unserer gesamten Schuld, von der Schuld der Väter wie von unserer eigenen, und wenn wir uns nicht durch Jesus Christus, den guten Hirten, heimrufen lassen auch von allen falschen und bösen Wegen, auf welchen wir als Deutsche in unserem politischen Wollen und Handeln in die Irre gegangen sind.“

„Wir sind in die Irre gegangen“, so heißt es dann viermal konkret. Als Irrwege, die die Deutschen und dabei auch die evangelische Kirche gegangen sind und die den Nationalsozialismus zur Folge hatten, werden genannt:
- der Traum von der besonderen deutschen Sendung;
- das Bündnis der Kirche mit den konservierenden Mächten gegen notwendige gesellschaftliche Neuordnungen;

- das Freund-Feind-Denken im politischen Leben;
- die Vernachlässigung des Auftrags gegenüber den Armen und Entrechteten, an den die marxistische Lehre die Kirche hätte gemahnen müssen.

Die Judenfeindschaft wird auch in diesem Wort des Bruderrats aus dem Jahr 1947 nicht als Irrweg beim Namen genannt.

Das Darmstädter Wort, dieses achte Flugblatt der Bekennenden Kirche, stößt auf wenig Zustimmung und viel Empörung. Besonders konservativ-lutherische Theologen sind entrüstet. Ein Teil des Rats der EKD und der Ratsvorsitzende Bischof Wurm lehnen die Darmstädter Erklärung rundheraus ab. Unterzeichner der Stuttgarter Erklärung bezeichnen das Darmstädter Wort als „schwere Zumutung“ (so der Berliner Bischof Dibelius) und als „Sozialistenbeschluss“ (so der Präsident der EKD-Kirchenkanzlei Asmussen).[318]

Rückblickend resümiert Prolingheuer: „Nichts hat die Pfarrer und leitenden Kirchenmänner im besetzten Nachkriegsdeutschland so sehr aufgeregt, wie dieses achte ‚Flugblatt der Bekennenden Kirche‘ mit seinen konkreten Schuldbekenntnissen, die nicht mehr nur von der privaten, sondern auch von der politischen Schuld der Kirchen und Christen sprachen. […] Als diese sieben Thesen im Sommer 1947 die Pfarrer und Kirchenbehörden in den vier Besatzungszonen erreichen, haben evangelische Kirchenführer und Theologen gerade mit viel Mühe und Geschick die Welt glauben gemacht, ihr Kampf im Nazi-Deutschland habe dem Hitler-Faschismus gegolten – und dann solche Provokationen des Bruderrates der EKD aus dem Darmstädter Hinterhalt. [...] Die Minderheit des Bruderrates der EKD hatte mit ihrem Beschluss [...] deshalb soviel Feindschaft auf sich gezogen, weil das ‚Darmstädter Wort' eine Fülle feingewobener kirchlicher und politischer Legenden der jüngsten deutschen Geschichte und Kirchengeschichte zerstört." [319]

„Nachträge" zur Judenfrage – Bruderrat 1948, EKD 1950

Wenn in den folgenden Jahren sowohl der Bruderrat der EKD als auch die EKD-Synode jeweils ein „Wort zur Judenfrage" veröffentlichen, so ist das wohl als Eingeständnis zu verstehen, dass ein Wort zu den Juden in der Stuttgarter wie auch in der Darmstädter Erklärung fehlt. Aber diese „Nachträge" werden in der evangelischen Kirche und in der Öffentlichkeit kaum bekannt.

Bruderrat 1948: „Wort zur Judenfrage"[320]

Es ist das umfangreichste Wort zur Judenfrage in der unmittelbaren Nachkriegszeit.
In der Einleitung heißt es:

> „Jetzt, wo uns vergolten wird, was wir an den Juden verschuldet haben, wächst die Gefahr, dass wir uns vor dem Gericht Gottes in einen neuen Antisemitismus flüchten und so noch einmal das alte Unheil heraufbeschwören."

Die eigene Schuld an den Juden wird eingestanden und der Antisemitismus verurteilt. Auch die letzte und sechste These des Bruderrats sagt klar:

> „Weil die Kirche im Juden den irrenden und doch für Christus bestimmten Bruder erkennt, den sie liebt und ruft, ist es ihr verwehrt, die Judenfrage als ein rassisches oder völkisches Problem zu sehen und ihre Haltung gegenüber dem Volk Israel wie gegenüber dem einzelnen Juden von daher bestimmen zu lassen [...] In christlichen Kreisen entzog man sich der Verantwortung und rechtfertigte sich dafür mit dem über Israel verhängten Fluch. Man wollte die Fortdauer der Verheißung über Israel nicht mehr glauben, verkündigen und im Verhalten zu den Juden erweisen. Damit haben wir Christen die Hand geboten zu all dem Unrecht und dem Leid, das unter uns an Israel geschah. Indem Gottes Wort uns solches lehrt, erkennen wir mit Scham und Trauer, wie sehr wir uns an Israel verfehlt und wie viel wir ihm schuldig geblieben sind. Wir haben es unterlassen, als Kirche das rettende Zeugnis für Israel zu sein. Nun treffen uns die Gerichte Gottes."

Der theologische Argumentationsgang in den ersten fünf Thesen enthält allerdings eine Christologie und Israeltheologie, die auch jetzt noch dem Antijudaismus verhaftet bleibt, obwohl eingangs betont wird, dass „Jesus von Nazareth ein Jude ist, ein Glied des durch Gottes Erwählung geschaffenen Volkes Israel".

Wolfgang Huber kommentiert das Wort 1980 wie folgt: „Dieses Wort bleibt vor der notwendigen Erkenntnis und Neuorientierung stehen. Das zeigt schon sein Titel, der erneut das zu verhandelnde Problem als ‚Judenfrage' charakterisiert. [...] Dieses Wort zur Judenfrage, das die christliche Judenfeindschaft kritisch aufarbeiten will, enthält – nach Auschwitz – alle theologischen Grundelemente des christlichen Antijudaismus: Die Enterbungstheorie, nach der die Verheißungen Israels auf die Kirche übergegangen sind; die Substitutionstheorie, nach der die Kirche als Volk Gottes an die Stelle Israels getreten ist; die These, dass Israel als Volk die Schuld an der Kreuzigung Jesu trage; die These, das Geschick der Juden sei Ausdruck der göttlichen Strafe; und schließlich die These, die Juden müssten sich zu dem von der Kirche vertretenen Christusglauben bekehren, also die Forderung nach einer christlichen Judenmission.

All diese Thesen kehren in dem ‚Wort zur Judenfrage' von 1948 wieder. Mir erscheint dieses – gut gemeinte – Wort als Ausdruck eines erschreckenden Wiederholungszwanges."[321]

Dieses Wort des Bruderrats zeigt: Trotz der Erkenntnis der Schuld an Israel ist der Antijudaismus im Protestantismus selbst nach Ende des Nationalsozialismus und nach dem Holocaust verbreitet, auch in Kreisen, die sich in der Nachfolge des entschiedenen Flügels der Bekennenden Kirche sehen.

Es macht auch deutlich, wie viel theologische Arbeit und Begegnungsarbeit nötig sein sollte, bis es zu einem neuen Verständnis des Judentums und unserer jüdischen Wurzeln, zu einer Neubestimmung des Verhältnisses zwischen Juden und Christen, zwischen Israel und Kirche kommen konnte.

EKD 1950 Erklärung von Weißensee:
„Wort zur Judenfrage" bzw. „Wort zur Schuld an Israel"[322]

Vor dem Hintergrund des ständigen Drängens der Ökumene und angesichts der antisemitischen Tumulte, die anlässlich des Prozesses gegen den Regisseur des Nazifilms „Jud Süß" ausgebrochen waren, entsteht im April 1950 auf der EKD-Synode in Berlin-Weißensee spontan über Nacht das folgende kurze Wort „zur Judenfrage" bzw. zur „Schuld an Israel":

> „Gott hat alle beschlossen unter den Unglauben, auf dass er sich aller erbarme. Röm 11,32.
> Wir glauben an den Herrn und Heiland, der als Mensch aus dem Volk Israel stammt.
> Wir bekennen uns zu der Kirche, die aus Judenchristen und Heidenchristen zu einem Leib zusammengefügt ist und deren Friede Jesus Christus ist.
> Wir glauben, dass Gottes Verheißung über dem von ihm erwählten Volk Israel auch nach der Kreuzigung Jesu Christi in Kraft geblieben ist.
> Wir sprechen es aus, dass wir durch Unterlassen und Schweigen vor dem Gott der Barmherzigkeit mitschuldig geworden sind an dem Fre-

vel, der durch Menschen unseres Volkes an den Juden begangen worden ist.
Wir warnen alle Christen, das, was über uns Deutsche als Gericht Gottes gekommen ist, aufrechnen zu wollen gegen das, was wir an den Juden getan haben, denn im Gericht sucht Gottes Gnade den Bußfertigen.
Wir bitten alle Christen, sich von jedem Antisemitismus loszusagen und ihm, wo er sich neu regt, mit Ernst zu widerstehen und den Juden und Judenchristen in brüderlichem Geist zu begegnen.
Wir bitten die christlichen Gemeinden, jüdische Friedhöfe innerhalb ihres Bereiches, sofern sie unbetreut sind, in ihren Schutz zu nehmen.
Wir bitten den Gott der Barmherzigkeit, dass er den Tag der Vollendung heraufführe, an dem wir mit dem geretteten Volk Israel den Sieg Jesu Christi rühmen werden."

Endlich sind andere Töne zu hören. Es wird aus einer Betroffenheit heraus gesprochen, konkret und zukunftsweisend. Indem dieses Wort der EKD bekennt, dass die Kirche durch Unterlassen und Schweigen mitschuldig geworden ist am Frevel gegenüber den Juden, geht es deutlich über die Stuttgarter Schulderklärung hinaus. Ausdrücklich wird an Gottes Verheißung über Israel festgehalten, wenn auch die Bitte bleibt, dass eines Tages Israel sich zu Christus bekennen möge.

Wolfgang Huber bemerkt allerdings treffend: „Die Mitschuld der Kirche wird in dem Synodalwort von Berlin-Weißensee ausdrücklich auf den Bereich des Schweigens und des Unterlassens bezogen. Die Frage nach den Wirkungen kirchlichen Redens und Handelns blieb in den kirchlichen Stellungnahmen der ersten Nachkriegsjahre weithin ausgespart."[323]

Dieser Erklärung von Weißensee wäre trotzdem eine breite Wirkung zu wünschen gewesen. Aber im Unterschied zum Stuttgarter Schuldbekenntnis erreicht sie keine große Bekanntheit. Vermutlich wäre die Entrüstung darüber noch viel größer gewesen als über die Stuttgarter Schulderklärung.

FAZIT Der Umgang der evangelischen Kirche mit dem Holocaust unmittelbar nach dem Krieg offenbart die tief sitzende Blindheit gegenüber den Juden. Denn auch ohne den Druck von Diktatur und Terror geht das kirchliche Schweigen bis auf wenige Ausnahmen zunächst weiter, und man wartet vergeblich auf einen Aufschrei. Auch die traditionelle kirchliche Judenfeindschaft bleibt verbreitet.

Erst mit der Erklärung von 1950 beginnt die evangelische Kirche in Deutschland die Augen zu öffnen in Bezug auf die Juden.

VI
„Nicht du trägst die Wurzel, sondern die Wurzel trägt dich!“

(Paulus)

In diesem Kapitel geht es letztlich um die Frage: Inwiefern sieht die evangelische Kirche eine Mitverantwortung und Schuld durch ihr judenfeindliches Reden und Handeln?

Die ausdrückliche Erkenntnis der theologisch-kirchlichen Mitverantwortung und Schuld lässt aber noch auf sich warten. Zunächst ist nach der EKD-Erklärung von Weißensee 1950 immerhin der Weg frei zum Dialog und zur Begegnung zwischen Christen und Juden. Ein jahrzehntelanger wichtiger Gesprächsprozess kommt nun in Gang, der auch nach den gemeinsamen Wurzeln fragt. Dabei zeigt sich, dass die „christliche“ Judenfeindschaft immer noch tief sitzt und noch lange nicht überwunden ist.

Es sind einzelne Personen und einzelne Initiativen, die den Weg zu einer Neuorientierung im Verhältnis zwischen Christen und Juden bereiten (s. S. 243 ff.). Erst der Rheinische Synodalbeschluss von 1980 redet ausdrücklich von Mitverantwortung und Schuld der Christenheit in Deutschland am Holocaust (s. S. 262 ff.). Damit beginnt ein bis heute andauernder Umdenkprozess in der evangelischen Kirche und Theologie (s. S. 267 ff.). Entscheidend aber ist, dass diese Neuorientierung auch in den Gemeinden wahrgenommen wird und dort zu Konsequenzen führt (s. S. 272 ff.).

Wegbereiter einer Neuorientierung im Verhältnis zwischen Christen und Juden bis 1978/1980

Personen im Dialog: Albrecht Goes, Martin Buber, Helmut Gollwitzer, Schalom Ben Chorin, Eberhard Bethge, Pinchas Lapide

Nach Kriegsende gibt es nur wenige auf christlicher wie auf jüdischer Seite, die das direkte Gespräch suchen. Einige der wichtigsten Dialogpartner sind Buber, Ben Chorin und Lapide, die zu dieser Zeit alle in Palästina leben, sowie Goes, Gollwitzer und Bethge. Da diese drei schon früh den verbrecherischen Geist der Nationalsozialisten durchschaut haben, obwohl sie zur Zeit der Machtergreifung Hitlers erst Mitte zwanzig sind, eignen sie sich jetzt als christliche Gesprächspartner.

Albrecht Goes (1908–2000)[324] ist bereits als Kind bei seiner Großmutter in Berlin mit dem jüdischen Leben in Berührung gekommen. Später studiert er dort ein Semester vor allem bei dem katholischen Religionsphilosophen Romano Guardini, dessen Israelbezogenheit auch Elisabeth Schmitz geprägt hat. Sein anderer großer Lehrer, den er sich allerdings „erlesen" musste, ist der jüdische Religionsphilosoph Martin Buber." Mit Martin Buber als geistigem Beistand ging Albrecht Goes in innerer Emigration durch das Dritte Reich."[325]

Albrecht Goes – dieser württembergische Pfarrer und Schriftsteller – protestiert nicht laut gegen den Nationalsozialismus, aber in seinen Predigten und literarischen Beiträgen klingt Kritisches an. Als er im Kriegsdienst ist, beteiligt sich seine Frau an der sogenannten Pfarrhauskette (s. S. 212), die Juden versteckt. Er ist nach 1945 der erste nichtjüdische Schriftsteller, der in Deutschland an die Shoah erinnert. Bereits 1946 erscheint seine Erzählung „Begegnung in Ungarn". Sie ist der Anlass, dass die jüdische Dichterin Nelly Sachs auf ihn zugeht, die erste der jüdischen Gesprächspartner, mit denen Goes später im Briefwechsel steht und denen er persönlich begegnet. Weitere Erzählungen im Umkreis der Shoah folgen: „Unruhige Nacht" (1948), „Das Brandopfer" (1954), das die Reichspogromnacht thematisiert, „Das Löffelchen" (1965) und „Das mit Katz" (1984). Auch das 1960 entstandene Gedicht „Die unablösbare Kette" ist hier zu nennen. Goes schreibt auch das Vorwort zur 1955 erscheinenden Taschenbuchausgabe „Tagebuch der Anne Frank".

Seine Erzählungen werden in viele Sprachen übersetzt und tragen im Ausland zu einem neuen, differenzierteren Deutschland-Bild bei. In Deutschland provozieren sie zwar manch aggressive Reaktion.

Ecclesia und Synagoge
am Straßburger Münster

Doch haben sie andererseits der Shoah gegenüber „ein Verständnis von Trauer und Scham begründet und vorangebracht, das bis heute reicht und gilt“.[326] Neben der Shoah-Erinnerung ist Goes wichtig, vom Judentum zu lernen, anstatt sich nur von ihm abzugrenzen.[327] Es geht ihm um ein neues Verhältnis zwischen Israel und Kirche, in dem die antijudaistische kirchliche Tradition überwunden wird. Das verdichtet sich in seinem 1961 entstandenen Gedicht „Synagoge“[328] Es bezieht sich auf die Darstellung der Synagoge als Frau mit verbundenen Augen am

Seitenportal des Straßburger Münsters, das bekannteste Beispiel für den in Stein gemeißelten Antijudaismus.

Synagoge

Straßburger Münster, Seitenportal
Im Abendschatten hört erschrockne Seele,
Dies Bild betrachtend, ein geheimes Lied:
Die Langverstoßne ist die Sehrgeliebte,
Die Blickverhüllte, siehe, die Betrübte:
Sie wartet und sie weiß. Sie ist's, die sieht.

In diesen wenigen Zeilen kehrt sich Goes ab von dem Jahrhunderte lang prägenden Bild der triumphierenden Kirche und der blinden Synagoge. In seiner Predigt „Wächter Israel" heißt es dann auch entsprechend:

> „Wir sprechen [...] von der Christenheit und von Israel, und wir sprechen von ihnen im Bild von Tochter und Mutter, und das heißt: wir sprechen nicht so, wie an bedeutender Stelle, am Westportal des Straßburger Münsters [!] im steingewordenen Wort gesprochen wurde: von der Ecclesia, die ihr Haupt erhebt, triumphierende Kirche, und von der Synagoge, die das Haupt gesenkt hält; die Binde ist vor ihren Augen und der Stab in ihrer Hand ist zerbrochen. So hat man lange gesprochen, und gerade so können wir nun nicht mehr sprechen [...]. Was die Christenheit und Israel angeht, so müssen wir frei eingestehen: seit dem Novembertag des Jahres 1938, an dem die Synagogen brann-

ten und wir nicht eindeutig unseren Platz an der Seite der Gejagten erkannt und eingenommen haben, stehen wir bei dieser ‚Mutter' in Schuld."[329]

Papst Johannes XXIII. verfasst kurz vor seinem Tod 1963 ein Bußgebet, das wie eine Weiterführung des Gedichts „Synagoge" erscheint:

„Wir erkennen heute, dass viele, viele Jahrhunderte der Blindheit unsere Augen bedeckt haben, so dass wir die Schönheit Deines auserwählten Volkes nicht mehr sehen und in seinem Gesicht nicht mehr die Züge unseres erstgeborenen Bruders wiedererkennen.
Wir erkennen, dass das Kainszeichen auf unserer Stirn steht. Jahrhundertelang hat Abel darniedergelegen in Blut und Tränen,
weil wir Deine Liebe vergaßen.
Vergib uns die Verfluchung, die wir zu unrecht aussprachen über den Namen der Juden.
Vergib uns, dass wir Dich in ihrem Fleische zum zweiten Male kreuzigten. Denn wir wussten nicht, was wir taten."[330]

1964 schreibt Goes in einem Geleitwort Klartext:

„Es gibt Daten, die man nicht ausradieren soll aus dem Gedächtnis der Nation: 1. April 1933, 10. November 1938. Es gibt Städtenamen, die man nicht vergessen darf: Theresienstadt, Warschau, Cholm, Auschwitz. Wer dieses nicht so sieht, mit dem reden wir nicht.

Man kann über viele Dinge in der Welt verschiedener Meinung sein und man soll dann die verschiedenen Meinungen ruhig und sorgfältig gegeneinander abwägen. Hierüber aber ist – im Deutschland von heute – keine Auseinandersetzung möglich: Antisemitismus ist keine Meinung, noch weniger eine Haltung, sondern eine Pest."[331]

Der in Wien geborene *Martin Buber* (1878–1965) lehrt von 1924 bis 1933 an der Frankfurter Universität Jüdische Religionslehre und Ethik und übersetzt zusammen mit Franz Rosenzweig die hebräische Bibel, das Alte Testament. Buber ist verheiratet mit der Katholikin Paula Winkler, die intensiv an seiner Arbeit mitwirkt. Wenige Tage vor der nationalsozialistischen Machtergreifung hatte Buber am 14. Januar 1933 im Jüdischen Lehrhaus in Stuttgart noch bewegende Worte zum Verhältnis von Kirche und Israel gesprochen.

In diesem sogenannten „Bundesaufruf" geht es um den ungekündigten Bund Gottes mit Israel:

„Ich lebe nicht fern von der Stadt Worms, an die mich auch eine Tradition meiner Ahnen bindet; und ich fahre von Zeit zu Zeit hinüber. Wenn ich hinüberfahre, gehe ich immer zuerst zum Dom. Das ist eine sichtbar gewordene Harmonie der Glieder, eine Ganzheit, in der kein Teil aus der Vollkommenheit wankt. Ich umwandle schauend den Dom mit einer vollkommenen Freude. Dann gehe ich zum jüdischen

Friedhof hinüber. Der besteht aus schiefen, zerspellten, formlosen, richtungslosen Steinen. Ich stelle mich darein, blicke von diesem Friedhofsgewirr zu der herrlichen Harmonie empor, und mir ist, als sähe ich von Israel zur Kirche auf. Da unten hat man nicht ein Quentchen Gestalt; man hat nur Steine und die Asche unter den Steinen. Man hat die Asche, wenn sie auch noch so verflüchtigt ist. Man hat die Leiblichkeit der Menschen, die dazu geworden sind. Man hat sie. Ich habe sie. Ich habe sie nicht als Leiblichkeit im Raum dieses Planeten, aber als Leiblichkeit meiner eigenen Erinnerung bis in die Tiefe der Geschichte, bis an den Sinai hin.
Ich habe da gestanden, war verbunden mit der Asche und quer durch sie mit den Urvätern.
Das ist die Erinnerung an das Geschehen mit Gott, die allen Juden gegeben ist. Davon kann mich die Vollkommenheit des christlichen Gottesraumes nicht abbringen, nichts kann mich abbringen von der Gotteszeit Israels.
Ich habe da gestanden und habe alles selber erfahren, mir ist all der Tod widerfahren: all die Asche, all die Zerspelltheit, all der lautlose Jammer ist mein; aber der Bund ist mir nicht aufgekündigt worden. Ich liege am Boden, hingestürzt wie diese Steine.
Aber aufgekündigt ist mir nicht.
Der Dom ist, wie er ist. Der Friedhof ist, wie er ist. Aber aufgekündigt ist uns nicht worden.“[332]

Kurz vor der Reichspogromnacht 1938 flieht Buber von seinem Wohnort Heppenheim nach Jerusalem. Als Buber 1953 zum ersten Mal wieder deutschen Boden betritt, um den Friedenspreis des deutschen Buchhandels in Frankfurt anzunehmen, hält Albrecht Goes die Preisrede.[333] Dabei kommt es zur ersten persönlichen Begegnung zwischen Goes und dem 75-jährigen Buber, die eine Freundschaft bis zu dessen Tod begründet.

Zwei Sätze aus Bubers Rede haben sich eingeprägt: „Und was bin ich, dass ich mich vermessen könnte, hier zu vergeben?" und „Mein der Schwäche des Menschen kundiges Herz weigert sich, meinen Nächsten deswegen zu verdammen, weil er es nicht vermochte, Märtyrer zu werden."

Die Stimme von *Helmut Gollwitzer* (1908–1993)[334] fehlt in den ersten Nachkriegsjahren in Deutschland, weil er am 10. Mai 1945 für fast fünf Jahre in russische Gefangenschaft kommt. Aber seine Erinnerungen werden ab 1951 zu einem unerwartet großen Bucherfolg: „Und führen, wohin du nicht willst". Das Buch durchbricht zu Beginn der 50er Jahre ein Tabu: Gollwitzer berichtet schonungslos über die Verbrechen der Wehrmacht, die er und seine Mitgefangenen mit eigenen Augen erlebt haben, über Erschießungen von Juden, an denen einige der Gefangenen sogar selbst beteiligt waren.

Er hält auch die im Lager erlebten heftigen Diskussionen und Auseinandersetzungen mit Offizieren und Soldaten um die deutsche Schuld fest. Er erzählt von drei Reaktionen auf die „Schuldfrage“:

1. „Wir haben nichts davon gewusst! –
   Aber warum haben wir nichts davon gewusst? Haben wir nichts wissen können oder nichts wissen wollen?
2. Wir haben es nicht gewollt! –
   Haben wir es damals alle wirklich, von ganzem Herzen nicht gewollt oder wollen wir es nur heute nicht mehr?
3. Wir konnten nichts dagegen tun! –
   Haben wir alles getan, was wir dagegen tun können?
   Haben wir alles an Hilfe für die Verfolgten getan, was wir konnten?
   Gegen Ende erzählte ich eine Szene in einem Urlauberzug 1942, in dem einer von den Judenerschießungen berichtete und in unser bedrücktes Schweigen hinein sagte:
   ‚Wenn es einen Gott gibt, muss sich das ja rächen.‘
   Es gibt einen Gott, und es hat sich gerächt.
   Totenstille im Saal.
   Es scheint richtig verstanden worden zu sein, auch von solchen, die dem Dritten Reich noch nachtrauerten, und führt gerade mit ihnen zu guten Gesprächen.“[335]

Jahrzehnte später wird Gollwitzer sagen:

> „Wir alle haben natürlich nicht genug Widerstand geleistet. Wenn wir alle – Hunderte, Tausende Christen – den Judenstern uns angeheftet

> hätten, und uns an den Sammelplätzen der Juden, die zur Deportation zusammengetrieben worden sind, aufgestellt hätten und gesagt hätten: die kommen nicht weg, ohne dass ihr uns mit wegbringt und vergast – dann wären sehr viel weniger vergast worden. Also, hätten die Juden, über das hinaus, was wir getan haben, eine ganz andere Solidarität erfahren, dann hätte das sehr vieles aufgehalten."[336]

Gollwitzer erfährt 1946 durch die erste Post aus Deutschland ins Gefangenenlager, dass sich seine Verlobte Eva Bildt, eine „Halbjüdin", in den letzten Kriegstagen 1945 in Berlin das Leben genommen hat. Seine spätere Frau Brigitte Freudenberg ist ebenfalls eine „Halbjüdin", die nach '45 aus der Emigration nach Deutschland zurückgekehrt war. Im Frühjahr 1958 unternimmt Gollwitzer zusammen mit seiner Frau und deren Eltern seine erste Reise nach Israel. Sie löst für ihn eine grundlegende theologische Einsicht aus. Brigitte Gollwitzer fühlt sich als Tochter einer getauften jüdischen Mutter eigentlich als Jüdin und damit tief verbunden mit Israel. Ihr Mann verspricht ihr, mindestens alle zwei Jahre eine Israelreise zu machen, fünf Jahre später will sie dort bleiben. Nur mit Mühe kann er sie davon überzeugen, dass ihr Platz in Deutschland sei: Dort engagiert sie sich zusammen mit ihrem Mann auch bei „Aktion Sühnezeichen-Friedensdienste".

Beim Evangelischen Kirchentag in München 1959 macht Gollwitzer den „christlichen Antisemitismus" zum Thema: „Der rassische Antisemitismus hat seine Vorgeschichte, seine Vorbereitung und seine immer wieder neue Ermöglichung im christlichen Antisemitismus." Und weiter: „Indem der rassische Antisemitismus von uns verlangt hat, das jüdische Erbe aus dem Christentum auszuscheiden, hat er uns gezeigt, dass man Christ nur sein kann in unlöslicher Verbundenheit mit Israel und dass man, um Antisemit sein zu können, mit dem Christentum brechen muss. Christlicher Antisemitismus ist ein Widerspruch in sich."[337]

Das sind klare, aber unbequeme Worte. Gollwitzer initiiert auch die „Arbeitsgemeinschaft Juden und Christen", die erstmals beim Kirchentag 1961 mitwirkt (s. u.).

Der in München als *Fritz Rosenthal geborene Schalom Ben-Chorin* (1913–1999) ist bereits 1935 nach Palästina emigriert, seine in Eisenach aufgewachsene Frau Avital 1936. Nach der Shoah gehört er zusammen mit seiner Frau zu den ersten Israelis deutscher Herkunft, die Deutschland wieder besuchen. Das Ehepaar prägt maßgeblich den deutsch-israelischen (Jugend-) Austausch und wird Begleiter für die Freiwilligen von Aktion Sühnezeichen-Friedensdienste in Israel.[338] Mit seinen auf Deutsch (!) verfassten Büchern baut der in Jerusalem lebende Religionsphilosoph und Schriftsteller Brücken zwischen Judentum und Christentum.

Seine Trilogie „Die Heimkehr“, ein jüdischer Blick auf „Bruder Jesus“ (1967), „Paulus“ (1970) und „Mutter Mirjam“ (1971) offenbart viel Gemeinsames zwischen Juden und Christen.

Ben-Chorin ist Mitbegründer der „Arbeitsgemeinschaft Juden und Christen“ beim Deutschen Evangelischen Kirchentag in Berlin 1961 und in den 70er und 80er Jahren immer wieder auch als Dozent in Deutschland tätig.

Im neuen evangelischen Gesangbuch stammen zwei Liedtexte von ihm – EG 237 und im Regionalteil Württemberg EG 655.

Im letzteren heißt es:

„Freunde, dass der Mandelzweig
wieder blüht und treibt,
ist das nicht ein Fingerzeig,
dass die Liebe bleibt?
Dass das Leben nicht verging,
soviel Blut auch schreit,
achtet dieses nicht gering
in der trübsten Zeit.“

Eberhard Bethge (1909–2000) gehört zehn Jahre lang, von 1935 bis 1945, zum engen Umkreis von Bonhoeffer, zunächst als Vikar, dann als wichtigster Mitarbeiter und Freund, schließlich als Familienangehöriger durch die Heirat mit Renate Schleicher, einer Nichte Bonhoeffers.

Nach dem Krieg nimmt sich Bethge der Veröffentlichung und Verbreitung der Werke Bonhoeffers an und schreibt die große Bonhoeffer-Biographie. Auch seine Theologie wird entscheidend geprägt von Bonhoeffer. „Schoah und Protestantismus" werden zu Bethges Schwerpunktthema. In dem gleichnamigen Aufsatz betont Bethge:

> „Nicht, was Christen mit Auschwitz Juden angetan haben, ethisch-moralisch angetan haben, sondern was sie ihnen schon lange theologisch zumuteten, das macht den Kern aus: Die aktiven, starken christlichen Negativ-Definitionen der Juden; die Positivanweisungen, welche alsbald in schrecklich ziviler Form konkret wurden; die guten Gewissen der Christen, weil Juden den Messias verworfen hatten; die theologisch-kirchliche Mitverantwortung für den Übergang vom Antijudaismus zum Antisemitismus. Nicht einmal Barmen 1934 hat ja gegen letzteren eine klar erkannte Barriere errichten können."[339]

Schon als Pfarrer in London ab 1953 lernt Bethge jüdische Opfer der Vertreibung und Überlebende der Vernichtung kennen, später folgen Begegnungen mit Juden in den USA und in Deutschland, z.B. bei den Dialogarbeiten auf dem Evangelischen Kirchentag. Bethge will von Juden hören und lernen.

Für Bethge ist klar: „Unsere Theologie kann nicht mehr die gleiche sein wie vor dem Holocaust."[340] Auf dem Berliner Kirchentag 1977 stellt Bethge die „Theologie nach Auschwitz" vor. 1980 trägt er wesentlich bei zu dem bahnbrechenden Beschluss der Rheinischen Synode.

Der in Wien geborene *Pinchas Lapide* (1922–1997) wird 1938 als 15-jähriger in einem KZ, nahe der tschechischen Grenze, interniert. Wenige Wochen später kann er fliehen, von England aus gelangt er 1940 nach Palästina.

1947 studiert Lapide dort unter dem Einfluss Martin Bubers Judaistik und Geschichte des Urchristentums. 1969 siedelt er endgültig aus Israel in die Bundesrepublik über und lebt fortan als freier Schriftsteller an Bubers früherem Wirkungsort Frankfurt. Zusammen mit seiner Frau Ruth Lapide fördert er den jüdisch-christlichen Dialog an Universitäten und in Kirchengemeinden, auf Tagungen und Kirchentagen, im Rundfunk und durch Veröffentlichungen. Bemerkenswert ist, dass sich Lapide als Jude intensiv mit dem Neuen Testament beschäftigt. Mehrere Bücher schreibt er zusammen mit namhaften christlichen Theologen – z. B. mit Jürgen Moltmann: „Israel und die Kirche – ein gemeinsamer Weg?"

Initiativen zur Verständigung und Versöhnung

Auch verschiedene Initiativen tragen dazu bei, den Weg für eine Neuorientierung zwischen Christen und Juden zu bereiten. Auch wenn diese Initiativen oft nur einen begrenzten Kreis erreichen, werden sie zu wichtigen und notwendigen Wegmarken. Beispielhaft sollen genannt werden:

1948/49 Gründung der Gesellschaften für christlich-jüdische Zusammenarbeit: Nicht als kirchliche Initiative, sondern als Teil des US-amerikanischen Umerziehungsprogramms werden bereits 1948 in einigen deutschen Städten erste Gruppen ins Leben gerufen. An vielen Orten in der alten Bundesrepublik, nach 1989 auch in den neuen Bundesländern, entstehen weitere Gesellschaften, zu denen heute insgesamt ca. 20 000 Mitglieder und Förderer gehören. Pädagogische, theologische und politische Fragen stehen im Mittelpunkt ihrer Arbeit.

Zu den Aktivitäten zählt auch die jährlich im März stattfindende Woche der Brüderlichkeit, die den jüdisch-christlichen Dialog, Verständigung und Toleranz fördern soll.

1958 Gründung der Aktion Sühnezeichen/Friedensdienste: Als Zeichen der Einsicht in die Schuld des nationalsozialistischen Deutschlands und als Zeichen des Versöhnungswillens rufen 1958 der Präses der EKD-Synode, der Jurist Lothar Kreyssig, und Pfarrer Franz von Hammerstein junge Deutsche aus Ost und West zu einem Freiwilligendienst in Länder, die unter der Nazi-Herrschaft zu leiden hatten.

Seitdem sind viele Tausende in kurz- und längerfristigen Bau- und Sozialprojekten und in Gedenkstätten tätig geworden. Nach dem Ende des Eichmann-Prozesses im Jahre 1961 arbeiten auch viele in Israel, vorwiegend in Kibbuzim und mit Überlebenden des Holocaust, nicht zuletzt in Altenheimen.

1961 Beginn der „Arbeitsgemeinschaft Juden und Christen beim Deutschen Evangelischen Kirchentag“

(DEKT):[341] Diese 1959 von Gollwitzer initiierte Arbeitsgemeinschaft bietet bereits auf dem Kirchentag im Juli 1961 in Berlin ein umfangreiches 3-Tage-Programm mit christlichen und jüdischen Gesprächspartnern. Eine Jüdin erinnert sich an die Vorbereitung zu diesem öffentlichen Glaubensgespräch, das dann zum Publikumsmagneten wurde:

> „Es war erhebend, manchmal erschütternd, den Ernst zu erleben, mit dem diese Menschen, die meist persönlich nicht schuldig geworden waren, sondern die sogar um ihrer Gesinnung willen Schweres zu erleiden hatten, die Schuld auf sich nahmen, wie sie unter ihr litten, wie sie zu sühnen versuchten [...] Diesen Menschen musste man helfen, sie durfte man in ihrem Verlangen nach dem jüdischen Gesprächspartner nicht im Stich lassen.“[342]

Seitdem bildet die bei allen Evangelischen Kirchentagen mitwirkende Arbeitsgemeinschaft einen zentralen Ort für das christlich-jüdische Gespräch im Nachkriegsdeutschland.

Bethge kommentiert die Arbeitsgemeinschaft wie folgt: „Der Berliner Kirchentag 1961 wurde zum Primärdatum des nun möglich gewordenen Dialogs. In seinem Ausmaß und in seiner Öffentlichkeit, aber auch in seiner – schlimme Krisen überstehenden – Dauer ist dieser Dialog ohne Parallele in der Geschichte deutsch-jüdischer Beziehungen.“[343]

Damit ist das Thema in den Raum der evangelischen Kirche vorgedrungen, wo es auf großes Echo und Interesse, aber auch auf Widerspruch stößt. Der Dialog wird dann von Evangelischen Akademien, allen voran Arnoldshain, weitergeführt. Aber er findet bis weit in die 70er Jahre nur spärlich Eingang in den akademischen Raum theologischer Fakultäten.

Im katholischen Raum wird das Umdenken wenig später 1965 mit der Erklärung des 2. Vatikanischen Konzils „Nostra aetate" angestoßen. Diese verabschiedet sich in kirchlich verbindlicher Form von zentralen Elementen des theologischen Antijudaismus.[344]

1967 Berufung der Studienkommission „Kirche und Judentum" durch den Rat der EKD: Das Ergebnis dieser Kommission ist die 1975 erscheinende Studie I der EKD „Christen und Juden".[345]

Sie erörtert geistliche und theologische Fragen. Der Rat der EKD übergibt diese Studie den Gemeinden und Interessierten in der Hoffnung, „mit dieser Veröffentlichung die Begegnung zwischen Juden und Christen zu fördern". Doch bevor der Ratsvorsitzende Bischof Claß im Vorwort auf das Verbindende hinweist, betont er an erster Stelle die Gegensätze zwischen Christen und Juden. In der Einführung wird auch nur allgemein von der „Katastrophe des europäischen Judentums" gesprochen.

Erst im dritten Kapitel geht es um „Juden-Christen-Deutsche".[346] Dabei ist von den „Verbrechen im Namen des deutschen Volkes an den Juden" die Rede und davon, dass die christlichen Kirchen weithin geschwiegen hätten. Die Rolle des kirchlichen und insbesondere des lutherischen Antijudaismus im Antisemitismus und im Holocaust wird nicht eigens thematisiert. Es heißt lediglich: „Die immer wieder auftretende Judenfeindschaft hat neben religiösen auch wirtschaftliche, politische und kulturelle Ursachen." Und: „Eine besondere Zuspitzung erfuhr der Judenhass im Deutschland des 19. und 20. Jahrhunderts auf der Grundlage christlich-germanischer und rassistischer Ideologien."

FAZIT Nach 1945 eröffnen zunächst einzelne Personen den Weg zum Dialog zwischen Juden und Christen, und in den 60er und 70er Jahren entstehen innerhalb der Evangelischen Kirche in Deutschland Initiativen zur Verständigung mit den Juden.

In dieser Zeit wächst das Interesse am Judentum, besinnen sich Christen auf ihre jüdischen Wurzeln, wie sie nicht zuletzt Paulus in seinen „Israelkapiteln" (Römer 9–11) beschreibt.

Doch das ist noch nicht die ganze Antwort auf die eingangs gestellte Frage nach der kirchlich-theologischen Mitverantwortung und Schuld am Holocaust.

In seinem Vortrag von 1979/1980 kritisiert Wolfgang Huber, der spätere EKD-Ratsvorsitzende: „Es bleibt belastend, dass der deutsche Protestantismus sich bis heute nicht zu einem Bekenntnis hat durchringen können, das mit gleicher Klarheit von der christlichen Schuld gegenüber den Juden und von der

Gedenkstein an der ehemaligen Synagoge in (Ravenstein-) Merchingen, seit 1951 katholische Kirche

unwiderruflichen Heilzusage Gottes gegenüber Israel spricht."[347]

Offensichtlich tut sich gerade die Kirche in der Tradition Luthers so schwer damit.

Bereits anlässlich des Gedenkens an die Reichspogromnacht 1978 geht die Rheinische Synode deutlich über die EKD-Erklärung von Weißensee von 1950 (s. S. 239f.) hinaus: „Weil diese Vorgänge undenkbar sind ohne jahrhundertelange Vorurteile und Entscheidungen der Christenheit [...], muss alles getan werden, um [...] verborgene Judenfeindschaft in der Lehre der Kirche aufzuspüren."[348]

Am 11. Januar 1980 fasst die Rheinische Synode in Gegenwart geladener Juden den Beschluss „Zur Erneuerung des Verhältnisses von Christen und Juden" und verweist darin noch auf sechs Thesen, die ergänzen und präzisieren.[349] Der Beschluss steht unter dem Bibelwort: „Nicht du trägst die Wurzel, sondern die Wurzel trägt dich" (Römer 11,18b).

Einleitend stellt sich die Landessynode „der geschichtlichen Notwendigkeit, ein neues Verhältnis der Kirche zum jüdischen Volk zu gewinnen" und empfiehlt allen Gemeinden, „die Studie und die Thesen zum Ausgangspunkt einer intensiven Beschäftigung mit dem Judentum und zur Grundlage einer Neubesinnung über das Verhältnis der Kirche zu Israel zu machen".

„Deshalb erklärt die Landessynode:

1. Wir bekennen betroffen die Mitverantwortung und Schuld der Christenheit in Deutschland am Holocaust (vgl. Thesen I).

2. Wir bekennen uns dankbar zu den „Schriften“ (Lk. 24,32 und 45; 1. Kor. 15,3 f.), unserem Alten Testament, als einer gemeinsamen Grundlage für Glauben und Handeln von Juden und Christen (vgl. Thesen II).
3. Wir bekennen uns zu Jesus Christus, dem Juden, der als Messias Israels der Retter der Welt ist und die Völker der Welt mit dem Volk Gottes verbindet (vgl. Thesen III).
4. Wir glauben die bleibende Erwählung des jüdischen Volkes als Gottes Volk und erkennen, dass die Kirche durch Jesus Christus in den Bund Gottes mit seinem Volk hineingenommen ist (vgl. Thesen IV).
5. Wir glauben mit den Juden, dass die Einheit von Gerechtigkeit und Liebe das geschichtliche Heilshandeln Gottes kennzeichnet. Wir glauben mit den Juden Gerechtigkeit und Liebe als Weisungen Gottes für unser ganzes Leben. Wir sehen als Christen beides im Handeln Gottes in Israel und im Handeln Gottes in Jesus Christus begründet (vgl. Thesen V).
6. Wir glauben, dass Juden und Christen je mit ihrer Berufung Zeugen Gottes vor der Welt und voreinander sind; darum sind wir überzeugt, dass die Kirche ihr Zeugnis dem jüdischen Volk gegenüber nicht wie ihre Mission an die Völkerwelt wahrnehmen kann (vgl. Thesen VI).
7. Wir stellen darum fest:
   Durch Jahrhunderte wurde das Wort ‚neu‘ in der Bibelauslegung gegen das jüdische Volk gerichtet:

Der neue Bund wurde als Gegensatz zum alten Bund, das neue Gottesvolk als Ersetzung des alten Gottesvolkes verstanden. Diese Nichtachtung der bleibenden Erwählung Israels und seine Verurteilung zur Nichtexistenz haben immer wieder christliche Theologie, kirchliche Predigt und kirchliches Handeln bis heute gekennzeichnet. Dadurch haben wir uns auch an der physischen Auslöschung des jüdischen Volkes schuldig gemacht. Wir wollen deshalb den unlösbaren Zusammenhang des Neuen Testaments mit dem Alten Testament neu sehen und das Verhältnis von ‚alt' und ‚neu' von der Verheißung her verstehen lernen: als Ergehen der Verheißung, Erfüllen der Verheißung und Bekräftigung der Verheißung; ‚Neu' bedeutet darum nicht die Ersetzung des ‚Alten'. Darum verneinen wir, dass das Volk Israel von Gott verworfen und von der Kirche überholt sei.

8. Indem wir umkehren, beginnen wir zu entdecken, was Christen und Juden gemeinsam bekennen: Wir bekennen beide Gott als den Schöpfer des Himmels und der Erde und wissen, dass wir als von demselben Gott durch den aaronitischen Segen Ausgezeichnete im Alltag der Welt leben. Wir bekennen die gemeinsame Hoffnung eines neuen Himmels und einer neuen Erde und die Kraft dieser messianischen Hoffnung für das Zeugnis und das Handeln von Christen und Juden für Gerechtigkeit und Frieden in der Welt."

Die Mitverantwortung und Schuld der Christenheit in Deutschland am Holocaust wird hier klar bekannt. Und dieses Bekenntnis geht der Neubesinnung über das Verhältnis der Kirche zu Israel voran.

Allerdings wird der Beschluss nicht einstimmig gefasst und auch kontrovers in der Kirche diskutiert.[350] Die einzigen drei Gegenstimmen bei der Abstimmung werden von Mitgliedern des lutherischen Konvents in der Rheinischen Kirche abgegeben, die darin einen Verrat an der Theologie Martin Luthers sehen.

Der theologische Widerstand in der Reaktion auf diesen Beschluss ist auch begründet, so Kremers, in einem unkritischen Festhalten an Luthers theologischem Antijudaismus.[351]

Doch der Rheinische Synodalbeschluss von 1980 hat eine große Wirkung in der Öffentlichkeit, auch über die Grenzen Deutschlands hinaus. Er sollte wegweisend für den deutschen Protestantismus werden.

Eberhard Bethge, der daran maßgeblich beteiligt ist, schreibt: „Tatsächlich hat jener rheinische Beschluss etwas zur Reife gebracht, was sich vielfältig vorbereitet hatte." Und: „Betroffenheit (die moralische Ebene), Lernen (die informatorische), Disputation (die dialogische Ebene) führten selbst an den Punkt, wo Entscheidungen zu fällen, Jas und Neins zu sprechen waren. [...] So wollen wir von nun an nicht mehr sprechen, so aber wollen wir es versuchen. Damit ging dann die Rheinische Landessynode von 1980 über die Worte des Rates der EKD von 1975 'den Gemeinden zum Studium empfohlen' hinaus; sie sprach wieder die vergessene Sprache von Bekenntnissynoden, jene deutliche Sprache der Affirmation und der Verwerfung."[352]

Zehn Jahre später, zur 50. Wiederkehr des Jahrestags der Synagogenbrände 1988, kommt es noch zu einem weiteren Synodalbeschluss der Evangelischen Kirche im Rheinland, in dem es u. a. heißt:

> „Wir sind schuldig geworden, als wir Auschwitz zuließen. Wir machen uns erneut schuldig, wenn wir immer noch nicht die abschüssige Bahn von der religiösen Diffamierung, der gesellschaftlichen Ächtung und dem Rassismus zur physischen Vernichtung der Juden wahrhaben wollen. Wir haben zwar den Tod der Opfer beklagt, aber wir haben noch kaum gefragt, welche falsche Lehre von Gott und welches falsche Verhalten gegenüber Menschen wir weiterhin überliefern und ausüben."[353]

Im Januar 1996 ergänzt dann folgerichtig die Rheinische Synode die Grundartikel ihrer Kirchenordnung mit dem Satz: „Sie (gemeint die Evangelische Kirche im Rheinland) bezeugt die Treue Gottes, der an der Erwählung seines Volkes Israel festhält. Mit Israel hofft sie auf einen neuen Himmel und eine neue Erde."[354]

Fazit Der Rheinische Synodalbeschluss von 1980 spricht endlich klar und verbindlich aus, was von einer evangelischen Kirche in Deutschland nach dem Holocaust zu sagen ist.

Es ist ein Bekenntnis zu Mitverantwortung und Schuld der deutschen Christenheit am Holocaust durch ihre judenfeindliche Tradition. Nach 2000-jähriger Judenfeindschaft wird vielmehr das Gemeinsame zwischen Juden und Christen als wesentlich erkannt.

Rückblickend wird deutlich, dass der Beschluss „ zu einer deutlichen Veränderung des Bewusstseins für die besondere Beziehung der Kirche zu Israel geführt und einen Prozess des theologischen Umdenkens in Gang gebracht hat". Und: „Der Synodalbeschluss von 1980 und die nachfolgenden Änderungen und Ergänzungen der Kirchenordnung werden im Großen und Ganzen mitgetragen und als eine wertvolle theologische Klärung gesehen, auch wenn bei manchen in Einzelpunkten noch Anfragen bestehen."[355]

Umdenkprozess in der evangelischen Kirche bis heute

AKADEMISCHE THEOLOGIE Bereits 1975 hatte der Tübinger systematische Theologe Jürgen Moltmann gefordert: „Nach Auschwitz muss die christliche Kirche, die den Juden Jesus den Christus nennt, radikal umdenken."[356] Zunächst findet er kaum erkennbare Resonanz.

Aber 1979/1980 bekennen sich Mitglieder der Heidelberger Theologischen Fakultät – darunter Wolfgang Huber – in einer Vorlesungsreihe zur Notwendigkeit einer „Theologie nach Auschwitz".

Zeitgleich wird 1979 in Heidelberg die Hochschule für jüdische Studien in der Trägerschaft des Zentralrates der Juden in Deutschland gegründet. Sie kooperiert mit der Universität Heidelberg einschließlich ihrer Theologischen Fakultät und hat nicht nur jüdische Studierende.

So erreicht Ende der 70er Jahre der Prozess des Umdenkens auch die akademische Theologie in Deutschland. Seitdem wird der traditionelle Antijudaismus in der Theologie zunehmend überwunden und das Verhältnis von Israel und Kirche auf ein neues theologisches Fundament gestellt. Zu nennen ist hier u. a. Friedrich Wilhelm Marquardt, der in seinem Werk konsequent eine „Theologie nach Auschwitz" entwirft („Von Elend und Heimsuchung der Theologie" 1988) und eine Christologie, die keine antijüdischen Züge trägt („Das christliche Bekenntnis zu Jesus, dem Juden" 1990/1991).

1987 kann endlich auch die Dissertation von Wolfgang Gerlach erscheinen, deren Veröffentlichung bisher verhindert worden ist: „Als die Zeugen schwiegen – Bekennende Kirche und die Juden".[357]

Das theologische Umdenken wirkt sich auch in der Ausbildung und Fortbildung der Pfarrer und Pfarrerinnen aus. Erwähnenswert ist in diesem Zusammenhang das 1978 von Marquardt initiierte Studienprogramm „Studium in Israel".[358] Es ermöglicht jährlich 20 deutschsprachigen Theologiestudierenden aller Konfessionen ein Studienjahr an der Hebräischen Universität in Jerusalem und somit eine direkte Begegnung mit Juden, jüdischen Lehrenden und jüdischer Theologie und Glaubenspraxis.

KIRCHLICHE ERKLÄRUNGEN UND STUDIEN In der Folge des Rheinischen Synodalbeschlusses von 1980 gibt es bis zum Jahr 2005 Synodalerklärungen nahezu aller Gliedkirchen der EKD. Dazu kommen zwei weitere Studien des Rates der EKD: 1991 „Juden und Christen" II – „Zur theologischen Neuorientierung im Verhältnis zum Judentum" und 2000 „Juden und Christen III"– „Schritte der Erneuerung im Verhältnis zum Judentum".[359]

„Alle diese Studien und Erklärungen folgen der Grundlinie der rheinischen Erklärung von 1980. Maßgeblich dafür ist vor allem die übereinstimmende Erkenntnis, dass das Verhältnis von Kirche und Israel grundlegend ist für Kirche und Theologie insgesamt."[360]

Im Jahr 2000 veröffentlicht die EKD-Synode auch noch eine „Kundgebung zu Christen und Juden", anlässlich „50 Jahre Erklärung von Weißensee/Wort zur Judenfrage".[361] Diese geht in der Einleitung über das Wort von 1950 hinaus, in dem von der Mitschuld durch „Schweigen" und „Unterlassen" die Rede war.
Nun heißt es ausdrücklich:

> „Nicht nur durch ‚Unterlassen und Schweigen' ist die Kirche schuldig geworden. Vielmehr ist sie durch die unheilvolle Tradition der Entfremdung und Feindschaft gegenüber den Juden hi-

neinverflochten in die systematische Vernichtung des europäischen Judentums. Diese theologische Tradition hat nach 1945 Versuche zu einer Neubestimmung ihres Verhältnisses zum jüdischen Volk belastet und hinausgezögert."

Dann folgt die eigentliche Kundgebung:

„Heute können wir aussprechen:

1. Wir glauben, dass Gott, der Schöpfer und Herr der Welt, in Jesus Christus ‚unser Vater', Israel als sein Volk erwählt hat. Er hat sich für immer an Israel gebunden und bleibt ihm in der Kontinuität von biblischem Israel und jüdischem Volk treu. Die Jüdinnen und Juden sind uns Zeugen der Treue Gottes.
2. Wir bekennen uns zur Heiligen Schrift Israels, der Bibel Jesu und der Urchristenheit, unserem Alten Testament. Das Christuszeugnis des Neuen Testaments ist Mitte und Quelle unseres christlichen Glaubens. Beide Testamente bilden eine sich wechselseitig auslegende Einheit. Sie sind Grundlage und Richtschnur für die Neubestimmung unseres Verhältnisses zum jüdischen Volk. Wir sind dankbar dafür, dass Jüdinnen und Juden uns durch ihre Auslegung zu einem vertieften Verständnis der Bibel helfen.
3. Wir glauben an Jesus Christus, Sohn Gottes und Glied seines Volkes. In ihm ist der Gott Israels Mensch geworden und hat die Welt mit sich selbst versöhnt.

4. Wir bezeugen unsere Teilhabe an der Geschichte Gottes mit seinem Volk. Unsere Erwählung in Christus ist Erwählung durch denselben Gott, der sein Volk Israel erwählt hat.
5. Das Neue Testament bezeugt die eine Kirche aus Judenchristen und Heidenchristen. Wir sehen in unseren christlichen Geschwistern jüdischer Herkunft Zeugen unserer unlösbaren Verbundenheit mit dem bleibend erwählten Gottesvolk Israel.
6. Wir erkennen – bei aller Unterschiedlichkeit – als Gemeinsamkeit: den Glauben an den Einen Gott, für uns Christen in der Einheit von Vater, Sohn und Heiligem Geist; das Hören und Tun der Gebote Gottes, für uns Christen in der Nachfolge Jesu; die Erwartung des letzten Gerichts und die Hoffnung auf einen neuen Himmel und eine neue Erde, für uns Christen verbunden mit der Wiederkehr Jesu Christi.
7. Das Gespräch über den Glauben schließt die Achtung vor der Identität des anderen ein. Die Bemühungen um ein geschwisterliches Verhältnis von Christen und Juden sind eine für Kirche und Theologie zentrale Herausforderung und bleibende Aufgabe."

Es mussten 55 Jahre seit dem Ende von Krieg und Holocaust und 20 Jahre seit dem Rheinischen Synodalbeschluss vergehen, bis die evangelische Kirche in Deutschland so klar sprechen kann von der Schuld durch die theologische Tradition und von der Neubestimmung des Verhältnisses zwischen Juden und Christen. Allerdings wird auch hier Luthers Judenfeindschaft namentlich nicht erwähnt.

Leider ist dieses Wort nur in der unverbindlichen Form einer Kundgebung und nicht als bindendes Bekenntnis der Evangelischen Kirche in Deutschland gesprochen worden.

So entspricht es wohl nicht den „wirklich verpflichtenden Erklärungen der deutschen evangelischen Kirchen", die Huber schon 1979/1980 angemahnt hatte.[362]

Und es stellt sich die Frage: Wer kennt diese Kundgebung? Offensichtlich haben sich nicht einmal alle Bischöfe der EKD die Einleitung der Kundgebung zu eigen gemacht, wenn im Zusammenhang des Gedenkens an 70 Jahre Reichspogromnacht 2008 im Evangelischen Pressedienst epd bischöfliche Worte zitiert werden, die wieder nur vom Schweigen der Christen/Kirche reden, z.B: „Die Pogromnacht erinnere die Kirche an ihr weitgehendes Schweigen in der Zeit des Nationalsozialismus."[363]

Konsequenzen für die Gemeindepraxis

Eine entscheidende Frage ist, ob und wie sich das Umdenken gegenüber dem Judentum auf der Gemeindeebene auswirkt. In der Arbeitshilfe der Evangelischen Kirche im Rheinland von 2008, die den Synodalbeschluss von 1980 weiterdenkt, heißt es: „Auf der einen Seite muss [...] die theologische Arbeit fortgesetzt werden. Andererseits müssen die theologischen Einsichten, die in Gremien erarbeitet und von Synoden beraten und verabschiedet wurden und werden, in den Kirchenkreisen und Gemeinden aufgenommen und gefestigt werden. [...] Der für das Verständnis und Leben der christlichen Kirchen unverzichtbare Israelbezug, wie er in den letzten Jahren erkannt worden ist, wandert nicht automatisch in das allgemeine christliche Bewusstsein ein." Es wird auch festgestellt, dass die Erneuerung des Verhältnisses von Christen zu den Juden als theologische Herausforderung für „Spezialisten des jüdisch-christlichen Dialogs" von vielen Gemeindegliedern wahrgenommen wird und nicht wenige Gemeinden des Themas müde geworden sind.[364] Damit all diese Erklärungen und Studien Wirkung an der Basis zeigen, bedarf es zusätzlicher Initiativen und praktischer Maßnahmen.

Gottesdienst und Bildungsarbeit

Die gewonnenen theologischen Einsichten müssen vor allem im gottesdienstlichen Leben und in den pädagogischen Handlungsfeldern der Kirche vermittelt werden. Es geht also um „Predigen in Israels Gegenwart" und „Unterrichten in Israels Gegenwart", um „Reden in Israels Gegenwart" und „Beten und Singen in Israels Gegenwart". So entstehen eine Vielzahl von neuen Materialien für Gottesdienst, Erwachsenenarbeit und Religionsunterricht. Auch die 2006 erschienene Bibelübersetzung „Bibel in gerechter Sprache" will ausdrücklich dem jüdisch-christlichen Dialog gerecht werden.

Konkrete Kriterien und Gestaltungsvorschläge für die liturgischen Teile des Gottesdienstes bietet unter anderem die erwähnte Arbeitshilfe der Rheinischen Kirche von 2008.[365] Auch Predigthilfen tragen zu einem neuen Verständnis bei, ausdrücklich genannt seien „Predigtmeditationen im christlich-jüdischen Kontext" und „Predigen in Israels Gegenwart".[366]

Natürlich ist es von besonderer Bedeutung, ob und wie der sogenannte Israelsonntag am 10. Sonntag nach Trinitatis/Dreieinigkeitsfest in den Gemeinden begangen wird. Schon immer trauerten die Juden im August um die Zerstörung des Tempels in Jerusalem. Und nach einer alten kirchlichen Tradition wurde auch von den Christen am 10. Sonntag nach dem Dreieinigkeitsfest an die Tempelzerstörung erinnert. Durch die lutherische Reformation hat dieser Tag in der evangelischen Kirche für Jahrhunderte seine judenfeindliche Prägung als „Judensonntag" erhalten (s. S. 33 ff.).

Erst seit den 70er Jahren des letzten Jahrhunderts wird aus dem „Judensonntag" der „Israelsonntag", der zum Anlass genommen wird, über die Verbundenheit mit dem Judentum nachzudenken und die christliche Verwurzelung in der jüdischen Tradition zum Ausdruck zu bringen.[367] Verschiedene Gottesdienstentwürfe, darunter auch von Aktion Sühnezeichen/Friedensdienste, geben Anregungen für Predigt und Liturgie. Letztlich aber ist es in das Belieben der einzelnen Pfarrerin oder des Pfarrers gestellt, ob der Israelsonntag – der in der Regel mitten in den Sommerferien liegt – überhaupt begangen wird und ob er vom Umdenken im Verhältnis zu den Juden geprägt ist. Zunehmend scheint er sein Profil zu verlieren. Deshalb – und auch wegen der belasteten Vorgeschichte – plädieren manche dafür, den Israelsonntag nicht mehr zu begehen und an einem anderen Sonntag das Anliegen zur Sprache zu bringen.

Können Christen und Juden gemeinsam Gottesdienst feiern? Prälat i.R. Paul Dieterich, ein Neffe von Paul Schneider, verantwortete mehrere solcher Gottesdienste zwischen 1978 und 1993 in Ravensburg, Ulm und Schwäbisch Hall, zusammen mit katholischen Kollegen und jüdischen Partnern, vor allem dem Reformrabbiner Dr. Levinson.[368] Sie standen unter dem Leitsatz: „Der Glaube Jesu einigt uns, aber der Glaube an Jesus als den Christus unterscheidet uns."

Nachdem der Evangelische Oberkirchenrat in Stuttgart 1993 kritisiert, dass am Buß- und Bettag ein Rabbiner auf der Kanzel steht, „das sei schlechthin unakzeptierbar", wird heute von der Kirchenleitung empfohlen, den Gedenktag 9. November mit einer ökumenischen Andacht und, wo möglich, zusammen mit der jüdischen Gemeinde zu begehen.

Für die Bildungsarbeit gibt die Vereinigte Evangelisch-Lutherischen Kirche Deutschlands (VELKD) seit 1974 eine Faltblattserie heraus „Was jeder vom Judentum wissen muss"– eine Einführung ins Judentum für Christen in Deutschland. Inzwischen erscheint es als Buch und vollständig überarbeitet bereits in 10. Auflage.

Nachdem in den Lehrplänen das Thema „Juden und Christen" neu aufgearbeitet worden ist, werden entsprechende Schulbücher, Lehr- und Lernmaterialien veröffentlicht.[369] Schließlich sind Gespräche und Dialoge vor Ort wichtig: In vielen Gemeinden gibt es seit den 80er Jahren Gemeindeveranstaltungen zum Thema „Juden – Christen", manchmal auch mit jüdischen Gesprächspartnern.

Für Bibelabende, Tagungen und Studiennachmittage werden jüdische Bibel-Lehrer und Referenten auch aus Israel engagiert. Seit 1978 finden Bibel-Lernwochen (Tora-Lernwochen) mit jüdischen Lehrern jährlich wechselnd in einer württembergischen Fortbildungsstätte – früher Kloster Denkendorf, jetzt Bad Boll – in verschiedenen Kirchengemeinden und in Israel statt.[370]

Auch die Israelreisen, die viele Christen privat, mit ihrer Gemeinde, mit Chören oder als Studienreisen unternommen haben und auch noch unternehmen, tragen zu einem tieferen Verständnis des Judentums und unserer jüdischen Wurzel bei.

2010 wird das „Stuttgarter Lehrhaus „Stiftung für interreligiösen Dialog", eröffnet, in dem das Gespräch zwischen Juden und Christen und Muslimen gefördert werden soll.

In allen Landeskirchen gibt es Arbeitskreise „Christen und Judentum", die ihre Aufgabe darin sehen, das Verhältnis von Kirche und Judentum vor Ort zu reflektieren und aktiv zu gestalten. In größeren Städten können zunehmend mehr Synagogen besucht und Gespräche mit Rabbinern und jüdischen Gemeindegliedern geführt werden. Und vielleicht können dort auch Gottesdienste gemeinsam gefeiert werden.

FAZIT Es ist in den vergangenen Jahrzehnten in der evangelischen Kirche in Deutschland, in West und Ost, viel getan worden, um auch an der Basis einen Prozess des Umdenkens voranzubringen. Diese „Verwurzelung von Christentum und Kirche im Judentum" kann man fast ansehen als das „Gegenprogramm" zu dem oben beschriebenen Institut zur „Entjudung von Christentum und Kirche".

Offen ist aber, wie viele Christen sich durch diese Bemühungen ein neues Verständnis von Juden und Judentum wirklich zu eigen gemacht haben. Manches Vorurteil gegenüber den Juden sitzt immer noch tief, so wie judenfeindliche Bilder an Kirchen in Stein gemeißelt sind. Das Bild vom Ölbaum mit der jüdischen Wurzel (nach Römer 11,18b) ist vielen Gemeindegliedern bis heute nicht vertraut. Und eine Darstellung dieses Bildes an oder in einer Kirche ist mir nicht bekannt.

„Geduldige Arbeit" fordert damals der fast 80-jährige Eberhard Bethge 1988 und fährt fort: „Billiger wird es kaum gehen – oder das Gift wirkt weiter wie Cäsium."[371]

Die Aufklärungs- und Begegnungsarbeit kann noch lange nicht als abgeschlossen gelten.

Kirchliches Gedenken an die Reichspogromnacht

1978 erregt bereits die Diskussion, ob der amerikanische Fernsehfilm „Holocaust" in Deutschland ausgestrahlt werden soll, ungewöhnliches Aufsehen. Und: „Im auf diese Diskussion folgenden Herbst, am 40. Jahrestag der ‚Kristallnacht', am 9. November 1978, herrschte ein völlig anderes Klima als an früheren Jahrestagen. Zum erstenmal schien dieses Datum wirklich ins Bewusstsein der Bevölkerung gedrungen zu sein. In Feiern, Schweigemärschen und Publikationen wurde dieses Tages vielerorts mit starkem Echo gedacht."[372] Es gibt zahllose Ausstellungen, Radio- und Fernsehsendungen, Vorträge, Lesungen und Konzerte in Kirchen, Schulen, Stadthallen und Universitäten. Die Medien greifen das Thema breit auf. Kirchliche Arbeitshilfen erscheinen. In vielen Städten und Dörfern entstehen Initiativen, die es sich zur Aufgabe machen, die Geschichte der Juden vor Ort aufzuarbeiten und zu dokumentieren.

Zum 50. Jahrestag 1988 erreicht das Gedenken einen „nachgerade fieberhaften epidemischen Höhepunkt in Westdeutschland und – verhaltener – auch in der DDR".[373]

Im Ulmer Münster findet an diesem Tag ein jüdisch-christlicher Gottesdienst statt mit Schalom Ben-

Chorin aus Jerusalem. Jetzt, 50 Jahre später, hält der beinahe erblindete Mann eine Predigt, die an Deutlichkeit nichts zu wünschen übrig lässt, gerade auch was die Haltung der beiden Konfessionen während des „Dritten Reiches“ anbetrifft: Große Schuld hätten die Kirchen auf sich geladen, so Ben-Chorin, weil sie nicht erkannten, „dass die Axt an die Wurzeln des Glaubens gelegt wird“. Seine Anklage gipfelt in dem Satz: „Auschwitz war der Bankrott des Christentums. Die Mörder waren getaufte Christen, das heißt aber nicht gläubige.“[374]

Ein Jahr später, am 9. November 1989 fällt die Mauer in Deutschland. Nach der „Wende“ hat die Erinnerung an die Reichspogromnacht vom 9. November 1938 einiges von ihrer Dynamik eingebüßt und erhält weniger öffentliche und politische Aufmerksamkeit. Das Gedenken findet nun vor allem auf regionaler Ebene und in jüdischen Gemeinden statt, weiterhin aber auch im kirchlichen Raum.

Zum 70. Jahrestag 2008 betont die EKD-Handreichung, dass der Gedenktag 9. November für die Kirchen durch keinen anderen Tag zu ersetzen ist, denn:

> „Die zerstörten Synagogen und verbrannten Torarollen als Auftakt zur Ermordung jüdischer Bürger mahnen die Kirchen an die Geschichte christlicher Judenfeindschaft. Jede der ausgrenzenden Maßnahmen des NS-Regimes ist in den Jahrhunderten zuvor bereits von den Kirchen vorweggenommen worden.“

> „Der 9. November ist der Tag, an dem die Geschichte christlicher Judenfeindschaft – und die Umkehr der Kirchen nach der Schoa – angesprochen werden kann [...]
> Der Gottesdienst am 9. November gibt den Gemeinden neben der Erinnerung an das Leid der Verfolgten die Möglichkeit, sich mit dieser Umkehr zu identifizieren: von einer Theologie der Verachtung zu einer respektvollen Wahrnehmung des Judentums."

Und schließlich:

> „So ist der 9. November sowohl ein Tag der jüdischen Geschichte, als auch ein Tag der Kirchengeschichte.[375]

Das ist eine wichtige Einsicht: Der 9. November ist ein Tag der Kirchengeschichte. So führt die württembergische Landeskirche 2008 den 9. November als „Tag der Erinnerung und Umkehr" ein und empfiehlt den Gemeinden, jährlich an diesem Tag der Ereignisse von 1938 zu gedenken. Das neue Gottesdienstbuch (Ergänzungsband) für Württemberg von 2005 enthält bereits einen eigenen Liturgievorschlag zum Gedenken an die Reichspogromnacht.[376]

In der Praxis besteht allerdings das Problem, dass die Erinnerung an die Reichspogromnacht in den Hintergrund gerät angesichts der dichten Folge von kirchlicher Friedenswoche, Jahrestag des Mauerfalls, Buß- und Bettag und Reichspogromnacht innerhalb von zehn Novembertagen.

Wenn keine Sonderveranstaltung bzw. kein Sondergottesdienst am 9. November stattfindet, gäbe es die Möglichkeit, im Gottesdienst am Sonntag davor oder danach mit entsprechenden Lesungen und Gebeten an die Reichspogromnacht zu erinnern.

FAZIT Die Erinnerung an den 9. November 1989, vielleicht die „glücklichste“ Nacht der deutschen Geschichte im 20. Jahrhundert, ist in der Öffentlichkeit seit 1989 in den Vordergrund gerückt. Umso wichtiger ist es, die Erinnerung an den 9. November 1938, die schwärzeste Nacht der deutschen Geschichte im vergangenen Jahrhundert, bewusst wach zu halten.

Dieses ist gerade auch eine Aufgabe der Kirche. Denn es geht nicht nur um Trauer und Scham darüber, was Juden angetan worden ist, sondern auch um die kritische Auseinandersetzung mit den Ursachen, die dazu geführt haben – und dazu gehört auch die kirchliche und lutherische Tradition.

Umgang mit Synagogen

Nach der Reichspogromnacht sind fast alle Synagogen zerstört oder beschädigt. Bald danach werden viele Ruinen vollends abgerissen. Die übriggebliebenen Synagogengebäude erfahren in der nationalsozialistischen Zeit demonstrativ eine entwürdigende Nutzung.

Und was geschieht mit den Gebäuden nach 1945?

Diese Frage hängt eng mit der anderen Frage zusammen: (Wie) können Juden nach dem Holocaust in Deutschland leben? „Heimkehr der Unerwünschten“ ist der Titel einer großen und ausgezeichneten Erzählung von Olivier Guez über die Geschichte der Juden in Deutschland nach 1945 bis heute, 2011 erschienen.

1952 leben in der Bundesrepublik nur noch ca. 15000 Juden,[377] während 1933 auf dem Gebiet des Deutschen Reiches ca. 500000 Juden gelebt haben – davon ein Drittel in Berlin.

Die jüdischen Gemeinden in Deutschland haben den Charakter des Provisorischen. Bis 1989 verdoppelt sich in der BRD die Zahl der Juden auf rund 30000, während in der DDR die ohnehin kleine Zahl der in den jüdischen Gemeinden registrierten Mitglieder auf 350 zurückgeht.

Für die sogenannten Einheitsgemeinden werden nur noch wenige Synagogen in einigen größeren Städten benötigt. So entstehen vor allem in den 50er/60er Jahren in der BRD mehrere meist schlichte Neubauten von Synagogen, in der DDR nur in Dresden und Erfurt.[378]

Landauf landab aber werden nach ’45 die wenigen verbliebenen Synagogengebäude anderweitig genutzt als Kino, Laden, Lagerhallen usw. Die Grundstücke der abgerissenen Synagogen werden nach dem Krieg überbaut mit Häusern, Geschäften, Straßen. Jahrzehntelang gibt es an den Plätzen, wo einst Synagogen standen, und an den Gebäuden, die früher Synagogen waren, keine Kennzeichnung oder Gedenktafeln.

Synagoge in Haigerloch (Aufnahme von 1925)

Das ändert sich in den 70er Jahren, nicht zuletzt auch deshalb, weil der Gedanke des Denkmalschutzes und der Denkmalpflege in der alten Bundesrepublik wichtig wird. Einzelne, Bürgerinitiativen und kirchliche Initiativen begeben sich vermehrt auf die Suche nach Spuren jüdischen Lebens vor Ort. Sie pflegen jüdische Friedhöfe und machen sie zugänglich. Sie rücken die ehemaligen Synagogen in das Bewusstsein der Öffentlichkeit, setzen sich ein für deren Kennzeichnung oder auch für ihre Restaurierung.[379] So sind heute viele ehemalige Synagogen, gerade auch in kleineren Städten und Dörfern, zum Erinnerungsdenkmal, Museum oder Kulturraum geworden und werden als Teil der Ortsgeschichte gesehen. Vielerorts ist dieser Umgang mit den ehemaligen Synago-

Von 1945 bis 1999 wurde die ehemalige Haigerlocher Synagoge als Kino, Supermarkt und Lagerhaus genutzt.

gen auch ein Anlass für ehemalige jüdische Mitbürger zu einem Besuch in der verlorenen Heimat Deutschland geworden.

Am 10. November 1988, ein Jahr vor dem Mauerfall, ist die Grundsteinlegung für den teilweisen Wiederaufbau der einst größten Synagoge Europas in der Oranienburger Straße in Ostberlin, die im Krieg zerstört worden war.

Erst nach der Wende wird in Erfurt, nicht weit von Luthers Augustinerkloster gelegen, die Alte Synagoge entdeckt und restauriert. Seit dem Pogrom von 1349 als Lagerhaus und später Tanzsaal genutzt, bleibt sie in der Reichspogromnacht unerkannt und daher unbeschädigt. Seit 2009 beherbergt diese älteste bis un-

*Renovierte ehemalige Haigerlocher Synagoge;
seit 2004 mit der Dauerausstellung
„Spuren jüdischer Geschichte in Hohenzollern"*

ters Dach erhaltene Synagoge Europas eine Ausstellung zur jüdischen Gemeinde im Mittelalter, darunter auch den jüngst gefundenen Erfurter Judenschatz.

Die Umwälzungen in Osteuropa in den 80er Jahren haben auch erhebliche Auswirkungen auf das jüdische Leben in Deutschland. Hervorzuheben ist dabei insbesondere eine Entscheidung der letzten DDR-Regierung unter ihrem Ministerpräsidenten Lothar de Maizière, dessen Urgroßvater einst die vergoldete Kuppel der Großen Synagoge in der Oranienburger Straße in Berlin konstruiert hatte:

„Nachdem bereits in den 80er Jahren Juden aus der Sowjetunion in Deutschland Aufnahme gefunden hatten, veränderte sich die Situation grundlegend durch die Entscheidung der ersten frei gewählten DDR-Regierung Mitte 1990, Juden aus der früheren Sowjetunion in größerer Zahl die Einwanderung zu eröffnen. Nach der Herstellung der Einheit Deutschlands wurde diese Entscheidung von der Bundesregierung übernommen und die russischen Juden als ‚Kontingentflüchtlinge' anerkannt. Auf diese Weise sind im letzten Jahrzehnt etwa 50 000 Juden aus der früheren Sowjetunion nach Deutschland gekommen [...] Die Gesamtzahl der Juden in Deutschland ist auf 80 000 gestiegen", so die EKD-Studie aus dem Jahr 2000.[380]

Fünfzig Jahre nach der Schoa ist Deutschland zum wichtigsten europäischen Aufnahmeland für Juden geworden. Heute leben in unserem Land über 200 000 Juden, darunter auch viele junge Menschen – mindestens 100 000 davon sind in den jüdischen Gemeinden registriert und werden durch den Zentralrat der Juden vertreten.[381]

Die meisten der neuzugewanderten Juden hatten keinen Bezug mehr zu ihrer Religion. Viele von ihnen finden nun aber in den jüdischen Gemeinden in Deutschland Unterstützung für den Alltag und nicht zuletzt dadurch auch Zugang zur jüdischen Religion. Es kann sich wieder ein vielfältigeres religiöses jüdisches Leben in Deutschland entfalten von orthodox bis reformorientiert. In größeren Städten bilden sich neue Gemeinden, werden jüdische Kindergärten und Schulen eingerichtet – und auch neue Synagogen gebraucht und gebaut. Gerade die in den letzten Jahren

Über der Tür der neuen Synagoge in Dresden befindet sich heute der von der Sempersynagoge gerettete Davidstern.

gebauten neuen Synagogen in zentralen städtischen Lagen und mit markanter Architektur sind Zeichen eines Aufbruchs.[382]

Nicht zufällig erscheint 2006 ein ausführlicher Text- und Bildband „Reisen durch das jüdische Deutschland", der gerade auch einen Einblick gibt in die Gegenwart des jüdischen Lebens in unserem Land.

Im Zusammenhang mit dem Synagogenbau gibt es immer wieder auch bemerkenswerte Beispiele der Zusammenarbeit zwischen christlicher und jüdischer Gemeinde: In Dresden macht es sich ein Förderverein zur Aufgabe, eine neue Synagoge am alten Platz zu bauen – parallel zum Wiederaufbau der Frauenkirche. Viele nichtjüdische Bürger Dresdens tragen diesen Synagogenbau mit und unterstützen auch nach der Einweihung 2001 die kleine jüdische Gemeinde, indem sie z. B. Synagogenführungen übernehmen.

In Wuppertal stellt die evangelische Kirche der jüdischen Gemeinde ein Grundstück kostenlos zur Verfügung. So entsteht in direkter Nachbarschaft zur evangelischen Kirche von Barmen-Gemarke, in der 1934 die sogenannte Barmer Erklärung verfasst worden war, das neue jüdische Gotteshaus. Die Bergische Synagoge wird 2002 in Anwesenheit des israelischen Staatspräsidenten eingeweiht. „Heute erscheint die enge Nachbarschaft von Synagoge und Kirche wie ein Symbol für die ‚fehlende siebte These' der Barmer Erklärung, die an ein solidarisches Wort zu den Juden nicht gedacht hatte."[383]

In Bielefeld wird im Herbst 2008 zum ersten Mal in Deutschland eine evangelische Kirche, die Paul-Gerhardt-Kirche, zur Synagoge umgewandelt, ihr folgt im Januar 2009 die Gustav-Adolf-Kirche in Hannover. Im Hinblick auf den Umwandlungsbeschluss in Hannover meint die damalige Präsidentin des Zentralrates der Juden in Deutschland, Charlotte Knobloch: „Damit wurde ein neuer, lange undenkbarer Weg eingeschlagen." Und die damalige evangelische Landesbischöfin Margot Käßmann betont: „Wir haben als Kirche Schuld auf uns geladen, als wir schweigend die Zerstörung der Synagogen hingenommen haben", aber mehr als 70 Jahre später sei es für Christinnen und Christen ein Anlass zur Freude, dass eine Synagoge in einer früheren Kirche eingeweiht werde. Christen und Juden seien miteinander verbunden, weil Jesus ein Jude gewesen sei.[384]

FAZIT Dass die Mauer „auf die Nacht genau" 51 Jahre nach der Reichspogromnacht gefallen ist, in der die Synagogen brannten, ist ein merkwürdiges Zusammentreffen. Doch gerade dieser Mauerfall hat in seiner Konsequenz auch zum verstärkten Bau von Synagogen in Deutschland geführt.

Jahrzehnte nach der Reichspogromnacht sind die neugebauten Synagogen und erst Recht die Kirchen, die zu Synagogen umgewandelt wurden, starke Zeichen der Versöhnung.

VII
„Luthers Judenfeindschaft ist ein Irrweg“ – Ein Beitrag zum Luther-Reformationsjubiläum bis 2017?

Schließlich geht es um die Frage:
Inwiefern setzt sich die evangelische Kirche mit der Judenfeindschaft Martin Luthers auseinander und erkennt darin einen Irrweg?

Im Zusammenhang mit dem 500. Geburtstag des Reformators im Jahre 1983 berichtet Eberhard Bethge:

> „Vor kurzem saß ich in einer Tischrunde renommierter Ordinarien, emeritierter. Ich fragte, ob denn nun im Lutherjahr Christen und Gemeinden in Deutschland endlich hilfreiche Belehrung über ‚Luther und die Juden‘ erhielten und das Programm der Kirchen dergleichen plane. Alle Welt spräche davon, nur die deutschen Kirchen hätten bisher dazu kein Wort gefunden [...] Die Antwort auf die Frage [...] war kurz und bündig: auf keinen Fall! Dazu müssen mindestens noch 20 weitere Jahre ins Land gehen.“[385]

Zwei Jahre zuvor war ein grundlegendes Werk des Tübinger Kirchenhistorikers Heiko A. Oberman zu diesem Thema erschienen: „Wurzeln des Antisemitismus. Christenangst und Judenplage im Zeitalter von Humanismus und Reformation".[386] Darin versucht Oberman, Luther historisch im Horizont des 16. Jahrhunderts zu sehen und strikt von seiner Wirkungsgeschichte zu trennen. In ihrem Beitrag „Wurzeln des Antisemitismus in Luthers theologischem Antijudaismus" setzt sich Leonore Siegele-Wenschkewitz schon früh kritisch mit dem Ansatz Obermans auseinander.[387]

Obermans Buch ist jedoch die Basis für das im Lutherjahr 1983 in der Akademie Mülheim/Ruhr durchgeführte internationale Symposium „Martin Luther und die Juden", an dessen Ende der Beschluss steht, ein Buch zu diesem Thema zu veröffentlichen. Diese wichtige Festschrift zu Luthers Geburtstag, in dem sich evangelische, katholische und jüdische Theologen sowie Kirchenhistoriker zum Thema äußern, erscheint leider erst zwei Jahre später: „Die Juden und Martin Luther – Martin Luther und die Juden. Geschichte, Wirkungsgeschichte, Herausforderung". Im Vorwort des Herausgebers Heinz Kremers heißt es: „Wir wollen [...] den Menschen Martin Luther in seiner Zeit verstehen und ehren, aber sein theologisches Erbe danach befragen, ob es nach dem Holocaust von allem Antijudaismus befreit werden muss."[388]

Auch noch im Jahr 2002 stellt Peter von der Osten-Sacken in seiner umfangreichen Untersuchung „Martin Luther und die Juden" im Vorwort fest: „So ist die Behandlung der Einstellung Luthers zu den Juden auf christlicher Seite bis in die jüngste Zeit entweder dort, wo man sie erwarten sollte, ausgespart worden oder aber sie ist in beträchtlichem Maße ausgesprochen apologetisch orientiert."[389]

Im Folgenden wird zunächst ein Einblick gegeben, wie die akademische Theologie nach '45 Luthers Judenfeindschaft bewertet. Die wenigen kirchlichen Ansätze zu einer kritischen Sicht von Luthers Judenfeindschaft werden aufgezeigt. Abschließend geht es um die Notwendigkeit einer verbindlichen Absage an Luthers Judenfeindschaft durch die evangelische Kirche in Deutschland.

Bewertung von Luthers Judenfeindschaft

Die akademische Theologie interpretiert und bewertet Luthers Judenfeindschaft sehr unterschiedlich. Die Bandbreite reicht von deutlicher Kritik bis zu viel Verständnis. Vier Punkte möchte ich herausgreifen:

1. *Zur Einordnung Luthers in seine Zeit* Häufig wird versucht, Luthers Einstellung mit der allgemeinen Judenfeindschaft seiner Zeit und der anderer Theologen zu erklären. Ihn mit dem Zeitgeist „entschuldigen" zu wollen, ist aus mehreren Gründen wenig überzeugend:

- Luther überwindet in anderer Hinsicht viele in seiner Zeit geltenden Vorstellungen und tritt mutig gegen den Zeitgeist für seine neu gewonnenen Überzeugungen ein.
- Die anderen Reformatoren denken anders in Bezug auf die Juden oder äußern sich zumindest

nicht derartig scharf wie Luther in seinen letzten Lebensjahren (s. S. 37 ff.). Er selbst hat sich ja auch in seinen früheren Jahren vom Judenhass und den blinden Vorurteilen und Vorwürfen des Spätmittelalters abgekehrt.
- Luther bleibt mit seinen Äußerungen nicht wie viele andere im theologischen oder akademischen Raum, sondern spricht als Kirchenmann mit seinen Ratschlägen die Obrigkeit an, zielt auf politische Umsetzung.
- Eine der großen Kirchen ist nach Luther benannt und seine Äußerungen sind traditionsbildend. Bis heute hat Luther einen gewichtigen Namen, während die Namen der meisten seiner Zeitgenossen vergessen sind.

Auch von der Osten-Sacken wendet sich ausdrücklich gegen eine apologetische Sicht, „die den befremdlichen Eindruck erweckt, als seien Luthers Äußerungen vor allem von 1543, sein Verleumdungsprogramm für die Juden eingeschlossen, angesichts seiner Zeitgebundenheit oder aufgrund seiner Theologie geradezu unvermeidlich gewesen“. Und: „Seine eigene [...] Schrift von 1523 zeigt, dass man sich auch im 16. Jahrhundert nicht so hat äußern müssen, und schon gar nicht ein Zeitgenosse von Luthers Format.“[390]

2. *Zu Kontinuität oder Wandel in Luthers Einstellung*

Manchmal werden die späten Äußerungen Luthers als bedauerliche Entgleisungen eines alten, vielleicht psychisch angeschlagenen Mannes dargestellt. Doch auch wenn seine späten Äußerungen pathologische Züge aufweisen mögen,[391] können sie nicht einfach psychologisch erklärt werden.

Und ist Alter eine Entschuldigung für Judenhass?

Schon in seinen früheren Jahren war Luther kein Freund der Juden, auch wenn sich später sein Hass verschärft zeigt. Luthers Judenfeindschaft ist doch letztlich in seiner Theologie begründet.

In der Lutherforschung gab es eine heftig geführte Kontroverse darüber, ob sich die späten Schriften nur im Ton und in den praktischen Folgerungen für die Obrigkeit von der frühen Schrift unterscheiden, (so auch Oberman) oder ob sich seine Theologie in Bezug auf die Juden im Laufe seines Lebens grundlegend gewandelt habe (so gerade auch jüdische Forscher).[392]

Meines Erachtens sind das zwei extreme Positionen. Die frühen Äußerungen Luthers scheinen auf den ersten Blick von anderem Geist geprägt zu sein. Wie tief sind aber die früheren Einsichten, wenn er sie später so vollständig preisgibt? Hatten sie nicht vor allem die Funktion, die Juden für das Christentum der Reformation gewinnen zu wollen?

So betont er das Judesein Jesu und bezeichnet die Juden als Brüder Jesu. Und im paulinischen Sinn warnt er vor der Überheblichkeit der Christen und rät zum freundlichen Umgang mit den Juden. Bei genauerem Hinsehen wird aber deutlich, dass Luther auch schon 1523 die Juden als das ungehorsame Israel ansieht und das Judentum als solches nicht anerkennt. Der Kirchenhistoriker Thomas Kaufmann schreibt in seinem 2011 erschienenen Buch „Luthers Judenschriften“: „Die Existenz der Judenheit als solche stand für Luther unter dem Zorn Gottes [...] Die Juden waren das Gegenbild dessen, was für Luther Christsein bedeutete: Sie verwerfen Christus [...]; sie weichen dem normativen biblischen Text aus, indem sie sich den fragwürdigen Überlieferungen, insbesondere des Talmud, anheimgeben; sie repräsentieren eine auf ‚Gesetzlichkeit‘ abonnierte [...] und eine durch genealogischen ‚Hochmut‘ [...] gekennzeichnete Lebensgestalt von ‚Religion‘.“[393]

Schon Mitte der zwanziger Jahre wird Luthers Ton allgemein schärfer und ausfälliger, zunächst vor allem gegenüber den Türken und den Papisten, in denen sich der Antichrist zeige, der das Evangelium niederhält. Nachdem sich die Juden nicht zum christlichen Glauben bekehren, gehören auch sie zu den Teufelsdienern.

Zunehmend ist Luther auch davon überzeugt, dass die Endzeit angebrochen ist und der Jüngste Tag mit seinem Gericht näherrückt. Deshalb müssten die Obrigkeiten alles tun, um der öffentlichen Gotteslästerung in Form von Messe, Täuferpredigt und Synagogengottesdiensten ein Ende zu bereiten.[394] Dass der Endzeitgedanke nicht zwangsläufig zur Intoleranz gegenüber den Juden führen muss, zeigt das Beispiel des Reformators Rhegius, der ebenso überzeugt ist von der angebrochenen Endzeit, aber zu anderen Folgerungen kommt als Luther.[395]

Sicher haben die Enttäuschungen über den Verlauf der Reformation und seine Rolle als Mahner gegenüber den Landesherren zu seinem scharfen Ton und seinen folgenschweren Ratschlägen beigetragen. Aber man kann wohl nicht von einer totalen Kehrtwende in Luthers Denken reden. Martin Stöhr sieht m. E. zu Recht eine „Umwandlung des theologischen Antijudaismus in gnadenlose politische Judenfeindschaft".[396]

Für die Juden macht das allerdings einen wesentlichen Unterschied, wie ihre unterschiedlichen Reaktionen von 1523 und 1543 zeigen.

3. *Zur Unterscheidung zwischen getauften Juden und Juden* Es wird immer wieder betont, dass Luther die Juden deshalb bekämpft, weil sie für ihn verstockte und unter dem Zorn Gottes stehende Feinde Christi sind, dass bei seiner Haltung nicht der rassische, sondern der glaubensmäßige Unterschied im Zentrum steht. Luther wende sich gegen die jüdische Gesetzesreligion und Werkgerechtigkeit, während er die zum Christentum bekehrten Juden akzeptiert.[397]

Anders die Nationalsozialisten, die aufgrund ihres Rassenwahns auch getaufte Juden bekämpfen und vernichten. Trotzdem muss man sehen: „Luther hat zwar [...] bis zuletzt an der Möglichkeit der Bekehrung von Juden festgehalten. Aber er hat ungeachtet dessen erhebliche Aversionen gegen getaufte Juden entwickelt und sich nicht nur einmal zu der Auffassung bekannt, dass sie sich am Ende doch nicht ändern würden."[398]

Auch redet Luther sämtlichen pauschalen Vorurteilen den Juden gegenüber das Wort, ja spricht von ihrer „Natur“ und davon, wie ihnen der Hass auf die Christen „aus Augen und Haut“ scheint. Von der Osten-Sacken bemerkt, dass sich bei Luther „Stereotype und spezifische antijüdische Verhaltensweisen finden, die – zum Teil bereits in seiner Zeit traditionell – desgleichen im Antisemitismus des 19./20. Jahrhunderts begegnen. Dazu gehört das von ihm wie von anderen Zeitgenossen bemühte Vorurteil, die Juden seien die Herren im Lande, die das arme Volk für sich im Schweiße ihres Angesichts schuften ließen, um selber ein Leben in Saus und Braus zu führen. Ebenso ist diesem nicht religiösen Teil seiner judenfeindlichen Polemik die ins Politische gehende Anschuldigung zuzurechnen, die Juden stünden als Landesverräter mit anderen Nationen im Bunde. Benachbart ist diesem Vorwurf des Landesverrats wiederum die subtile Art und Weise, in der Luther nicht nur – in der Tradition des religiösen Antijudaismus – Christen und Juden, sondern Juden und Deutsche gegeneinander setzt und damit die Juden auch politisch ausgrenzt. Eine ähnliche Wirkung dürften Aussagen über die angeblich undefinierbare Herkunft der Juden haben. Selbst eine hingeworfene Bemerkung über die Qualität des jüdischen Blutes findet sich beim Reformator, aus der von ganz unterschiedlicher Seite ‚bestimmte rassische Zwischentöne (overtones)‘ herausgehört worden sind. Auch verleumderische Verdächtigungen jüdischer Ärzte sind ihm leicht von der Hand gegangen. Nicht zuletzt ist an all die Passagen zu erinnern, in denen Luther die Unveränderlichkeit des unterstellten jüdischen Charakters behauptet, auch wenn diese Aussagen ein gewisses Gegengewicht durch die festgehaltene Möglichkeit der Bekehrung erhalten. Alle zuletzt hervorgehobenen Elemente haben mit religiösem Antijudaismus schlechterdings nichts mehr zu tun, auch wenn sie bei Luther in dessen Dienst stehen."[399]

4. *Zum Missbrauch von Luthers Schriften* Häufig wird gesagt, der Umgang der Nationalsozialisten mit Luthers Schriften sei ein Missbrauch, für den er selbst nicht verantwortlich gemacht werden kann. Allerdings hat die lutherische Kirche in der NS-Zeit keinen entsetzlichen Missbrauch von Luthers Schriften durch die Nationalsozialisten gesehen, jedenfalls ist kein lauter Widerspruch dazu überliefert. Vielmehr: „Die Kirchenführer der in der Deutschen Evangelischen Kirche (DEK) vereinten Landeskirchen pflichteten entweder der antisemitischen Rezeption von Luthers Schriften bei, oder aber sie bekräftigten das Recht zu einer antisemitischen Politik des NS-Staates."[400]

Sicher kann man Martin Luther nicht einfach für die Wirkungsgeschichte seiner Schriften und den Antisemitismus im Dritten Reich verantwortlich machen. Aber genau so einfach wäre es, keinerlei Zusammenhang zwischen seinen Äußerungen und dem, was Juden im Dritten Reich geschehen ist, zu sehen. Zu den Auswirkungen, die Luthers Judenfeindschaft in der Nazi-Zeit hatten, sei an die ersten Kapitel erinnert.

Und noch einmal von der Osten-Sacken: „Martin Luther hat der Nachwelt neben unendlich viel Kostbarem auch die schwere Last einiger antijüdischer Schriften hinterlassen, deren Aggressivität, ja Gehässigkeit, in beträchtlichen Teilen jegliches Maß überschreitet [...] Die antijüdischen Schriften Luthers gehören entsprechend in die vorderste Reihe judenfeindlicher Abhandlungen, Reden und Predigten in der ganzen Kirchengeschichte. Vor nur wenigen Jahrzehnten erfuhren sie ihre verheerendste Rezeption. Nationalsozialisten, nationalsozialistische Christen und NS-Theologen missbrauchten sie dazu, die jüdischen Deutschen an den Pranger zu stellen, und leisteten Schreibtisch- und Katheder- und Kanzelhilfe bei ihrer Diskriminierung, Vertreibung und Deportation."[401]

Dabei hat es ihnen die Affinität zwischen der Judenfeindschaft Luthers und dem späteren Antisemitismus „leicht gemacht, sich für ihre destruktive Einstellung und für ihr zerstörerisches Wirken auf den Reformator zu berufen, auch wenn sie ihn damit auf das Ganze seiner Theologie gesehen wie auch unter ethischen Gesichtspunkten betrachtet missbraucht haben".[402]

„Freilich, selbst wenn man die [...] Rezeption Martin Luthers in der NS-Zeit als Missbrauch seiner Schriften qualifiziert, so mindert dies nicht die Last des von Luther hinterlassenen Erbes."[403]

Wie geht die evangelische Kirche im Lutherjahr 1983 mit diesem Thema um?

In einer Erklärung des Rates der EKD „Martin Luthers Gegenwart 1983" finden sich dazu zwei Sätze: „So wichtig Luthers frühe Schrift über die Juden auch heute noch ist, so verhängnisvoll wurden Aussagen des alten Luther. Niemand kann sie heute gutheißen."[404]

Was damit verschwiegen wird: Auch die „frühe Schrift" ist nicht frei von Judenfeindschaft und hinter den „Aussagen des alten Luther" verbergen sich immerhin mehrere, z.T. umfangreiche Schriften, die von Judenfeindschaft, ja Judenhass geprägt sind.

„Die hier getroffenen Feststellungen, von denen insbesondere die zweite hart an eine Platitüde grenzt, vermeiden kritische Aussagen zu Luther selber. Sie fassen allein Wirkungs- und Rezeptionsgeschichte ins Auge und lassen das Verständnis oder Missverständnis zu, die ‚Aussagen des alten Luther' könnten zwar heute nicht gutgeheißen werden, kämen aber in ihrer Zeit anders zu stehen."[405]

Auch die Vereinigte Evangelisch-Lutherische Kirche in Deutschland (VELKD), ein Kirchenbündnis, dem ein Teil der evangelischen Landeskirchen in Deutschland angehört, gibt 1983 zum Lutherjahr eine „Erklärung zum Verhältnis von Christen und Juden" heraus.

Darin erwähnt sie aber mit keinem Wort das lastende Erbe der judenfeindlichen schriftlichen und mündlichen Äußerungen des Reformators.

So gilt leider die auf das Lutherjahr 1983 zurückblickende Einschätzung von Kremers: „Im ersten Lutherjahr nach dem Holocaust ist das Problemfeld ‚Martin Luther und die Juden' in Deutschland entweder tabuisiert oder als Randthema verharmlost worden." Und insbesondere im Hinblick auf die obige Erklärung des Rates der EKD: „Er (der deutsche Protestantismus) ist der nach dem Holocaust gebotenen theologischen ‚Trauerarbeit' bewusst aus dem Wege gegangen: Seine Aufgabe wäre es gewesen, zumindest zu fragen und zu untersuchen, ob wir nicht Luthers theologisches Erbe vom Schmutz des Antijudaismus reinwaschen müssen, damit ‚Luthers Lehr' nie mehr – wie so oft und auch noch heute – zum Nährboden des Judenhasses und des Antisemitismus werden kann!"[406]

Dagegen hat eine Kommission des Lutherischen Weltbundes (LWB) bei einem Treffen mit Vertretern der jüdischen Weltgemeinschaft in Stockholm im Lutherjahr 1983 klare Worte gesprochen:

> „Wir Lutheraner leiten unseren Namen von Martin Luther ab, dessen Verständnis vom Christentum auch weitgehend unsere Lehrgrundlage bildet. Die wüsten antijüdischen Schriften des Reformators können wir jedoch weder billigen noch entschuldigen. [...] Wir stellen mit tiefem Bedauern fest, dass Luthers Na-

me zur Zeit des Nationalsozialismus zur Rechtfertigung des Antisemitismus herhalten musste und dass seine Schriften sich für solchen Missbrauch eignen. [...] Die Sünden von Luthers antijüdischen Äußerungen und die Heftigkeit seiner Angriffe auf die Juden müssen mit großem Bedauern zugegeben werden. Wir müssen dafür sorgen, dass eine solche Sünde heute und in Zukunft in unseren Kirchen nicht mehr begangen werden kann."[407]

Wie geht die Evangelische Kirche in Deutschland (EKD) nach dem Lutherjahr 1983 mit diesem Problemfeld um?

In der EKD-Studie „Christen und Juden II" von 1991 steht nur ein vager Hinweis auf Luther:

„Über Jahrhunderte hinweg galt auch in den reformatorischen Kirchen die ungebrochene Überzeugung, dass Abgrenzung vom Judentum und polemische Auseinandersetzung mit jüdischem Glauben und Leben Aufgabe christlicher Verkündigung und Lehre sei [...] In der Geschichte der Kirche war eine ununterbrochene Tradition von Polemik, Kritik und Herabsetzung von Judentum und jüdischen Menschen vorhanden, die immer wieder neu belebt werden konnte. Die Rezeption der Haltung desälteren Luther gegenüber den Juden in neueren Phasen deutscher Geschichte ist ein Beispiel dafür."[408]

In der EKD-Studie – „Christen und Juden III“ aus dem Jahr 2000 ist unter 3. 3. „Historische Gesichtspunkte“ folgende Bemerkung zu Martin Luther zu finden:

> „Das Verhältnis Martin Luthers zu den Juden ist ein warnendes Beispiel dafür, wie nahe beide Formen christlichen Umgangs mit den Juden beieinander liegen konnten. In seiner frühen Schrift ‚Dass Jesus Christus ein geborener Jude sei‘ (1523) teilt Luther zwar das allgemeine Urteil der Kirche seiner Zeit, das jüdische Volk stehe unter dem Zorn Gottes, weil es den in seinen eigenen heiligen Schriften geweissagten Jesus nicht als den Messias anerkannt habe. Er verweist jedoch auf die jüdischen Wurzeln des Christentums, wendet sich gegen Diskriminierung von Juden und jüdischen Lebensformen und redet stattdessen einer liebevollen Zuwendung der Christen zu Juden das Wort, ja er plädiert sogar für ihre Integration in die Gesellschaft. Er hofft, dass dadurch die Juden bereit werden, die christliche Botschaft zu hören und anzunehmen. Enttäuscht darüber, dass diese Hoffnung sich nicht erfüllte, und besorgt um den Bestand seines reformatorischen Lebenswerkes, verfasste Luther zwanzig Jahre später (1543) die Schrift ‚Von den Jüden und ihren Lügen‘. Sie ist ein erschreckendes Zeugnis tief verwurzelter Judenfeindschaft. In ihr zeigt sich, dass Luther, nicht anders als seine Zeitgenossen, die Verweigerung des Glaubens an Christus

> durch die Juden auf böswillige Verblendung und auf den Einfluss teuflischer Mächte zurückführte. Diese Spätschrift des Reformators enthält die furchtbaren sieben Ratschläge an die Obrigkeit, in denen er das Verbrennen von Synagogen, die Zerstörung jüdischer Häuser, Lehrverbot, Konfiszierung von Talmud und Gebetsbüchern, Handelsverbot und Zwangsarbeit empfiehlt."[409]

Im Jahr 2000 gibt es zwar auch noch eine EKD-Kundgebung zu Christen und Juden anlässlich 50 Jahre Erklärung von Weißensee (s. S. 269 ff.). Sie beleuchtet kritisch die eigene „unheilvolle Tradition der Entfremdung und Feindschaft gegenüber den Juden", aber von der Person, die die protestantische Tradition begründete und prägte, nämlich Martin Luther, ist hier nicht die Rede. Nur im Kontext der Verabschiedung dieser „Kundgebung" hat der frühere EKD-Ratsvorsitzende Kock bemerkenswert deutlich dafür plädiert, die einschlägigen Schriften Martin Luthers „in das Wörterbuch der Unmenschlichkeit (zu) verbannen".[410]

In der 2008 erschienenen EKD-Handreichung zu 70 Jahre „Kristallnacht" (s. S. 279) spricht der damalige EKD-Ratsvorsitzende Wolfgang Huber in seinem Geleitwort ausdrücklich von der Geschichte christlicher Judenfeindschaft und ihrer schrecklichen Wirkung. Aber der Name Martin Luthers wird hier nicht genannt, obwohl nur wenige Tage zuvor die Lutherdekade eröffnet worden ist.[411] Der in dieser Handreichung enthaltene – unverbindliche – Gottesdienstentwurf spricht zwar klar von Irrtümern und Irrwegen der Kirche, aber nicht von Luthers Irrweg: „In unseren Kirchen haben wir erkannt, wie christliche Judenfeindschaft mithalf, der Katastrophe den Weg zu bereiten. Unkenntnis und Vorurteile haben dem Judenhass Nahrung gegeben und zu folgenschweren Irrtümern geführt. Wenn wir diese Irrwege erkennen, können wir umkehren und neue Wege suchen."[412]

Die Handreichung der Arbeitsgemeinschaft Christlicher Kirchen (ACK) Baden-Württemberg zum 8. November 2008 nennt dagegen die Judenfeindschaft Luthers ausdrücklich beim Namen:

> „Die Nazis und ihre Helfer konnten auf eine lange und reiche Tradition der christlichen Judenfeindschaft zurückgreifen. Die meisten Kirchenväter, viele Theologen des Mittelalters, auch viele Reformatoren, allen voran Martin Luther, hatten ihren Judenhass freimütig, teils hemmungslos gepredigt."[413]

FAZIT Selbst im groß gefeierten Lutherjahr 1983 gibt es im deutschen Raum keine kirchenoffiziellen Verlautbarungen, die sich kritisch mit Luthers Judenfeindschaft auseinandersetzen.

Von der Osten-Sacken sieht bis 2002 zwar eine Reihe von kirchlichen Erklärungen, die lutherischen Gemeinden Orientierung geben können für einen angemessenen Umgang mit der „Last des von Luther hinterlassenen Erbes". Er schränkt aber auch ein: „Allerdings haben sich die evangelischen, insbesondere die lutherischen Kirchen in Deutschland, von denen man am ehesten solche Schritte hätte erwarten können, bemerkenswert lange bedeckt gehalten und erst in allerjüngster Zeit angefangen, sich dem Erbe des Reformators kritisch zu nähern."[414]

Eine öffentliche und verbindliche Absage der EKD an Martin Luthers Irrweg der Judenfeindschaft steht also immer noch aus.

Von der Notwendigkeit einer Absage an Luthers Judenfeindschaft durch die Evangelische Kirche in Deutschland

„Wer immer aus irgendwelchen Motiven gegen die Juden schreibt, glaubt das Recht zu besitzen, triumphierend auf Luther zu verweisen" – so der Rabbiner Reinhold Lewin 1911.[415] Dass das auch nach '45 ein Problem ist, zeigt ein Vorfall, den der Jude Albert Friedlander vom Nürnberger Kirchentag 1979 berichtet:

> „Als ich auf dem Nürnberger Kirchentag einen Vortrag über Auschwitz hielt, wurden in den hinteren Reihen der Meistersingerhalle Flugschriften verteilt, die grob ansagten: ‚Wenn ihr euch so etwas über Gaskammern, die nie existierten, anhört, so sind wir gezwungen, Martin Luthers Schrift ‚Von den Jüden und ihren Lügen' wieder drucken zu lassen, so dass ihr die Wahrheit erfahrt, wie Christen sie lernen müssen!"[416]

Eine kirchenoffizielle Absage an Luthers Judenfeindschaft ist nötig, und dies nicht nur im Blick auf die Wirkungsgeschichte seiner judenfeindlichen Äußerungen im Dritten Reich. Es muss deutlich gesagt werden: Wer sich auf Luthers Antijudaismus beruft, steht nicht mehr auf dem Boden der lutherischen Kirche. Einige ausländische lutherische Kirchen und einzelne Landeskirchen in Deutschland haben die Notwendigkeit einer ausdrücklichen Distanzierung von Luther in dieser Frage mittlerweile erkannt.

Im Jahr 1974 heißt es in der Synodalerklärung „Die Amerikanische Lutherische Kirche und die Jüdische Gemeinde“:

> „Aber wir Lutheraner tragen eine besondere Verantwortung in dieser tragischen Verfolgungsgeschichte, weil die Nazibewegung auf ein Klima stieß, in dem der Hass schon virulent war. Die Freundlichkeit der skandinavischen Lutheraner gegenüber den Juden kann die hässlichen Fakten nicht ändern, dass es im Deutschland Hitlers Zwangsarbeit und Konzentrationslager gab. Dass während der Nazizeit Luthers eigener mittelalterlicher Judenhass wieder auflebte, ist für uns ein besonderer Grund zur Buße. Diejenigen, die Luther lieben und von ihm lernen, müssen einmütig bekennen, dass seine antijüdischen Schriften jede Grenze überschreiten und nicht zu entschuldigen sind.“[417]

1998 spricht die Generalsynode der Evangelischen Kirche Augsburgischen und Helvetischen Bekenntnisses in Österreich mit Blick auf die Spätschriften Luthers klar und deutlich aus: „Wir verwerfen den Inhalt dieser Schriften."[418]

In Deutschland distanzieren sich einzelne Landeskirchen ausdrücklich von Luthers antijüdischen Äußerungen, wie z.B. 1998 die Evangelisch-lutherische Kirche in Bayern in einer Erklärung zum Thema „Christen und Juden"[419] und 2000 die Württembergische Evangelische Landessynode:

> „Falsche Auslegung biblischer Texte führte zur Ablehnung und Abwertung des Judentums. So wurde ausdrückliche Judenfeindschaft ein Teil des christlichen Selbstverständnisses. Dieser unentschuldbare theologische Irrtum hatte entsetzliche Folgen. Die Evangelische Landeskirche in Württemberg hat in doppelter Hinsicht Anteil an dieser Schuld: Als lutherische Kirche steht sie in der Tradition Martin Luthers. Deswegen distanzieren wir uns ausdrücklich von seinen judenfeindlichen Äußerungen. Als Landeskirche in Deutschland steht sie in der besonderen Geschichte unseres Volkes. Wir erkennen diese Schuld und bekennen sie."[420]

Ein prägnantes und verbindliches Wort der Evangelischen Kirche in Deutschland zu Luthers Judenfeindschaft steht aber immer noch aus.

Am Reformationsfest 2008 wird in der EKD für die Jahre bis 2017, der 500. Wiederkehr des Thesenanschlags, eine Lutherdekade ausgerufen. Nur neun

Tage später, am 9. November 2008, ist der 70. Jahrestag der Reichspogromnacht. Diese zeitliche Nähe wäre ein günstiger Zeitpunkt, ein „kairos" (griechisch), für die evangelische Kirche in Deutschland gewesen, um Luthers Irrweg der Judenfeindschaft eine klare Absage zu erteilen.

Ein Jahr später betont die damalige Bischöfin Margot Käßmann noch am Tag ihrer Wahl zur EKD-Ratsvorsitzenden am 28. Oktober 2009 in einer Pressekonferenz, dass sie ein besonderes Augenmerk auch auf die Schattenseiten der reformatorischen Tradition legen werde, denn „Luthers Einstellung zum Judentum machten ein kritisches Nachdenken nötig".

Eine in Luthers Tradition stehende Kirche muss sich mit allen Aspekten von Luthers Werk auseinandersetzen. Es ist keine Lösung, Luthers judenfeindliche Schriften und Äußerungen möglichst in der Versenkung verschwinden zu lassen, wie das nach dem Holocaust weithin praktiziert worden ist.

Luthers Äußerungen zu den Juden sind zu gewichtig und haben eine derart große Verbreitung und Wirkung erfahren, dass sie nicht nur als erschreckende Äußerungen am Ende seines Lebens bedauert oder als Schattenseite seines Werkes erwähnt werden können.

Luthers Autorität ist ungebrochen, gerade in der protestantischen Kirche in Deutschland, wenn auch seine Verehrung als „Heiliger" oder „Held" der Vergangenheit angehören dürfte.

Für uns Protestanten darf Luther nicht unfehlbar sein, wir können unterscheiden zwischen einem Luther, der die biblische Botschaft ins Zentrum gerückt hat und einem Luther, der sich in der Judenfrage nicht mehr an diesen Maßstab gehalten hat.

Luther selbst hatte eine selbstkritische Haltung seinen Schriften gegenüber, denn sie sollten ganz hinter der Bibel als dem Gotteswort zurückstehen. So konnte er sagen: „Gern hette ichs gesehen, das meine Bücher allesamt weren dahinden blieben und untergegangen.“[421]

Die Absage an den Antijudaismus und insbesondere den von Martin Luther halte ich für eine Bekenntnisfrage. Gehört eine solche Absage nicht in die Grundordnung einer Kirche, die sich eine lutherische nennt bzw. sich auf Luthers Theologie beruft? Und:

Wir können Luthers reformatorische Erkenntnisse und Luthers Bibelübersetzung – allen voran die der Psalmen – nur dann gebührend würdigen und die 500-jährige Wiederkehr des Thesenanschlags nur dann recht feiern, wenn wir uns deutlich von seinem Antijudaismus distanzieren.

So habe ich die Hoffnung, dass die Evangelische Kirche in Deutschland, vertreten durch die Synode und den Rat der EKD, öffentlich und verbindlich Luthers Judenfeindschaft als Irrweg erklärt – wenn nicht zu Beginn der Lutherdekade, so im Laufe dieser Jahre bis 2017. Vielleicht gibt es noch einmal einen „kairos“.

Nachwort
Psalm 126 …

… in der Übersetzung Martin Luthers[422]

Ein Wallfahrtslied

Wenn der Herr die Gefangenen Zions erlösen wird,
so werden wir sein wie die Träumenden.

Dann wird unser Mund voll Lachens
und unsre Zunge voll Rühmens sein.

Dann wird man sagen unter den Heiden:
Der Herr hat Großes an ihnen getan!

Der Herr hat Großes an uns getan;
des sind wir fröhlich.

Herr, bringe zurück unsre Gefangenen,
wie du die Bäche wiederbringst im Südland.

Die mit Tränen säen,
werden mit Freuden ernten.

Sie gehen hin und weinen
und streuen ihren Samen

und kommen zurück mit Freuden
und bringen ihre Garben.

… in der Übersetzung Martin Bubers[423]

Ein Aufstiegsgesang

Wann ER kehren lässt die Heimkehrerschaft Zions,
werden wie Träumende wir.

Lachens voll ist dann unser Mund,
unsre Zunge Jubels.

Man spricht in der Stämmewelt dann:
„Großes hat ER an diesen getan!"–

Großes hatte an uns ER getan,
Frohe waren wir worden.

Lasse, DU, uns Wiederkehr kehren
wie den Bachbetten im Südgau!

Die nun säen in Tränen,
im Jubel werden sie ernten.

Er geht und weint im Gehen,
der austrägt den Samenwurf,

im Jubel kommt einst, kommt,
der einträgt seine Garben.

Anmerkungen

Kapitel I

1 Zit. nach Friedlander in Schultz (1983), 253.
2 Vgl. Lohse (1982), 95.
3 Vgl. zum Folgenden Bienert (1982), 49–159.
Näheres dazu: Degani in Kremers (1985), 3–38; Ehrlich in Kremers (1985), 76f.; Oberman in Kremers (1985), 137ff.; Oberman in Junghans (1983), 519f. Einen Überblick über 2000 Jahre gibt Jung 2008: „Christen und Juden. Die Geschichte ihrer Beziehungen."
4 Brosseder beleuchtet christliche Äußerungen zu den Juden seit der Zeit des NT in seinem Beitrag: Luther und der Leidensweg der Juden, in Kremers (1985), 111–117.
5 Vgl. Oberman in Kremers (1985), 141.
6 Näheres dazu: Bienert: Martin Luther und die Juden, Frankfurt 1982, ein Quellenbuch mit 115 Textauszügen;
Kremers (Hg.): Die Juden und Martin Luther – Martin Luther und die Juden, Neukirchen 1985, darin insbesondere die Beiträge Kapitel I Geschichte;
von der Osten-Sacken: Martin Luther und die Juden, Stuttgart 2002, insbesondere Kap II.
Kaufmann, Thomas: Luthers „Judenschriften". Tübingen 2011.
7 Näheres dazu: von der Osten-Sacken (2002), 74ff.; Bienert (1982), 26–28; Brosseder in Kremers (1985), 119f.
8 von der Osten-Sacken (2002), 90. Näheres dazu: Ebd 90ff.; Bienert (1982), 73–83, 96ff.; Ehrlich in Kremers (1985), 75f.; Brosseder in Kremers (1985), 120ff.
9 Luther WA 11 (1900/1966), 314, 25ff. und 315, 19ff., 336, 22ff.; sprachliche Übertragung nach Schulz (1988), 27.
10 Kirchenamt der EKD, Studie III – 2000 (2002), 163f.
11 Vgl. zum Folgenden Lapide in Kremers (1985), 171ff., 174.
12 Vgl. zum Folgenden Jung (2010), 126f.

[13] Der Begriff „Vergegnung“ geht auf Martin Buber zurück, so von der Osten-Sacken (2002), 103, Anm. 399. Näheres dazu: ebd., 103 ff.

[14] Von der Osten-Sacken (2002), 116. Näheres dazu: Ebd 116 ff.; Bienert (1982), 109–114; Ehrlich in Kremers (1985), 78; Brosseder in Kremers (1985), 124.

[15] Näheres dazu: von der Osten-Sacken (2002), 121 ff.; Bienert (1982), 115–127; Ehrlich in Kremers (1985), 79; Brosseder in Kremers (1985), 124.

[16] Vgl. Bienert (1982), 130.

[17] Vgl. ebd., 146 ff. Vgl. zum Folgenden auch Ehrlich in Kremers (1985), 81 f.

[18] Vgl. Bienert (1982), 124.

[19] Von der Osten-Sacken (2002), 128. Näheres dazu: Ebd 128 ff.; Bienert (1982), 130 ff.; Ehrlich in Kremers (1985), 82 ff.; Brosseder in Kremers (1985), 126 ff.

[20] Luther WA 53 (1920/1968), 417, 20 ff.; sprachliche Übertragung nach Fausel (1977), 276.

[21] Ebd., 481, 9 ff. und 23 ff.; sprachliche Übertragung ebd., 273.

[22] Ebd., 482, 29 ff. und 483, 5 ff.; sprachliche Übertragung ebd., 273.

[23] Ebd., 520, 34 ff. und 521, 9 ff.; sprachliche Übertragung ebd., 274.

[24] Ebd., 482, 8 ff. und 479, 33 f.; sprachliche Übertragung ebd., 274.

[25] Ebd., 522, 1 ff.; sprachliche Übertragung nach Schulz (1988), 28.

[26] In einer Tischrede vom Frühjahr 1543 soll Luther auf die Frage, ob es einem Privatmann erlaubt sei, einem gotteslästerlichen Juden einen Faustschlag zu versetzen, geantwortet haben: „(…) *Wenn ich könnte, würde ich ihn zu Boden werfen und in meinem Zorn mit dem Schwert durchbohren. Da es nämlich nach menschlichem und göttlichem Recht erlaubt sei, einen Straßenräuber zu töten, viel mehr einen Gotteslästerer.*“ Zit. nach Bienert (1982), 172.

[27] Luther WA 53 (1920/1968), 522, 29 ff.; sprachliche Übertagung nach Fausel (1977), 274.

[28] Ebd., 523, 1 ff.; sprachliche Übertragung ebd., 275 f.

[29] Vgl. Stöhr in Kremers (1985), 108.

[30] Zit. nach Lapide in Kremers (1985), 181 f.

[31] von der Osten-Sacken (2002), 139. Näheres dazu: Ebd., 139 ff.; Bienert (1982), 162 ff.

[32] Eine Auflistung von Kirchen mit der Darstellung der Judensau findet sich bei Bienert (1982), 166.

[33] Luther WA 53 (1920/1968), 600, 26–34 und 601, 3–5; sprachliche Übertragung nach Bienert (1982), 165.

[34] Vgl. von der Osten-Sacken (2002), 139.

[35] Luther WA 53 (1920/1968), 580, 1 ff.; sprachliche Übertragung nach Fausel (1977), 276 f.

[36] Diese Israelkapitel waren in der frühreformatorischen Zeit auch Gegenstand in Luthers Vorlesungen gewesen, insbesondere in der Römerbrief-Vorlesung von 1515/16; Näheres dazu: von der Osten-Sacken (2002), 76 ff.; Bienert (1982), 30 ff.; Ehrlich in Kremers (1985), 72 f.

[37] Luther WA 54 (1928/1968), 100, 21 ff.; sprachliche Übertragung nach Fausel (1977), 277; Näheres dazu: von der Osten-Sacken (2002), 141 f.; Bienert (1982), 169 f.

[38] Näheres dazu: von der Osten-Sacken (2002), 47 ff. und 88 ff.; Bienert (1982), 19 ff.; Ehrlich in Kremers (1985), 73.

[39] Vgl. zum Folgenden Braun (2010), 361 f.; Zitat 362.

[40] Von der Osten-Sacken (2002), 154. Näheres dazu: Ebd., 154 ff.; Bienert (1982), 174 f.; Weyer in Kremers (1985), 167 f.

[41] Luther WA 51 (1914/1967), 195, 9 ff.; sprachliche Übertragung nach Bienert (1982), 174–177.

[42] Vgl. zum Folgenden von der Osten-Sacken (2002), 40 ff. und Bienert (1982), 134 ff. Bienert wird hier von P. von der Osten-Sacken auch kritisch gesehen.

[43] Eine ausführliche Untersuchung zu Margaritha bei von der Osten-Sacken (2002), Kap. III, 162–230.
Eine Zusammenstellung der Lästerungsvorwürfe ebd., 158 ff.

[44] Vgl. zum Folgenden Bienert (1982), 145; Brosseder in Kremers (1985), 118, Ehrlich in Kremers (1985), 81 und 85; Stöhr in Kremers (1985) 107 f. – Vgl. auch Kaufmann 2011.
Bereits H. A. Oberman kommt in seinem 1981 erschienenen Buch „Wurzeln des Antisemitismus-Christenangst und Judenplage im Zeitalter von Humanismus und Reforma-

tion" auf verschiedene Personen mit ihren unterschiedlichen Haltungen zu sprechen, was bei von der Osten-Sacken 2002 ausführlich geschieht.

Vgl. zu Eck: von der Osten-Sacken (2002), 259 ff.

Vgl. zu Melanchthon: Jung (2010), 127 f.; Stöhr in Kremers (1985), 108.

Vgl. zu Bucer: von der Osten-Sacken (2002), 248 ff.; Brosseder in Kremers (1985), 118.

Vgl. zu Jonas, Osiander, Rhegius: von der Osten-Sacken (2002), 243 ff.

Vgl. zu Calvin, Zwingli: Stöhr in Kremers (1985), 108.

45 Zit. nach von der Osten-Sacken (2002), 300.

46 Kirchenamt der EKD, Studie II–1991 (2002), 68 f.

47 Vgl. Kirchenamt der EKD, Studie I–1975 (2002), 33 f. und Studie II–1991 (2002), 72 f/80 ff.

Das gemeinsame Ringen von jüdischen, katholischen und evangelischen Theologen um die Interpretation der judenfeindlichen Äußerungen im Neuen Testament ist dokumentiert in dem Buch W. Eckert/N. P. Levinson/M. Stöhr (Hg.) „Antijudaismus im Neuen Testament", München 1967.

48 Degani in Kremers (1985), 17. Näheres in Bezug auf die vorreformatorische Kirchengeschichte ebd., 3–37.

49 Kirchenamt der EKD, Studie II–1991 (2002), 68.

50 Schrader (2007), 78.

51 Kirchenamt der EKD, Studie II–1991 (2002), 68.

52 Ehrlich in Kremers (1985), 86.

53 van Norden in Brakelmann/Rosowski (1989), 99.

54 Näheres dazu: Brosseder (1972), hier bes. 109 f.; Ginzel in Kremers, 189 ff.

55 Vgl. von der Osten-Sacken (2002), 275.

56 So Grunsky, Zit. nach Brakelmann (2008), 38.

57 JCD 1 (1990), 46.

58 Die folgenden Ausführungen beziehen sich vorrangig auf die grundlegende forschungsgeschichtliche Arbeit von Johannes Brosseder (1972), hier bes. 182 ff.

Eine seitenlange Zusammenstellung der verwendeten Lutherzitate ebd., 189 ff.

59 Vgl. ebd., 184.

[60] Vgl. ebd., 184 f.
[61] Vgl. Prolingheuer, Irre (1987), 129, Anm. 155.
[62] Vgl. ebd., 22 ff, Zitat 124 f.
[63] Vgl. Brosseder (1972), 185 f.
[64] Vgl. ebd., 186 f.
[65] Vgl. ebd., 187 f.
[66] Vgl. ebd., 189.
[67] Prolingheuer, Irre (1987), 129, Anm. 156; Prolingheuer nimmt hier Bezug auf die o. g. Stürmer-Ausgabe vom Oktober 1936.
[68] Zit. nach Lapide in Kremers (1985), 171, Anm. 1.
[69] Vgl. hierzu Brosseder (1972), 192 f. und 196.
[70] Brosseder kommentiert dies so, ebd., 197 f. *„Es ist nicht ohne Pikanterie, zu vermerken, dass in der Zentralpublikation der nationalsozialistischen Ideologie Luther als Kronzeuge des genauen Gegenteils dessen auftritt, als was ihn die völkische Bewegung und teilweise auch der Nationalsozialismus und seine Wegbereiter sonst gerne hinstellen: hie Luther als derjenige, der das ‚jerusalemitische Zentrum' neu errichtet hat, dort Luther als der scharfe Antisemit."*
[71] Zit. nach Brosseder (1972), 197.
[72] Arbeitsgemeinschaft Christlicher Kirchen in Baden-Württemberg (2008), 11.
[73] Vgl. zu Stöcker: JCD 1 (1990), 46. Zitate nach: Ebd., 52 und Ginzel in Kremers (1985), 190.
[74] Vgl. zu Künneth: Prolingheuer, Irre (1987), 130. Zitate nach: Ebd., 130, Anm. 157 und 135, Anm. 174.
[75] Vgl. Voigt in Gailus, Schmitz (2008), 128.
[76] Zit. nach JCD 2/I (1992), 68 f.
[77] Vgl. zu Gabriel: Ebd., 49 f.
[78] Vgl. zu Kittel: Ebd., 311–322. Näheres dazu: Siegele-Wenschkewitz (1982), 175 ff. Zitate nach: Prolingheuer, Irre (1987), 142 und JCD 2/I (1992), 320.
[79] Zit. nach JCD 2/I (1992), 314, Anm. 562.
[80] Vgl. zu Pauls: von der Osten-Sacken (2002), 276–279. Zitat 279.
[81] Vgl. Bukowski (2009), 38 f.
[82] Aufschlussreich ist hier der Briefwechsel zwischen Elisabeth Schmitz und Karl Barth, dokumentiert von Meyer

(1999) und kommentiert von Flesch-Thebesius in Gailus, Schmitz (2008), 83ff.

Kapitel II

83 Vgl. Huber in Rendtorff/ Stegemann (1980), 60.

84 Die Bezeichnung dieser vier Phasen lehnt sich an JCD, Band 1–4 an.

85 Zit. nach Ginzel in Kremers (1985), 191.

86 Brakelmann (2008), 12 und 10.

87 Zit. nach ebd., 18.

88 Ebd., 12. Schon bei der Reichstagswahl 1930 sind die Hochburgen der NSDAP mit mehr als 40% Stimmenanteil in Gegenden mit evangelischem Bevölkerungsanteil von über 60%, vgl. Karte bei Röhm/Thierfelder (1983), 12/13.

89 In der Stellungnahme der Fuldaer Bischofskonferenz vom August 1932 ist die Rede von Irrlehren des offiziellen Parteiprogramms und vom glaubensfeindlichen Charakter vieler Äußerungen. Betont wird insbesondere die „feindliche Stellung zu grundsätzlichen Lehren und Forderungen der katholischen Kirche" und die Gefahr für die „kirchlichen Interessen der Katholiken", vgl. Kirchen- und Theologiegeschichte in Quellen IV/2 (1980), 112.
Doch nachdem die Nationalsozialisten die Unverletzlichkeit des katholischen Glaubens und die Aufgaben und Rechte der Kirche anerkannt haben, ändert sich diese ablehnende Haltung der katholischen Kirche mit der Kundgebung der Fuldaer Bischofskonferenz vom 28. März 1933: *„Ohne die in unseren früheren Maßnahmen liegende Verurteilung bestimmter religiös-sittlicher Irrtümer aufzugeben, glaubt daher das Episkopat das Vertrauen hegen zu können, dass die vorbezeichneten Verbote und Warnungen nicht mehr als notwendig betrachtet zu werden brauchen"*, zit. nach ebd., 115.

90 Dibelius war mit seinem 1926 erschienenen, weit verbreiteten und von Karl Barth heftig kritisierten Buch „Das Jahrhundert der Kirche" zum Sprecher des wieder wachsenden Selbstbewusstseins einer Kirche geworden, die das eigene Volkstum bejaht und im Leben der Nation eine bewusst soziale und nationale Aufgabe hat, vgl. ebd., 103ff.

[91] Zitate nach Prolingheuer, Kirchengeschichte (1987), 53 und Brakelmann (2008), 23.
[92] Vgl. zum Folgenden Brakelmann (2008), 23–25.
[93] Zit. nach ebd., 28 f.
[94] Zit. nach ebd., 27 f.
[95] Zit. nach ebd., 35 f.
[96] Vgl. ebd., 36 f.
[97] Vgl. ebd., 34 f.
[98] Zit. nach ebd., 39 f.
[99] Vgl. zum Folgenden ebd., 9 f. und 37, Zitat 25.
[100] Vgl. zum Folgenden ebd., 14 ff., Zitat 18.
[101] Vgl. ebd., 16 und 20. Auch die katholische Kirche war konservativ und kritisch gegenüber der Moderne eingestellt, auch dort gab es judenfeindliche Haltungen, aber es gab keinen Luther, auf den man sich mit seiner Judenfeindschaft berufen konnte. Und die katholischen Christen sind anders als die evangelischen Christen in eine internationale Weltkirche eingebunden.
[102] Der folgende Überblick stützt sich v. a. auf Röhm/Thierfelder (1983), 48–50, 83–85, 110 f., 154–157; Busch, EKL 1 (1986), Sp. 407–409.
[103] Wortlaut der Richtlinien in Kirchen- und Theologiegeschichte in Quellen IV/2 (1980), 117 ff.
[104] Eine Karte mit den evangelischen Landeskirchen zeigt Röhm/Thierfelder (1983), 28 f.
[105] Die Karte in Röhm/Thierfelder (1983), 60 zeigt, welche Gebiete sich bis Ende 1934 Reichsbischof Müller und seinem Kirchenregiment unterstellt haben.
[106] Die Rolle der Frauen in der BK zeigt am Beispiel Württembergs die Tübinger Projektgruppe „Frauen im Kirchenkampf“ auf: „Im Dunstkreis der rauchenden Brüder“ heißt der von Beate Schröder herausgegebene und in 2. Auflage 1997 erschienene Band.
[107] Eine Fürbittenliste findet sich bei Röhm/Thierfelder (1983), 98–102.
[108] In dieser Gebetsliturgie angesichts der drohenden Kriegsgefahr heißt es trotz aller nationalen Töne auch mutig: *„Wir bekennen vor Dir die Sünden unseres Volkes […] öffentlich*

und im Geheimen ist viel Unrecht geschehen.“ Zit. nach JCD 3/I (1995), 49.

109 In diesem Brief an den tschechischen Theologen Hromádka schreibt Barth aus Basel: *„Jeder tschechische Soldat, der dann kämpft und leidet, wird dies auch für uns tun und [...] er wird es auch für die Kirche Jesu tun, die in dem Dunstkreis der Hitler und Mussolini nur entweder der Lächerlichkeit oder der Ausrottung verfallen kann.*“ – Zit. nach Bethge (1978), 683.

110 Vgl. ebd., 683f.

111 Die vier Bischöfe versichern, dass die Gebetsliturgie „*von uns aus religiösen und vaterländischen Gründen missbilligt und für unsere Kirchen abgelehnt worden ist*“. Und: „*... Wir verurteilen die darin zum Ausdruck gekommene Haltung auf das Schärfste und trennen uns von den für diese Kundgebung verantwortlichen Persönlichkeiten*“ – zit. nach JCD, 3/I (1995), 50.

112 In seinen späteren Erinnerungen hält Bischof Wurm zwar an seiner Kritik gegenüber der Veröffentlichung der Gebetsliturgie fest, bedauert aber sein damaliges Verhalten: *„Solche Stunden, wo die Macht der Finsternis größer ist als die des Lichts, gibt es ...*“ zit. nach JCD 3/I (1995), 54.

113 Vgl. zum Folgenden Brakelmann (1979), 126f. Näheres zur Verstrickung der beiden Kirchen in den NS-Staat und insbesondere den Zweiten Weltkrieg ebd. und bei Prolingheuer/Breuer (2007).

114 Näheres dazu: JCD 1 (1990), mit Zeittafel 399ff.

115 Vgl. JCD 2/I (1992),15. Gailus geht von eher 400000 evangelisch getauften Juden aus, vgl. Gailus (2009), 18.

116 Zit. nach Gailus (2009), 18.

117 Vgl. zum Folgenden JCD 2/1, Kap 26: Die Pfarrämter als Sippenforschungsinstitute, hier bes. 339f. und Gailus (2009): Pfarrer als Sippenforscher. Ausführlich wird diese Amtshilfe der Pfarrämter von Manfred Gailus in seinem 2009 erschienen Buch „Kirchliche Amtshilfe“ in den Blick gerückt.

118 Vgl. Goertz (2009), 63.

119 Gailus (2009), 18.

120 Zit. nach JCD, 2/I (1992), 346.

121 Zit. nach Gailus (2009), 20.

122 Diese Erklärung ist abgedruckt im Ergänzungsband zum

Gottesdienstbuch für die Evangelische Landeskirche in Württemberg (2005), Zitat 134.

[123] Zit. nach JCD 1 (1990), 141 f.

[124] Vgl. JCD 1 (1990), 150.

[125] Vgl. Brakelmann (2001), 12.

[126] Näheres zu Stöhr: JCD 1 (1990), 151 ff.; Näheres zu Umfrid: Ebd., 118 ff.

[127] Zit. nach Brakelmann (2001), 11.

[128] Vgl. ebd., 12 f.

[129] Vgl.: Huber in Rendtorff/Stegemann (1980), 67–69, Zitat 69. Künneth hatte dieses Gutachten am 11. April bereits der Kirche der Altpreußischen Union vorgelegt.

[130] Zit. nach Brakelmann (2001), 15; Näheres zur Diskussion im Kirchenausschuss ebd., 13–19.

[131] Kirchen- und Theologiegeschichte in Quellen, IV/2 (1980), 124.

[132] Zit. nach Scharbau (2009), 65.

[133] Vgl. Wind (1999), 95 f.

[134] Kirchen- und Theologiegeschichte in Quellen, IV/2 (1980), 121 f.

[135] Zit. nach Brakelmann (2008), 18 f.

[136] Zit. nach Gailus (2001), 537.

[137] Zit. nach Brakelmann (2008), 20.

[138] Vgl. zum Folgenden Huber in Rendtorff/Stegemann (1980), 70 f., Zitat 71.
Näheres dazu: Vgl. Bethge in Kremers (1985): Dietrich Bonhoeffer und die Juden.

[139] Vgl. Wind (1999), 96 und 98.

[140] Zit. nach Bethge (1978), 377.

[141] Dieser Brief vom 18. April 1933 und die Antwort Karl Barths vom 2. Mai 1933 sind zusammen dokumentiert bei Meyer (2009), 332–335. Ein Kommentar zu diesem Briefwechsel, der sich auf das Karl-Barth-Archiv in Basel stützt, findet sich bei Flesch-Thebesius in Gailus, Schmitz (2008), 84 f.

[142] Dieser Brief vom 1. Januar 1934 und die Antwort Karl Barths vom 18. Januar 1934 sind vollständig dokumentiert bei Meyer (2009), 337–349. Kommentar zu diesem Briefwechsel bei Flesch-Thebesius in Gailus, Schmitz (2008), 86 ff.

[143] Dieser Brief vom 12. Februar 1934 ist dokumentiert bei Meyer (2009), 350–356. Kommentar zu diesem Brief bei Flesch-Thebesius in Gailus, Schmitz (2008), 88 f.

[144] So Karl Barth in seiner Stellungnahme an Humburg vom 21. Mai 1934 – eine Reaktion auf das Erste Rundschreiben der Freien Evangelischen Synode vom 15. Mai 1934. – Vgl. van Norden (1984), 134 f.

[145] Der Wortlaut der Barmer Erklärung ist u. a. abgedruckt im Evangelischen Gesangbuch EG Nr. 836, sowie in: Kirchen- und Theologiegeschichte in Quellen, IV/2 (1980), 130–132 und in: Röhm/Thierfelder (1983), 58 f.
Konkrete Konsequenzen können z. B. aus der 1. These zum Umgang mit dem Alten Testament und aus der 5. These zum Auftrag des Staates gezogen werden.

[146] Vgl. van Norden in Brakelmann/Rosowski (1989), 101.

[147] Dieser Brief vom 18. Januar 1934 ist dokumentiert bei Meyer (2009), 343–349.

[148] Zit. nach Pangritz in Gailus, Schmitz (2008), 173, Anm. 36.

[149] Zit. nach Prolingheuer, Irre (1987), 132, Anm. 162.

[150] Vgl. zum Folgenden Tübinger Projektgruppe „Frauen im Kirchenkampf"/Schröder (1997), 184 f.

[151] Vgl. JCD 2/I (1992), 42.

[152] Diesen Satz zitiert Elisabeth Schmitz in ihrer Denkschrift von 1935/36 „Zur Lage der deutschen Nichtarier". Denkschrift, dokumentiert in Gailus, Schmitz (2008), 193.

[153] Zit. nach JCD 1 (1990), 345 f.

[154] Zit. nach Ludwig (2008), 32.

[155] Die Zitate aus Brakelmann (2008), 20 und 22.

[156] Näheres dazu: JCD, Band 2/I und 2/II (1992), mit Zeittafel JCD 2/1, 429 ff.

[157] Vgl. Bethge in Kremers (1995), 232 f.
Der gregorianische Gesang ist der Kirchengesang aus der Alten Kirche und wird von Bonhoeffer als Chiffre für alle von der Außenwelt abgetrennten frommen Rituale benutzt.

[158] Näheres zur Synode JCD2/I (1992), 53–61.

[159] Dieses Gesuch ist dokumentiert in Erhart/Meseberg – Haubold/Meyer (1999), Dok. 61, 264–267, hier bes. 267. Vgl. zum Gesuch auch ebd., 218, Anm. 19.

Ob diese Anzahl von 200 Exemplaren ohne Nachtrag bereits für die Steglitzer Synode vom September 1935 gefertigt worden ist – und allen Synodalen vorliegt – oder erst mit Nachtrag für die Brandenburger Bekenntnissynode vom Juni 1936, ist umstritten. – Vgl. Meyer in Erhart/Meseberg – Haubold/Meyer(1999), 187 f. und Ludwig in Gailus, Schmitz (2008), 94 und 106 und 119 f.

160 Dr. Elisabeth Schiemann hat die Denkschrift im Laufe des Sommers 1936 für Karl Barth nach Basel mitgenommen. – Vgl. Meyer in Erhart/Meseberg – Haubold/Meyer (1999), 190.

161 Dieser Brief vom 16. Juli 1936 ist erstmalig dokumentiert in Erhart/Meseberg – Haubold/Meyer (1999), Dok. 57, 261 f. Kommentar zu diesem Brief bei Flesch-Thebesius in Gailus, Schmitz (2008), 89.

162 Ganzer Wortlaut der Denkschrift mit Nachtrag von 1936 ist unter dem Namen Marga Meusel zuerst dokumentiert von Wilhelm Niemöller in Steglitz, 29–58. – Vgl. dazu Meyer in Erhart/Meseberg – Haubold/Meyer (1999), 187 f., Anm. 4. Die Denkschrift unter dem Namen Elisabeth Schmitz ist zuerst dokumentiert in Erhart/Meseberg-Haubold/Meyer (1999), Dok. 56, 218–261.
Zitiert wird im Folgenden nach der Wiedergabe in Gailus, Schmitz (2008), 191–223, Zitate (Kap. II) 206 f., (Kap. III) 210 f. Kommentar zur Denkschrift von Meyer in Erhart/Meseberg – Haubold/Meyer (1999), 187–197 und von Ludwig in Gailus, Schmitz (2008), 93–127.

163 Vgl. Ludwig in Gailus, Schmitz (2008), 94.

164 Zit. nach JCD 2/I (1992), 55.

165 Zit. nach ebd., 53.

166 Vgl. Ludwig in Gailus, Schmitz (2008), 111, 114.

167 Vgl. Bethge (1978), 558. Bonhoeffer und Schmitz sind sich wahrscheinlich im Harnack-Seminar begegnet, das Schmitz auch später noch besucht hat, aber von einem näheren Kontakt ist nichts bekannt.

168 Vgl. JCD 2/I (1992), 60, 289 ff.

169 Zit. nach ebd., 57.

170 Zit. nach ebd., 51.

171 Zit. nach ebd., 70.

[172] Zit. nach ebd., 70.

[173] Der Stürmer, das antisemitische Hetzblatt, hatte schon öfter „Kreise der Bekenntnisfront" angegriffen und im August 1935 gleich in mehreren Ausgaben der Bekennenden Kirche vorgeworfen, sie unterlaufe die NS-Rassenlehre, vor allem, wenn sie Juden taufe. Die Nummer 33 brachte eine Karikatur eines fetten Juden, der mit einem Geldsack auf einem Sessel sitzt – vor ihm knien katholische Priester, und Pfarrer der Bekenntniskirche – vgl. Ludwig in Gailus, Schmitz (2008), 101 f.
Auch der „Völkische Beobachter" polemisiert im August 1935: *„Da wagt es nun das evangelische Kirchenblatt ‚Die Stadtmission', das deutsche Rassegesetz, die Grundlehren des Nationalsozialismus, anzugreifen."* Doch der Leiter der Stadtmission beeilt sich, nur 2 Tage später klarzustellen: *„Ich kann nur in aller Öffentlichkeit feststellen, dass die Stadtmission, eingedenk ihres Gründers Adolf Stoecker, die Bereinigung des deutschen Volkslebens von jedem Einfluss jüdischen Geistes nach wie vor als eine der hauptsächlichsten Aufgaben der Staatsführung ansieht und diese von uns im Geiste des Christentums unterstützt wird."* Zit. nach ebd., 102 f.

[174] Die Namen der vier Unterzeichnenden aus der 2. VKL sind dem Matrizenabzug aus dem Nachlass Paul Rau (1989) entnommen. Hermle/Thierfelder dokumentiert noch Fricke als fünften Unterzeichner, vgl. Hermle/Thierfelder (2008), Nr. 163, 346. Bei Müller handelt es sich natürlich nicht um den ehemaligen Reichsbischof Ludwig Müller (DC), sondern um den Dahlemer Müller (BK).

[175] Zit. nach Gailus, Schmitz (2008), 222.

[176] Vgl. zur Denkschrift an Hitler JCD, 2/I, 152 ff. Ganzer Wortlaut in Hermle/Thierfelder (2008), Nr. 163, 340–346, Zitate nach ebd., 345, 344.

[177] Vgl. dazu JCD 2/I (1992), 160–186.

[178] Wenn ein Matrizenabzug auch zu meinem Großvater Paul Rau gelangt, einem pietistisch geprägten Schlossermeister und Kirchengemeinderat im schwäbischen Dorf Kuchen bei Göppingen, der selbst kein Mitglied der BK ist, dann zeigt dies, dass die Verbreitung ziemlich groß gewesen sein

muss. Nach seinem Tod 1989 wird diese Denkschrift in einem Umschlag mit der Aufschrift „Vertraulich“ in seinem Schreibtisch gefunden.

[179] Vgl. zur Kanzelabkündigung JCD 2/I (1992), 164f. Ganzer Wortlaut in Wentorf (1989), 124–128, Zitate nach ebd., 125f., 127f.

[180] Zit. nach Bethge (1978), 607.

[181] Vgl. JCD 2/I (1992), hier bes. 15f.

[182] Vgl. Prolingheuer, Irre (1987), 127, Zitat 128.

[183] Vgl. JCD 2/I, 307 und Anm. 551.

[184] Zit. nach JCD 2/I (1992), 307f.

[185] Ganzer Wortlaut des 2. Teils des Memorandums in Tübinger Projektgruppe: „Frauen im Kirchenkampf“/Schröder (1997), 197–204, Zitate 199 und 200 und 202.

[186] Zit. nach Erhart/Meseberg – Haubold/Meyer (1999), Dok. 57, 262. Vgl. dazu Anm. 161.

[187] Zit. nach: Tübinger Projektgruppe (1997), 195.

[188] JCD 2/I (1992), 16 und 15.

[189] Vgl. Erhart/Meseberg – Haubold/Meyer: Katharina Staritz 1903–1954. Mit einem Exkurs Elisabeth Schmitz. Dokumentation Band I, Neukirchen 1999, 185–269; Meyer, Mutter Elisabeth-Biografische Einführung zu Leben und Werk von Dr. Elisabeth Schmitz in Gailus, Schmitz (2008), 11–19. Weitere Angaben stammen aus mehreren Gesprächen mit Dietgard Meyer 2010/11. Die 2010 erschienene Biografie von Gailus über Schmitz („Mir aber zerriss es das Herz“) führt das wenige, das wir über sie wissen, breit aus. Vgl. Buchbesprechung von Meseberg-Haubold 2010, 606– 627.

[190] Vgl. Lüdecke in Gailus, Schmitz (2008), 20–38, hier bes. 31f.

[191] Vgl. Gailus in Gailus, Schmitz (2008), 43.

[192] Zit. nach Elsner/ Schmidt (1987), 59.

[193] Vgl. Gailus in Gailus, Schmitz (2008), 42; Zwanger (2008), 18/19.

[194] Vgl. Gailus in Gailus, Schmitz (2008), 45 und 34; Das ist heute die Adresse des Hotels Augustinenhof. Das Nebengebäude dieses zusammenhängenden Gebäudekomplexes, Auguststraße 80, ist heute u.a. Sitz von Aktion Sühnezeichen-Friedensdienste.

[195] Vgl. Bertz in Brumlik/Heuberger/Kugelmann (2006), 21 f.

[196] Meyer in Erhart/Meseberg – Haubold/Meyer (1999), 208 f.

[197] Während der nationalsozialistischen Zeit sind es zehn Briefe von Elisabeth Schmitz und zwei von Karl Barth; erstmals veröffentlicht von Meyer „Wir haben keine Zeit zu warten“– Der Briefwechsel zwischen Elisabeth Schmitz und Karl Barth in den Jahren 1934–1966. In: in KZG 22, 2009/Heft 1, Mai 2009, 328 ff. (Druckfehler: Der Briefwechsel beginnt bereits 1933!)
Ein früherer Kommentar zum Briefwechsel zwischen Schmitz und Barth, der sich auf das Karl-Barth-Archiv in Basel stützt, findet sich bei Marlies Flesch-Thebesius in Gailus, Schmitz (2008), 83 ff.

[198] Zit. nach Meyer in Erhart/Meseberg – Haubold/Meyer (1999), 214.

[199] Zit. nach ebd., 214, Anm. 119.

[200] Ebd., 212.

Kapitel III

[201] Näheres dazu: JCD 3/1 (1995), 42–92 und Brakelmann (2001), 45–55.

[202] Vgl. Zu den Zahlen Schulz, Stundenblätter (1988), Beilage 14.

[203] Zit. nach Zwanger (2008), 199 f.

[204] Vgl. Brakelmann (2001), 52–55.

[205] So Hartmut Metzger, zit. nach Schulz, Stundenblätter (1988), 34.

[206] Zit. nach JCD 3/I (1995), 43.

[207] Zit. nach Lapide in Kremers (1985), 171.

[208] Vgl. Brosseder (1972), 208. Zit. nach Hermle/Thierfelder (2008), Nr. 250, 486 f.

[209] Auf der Wartburg war in der Karwoche 1938 das Kreuz durch ein riesiges, von Scheinwerfern angestrahltes Hakenkreuz ersetzt worden, vgl. Bethge (1978), 676.
Eine Aufnahme davon ist das Titelbild des 2010 erschienenen historischen Reiseführers „Thüringen 1933–1945“ von Willy Schilling. Das Hakenkreuz musste aber aufgrund von Protesten am Gründonnerstag wieder abgenommen werden.

[210] Zit. nach JCD 3/I (1995), 42f.
[211] Zit. nach JCD 3/I (1995), 18.
[212] Vgl. JCD 3/II (1995), 59. Nachdem die Wochenschrift „Deutsches Christentum“ im Januar 1939 darüber klagt, dass in Berlin und anderswo „deutsche Stätten der Anbetung mit jüdischen Namen verziert“ seien, richtet im September 1939 die Kirchenkanzlei der Deutschen Evangelischen Kirche in einem Rundschreiben die Bitte an alle (!) deutschen evangelischen Landeskirchen, in Zukunft „Bezeichnungen alttestamentlicher oder ähnlicher Art für Kirchen und kirchliche Gebäude, die dem deutschen Volksempfinden widersprechen“, zu vermeiden – vgl. JCD 3/II (1995), 62, 65. Demgegenüber erhalten in Bremen 1939 gleich drei neue Kirchen den Namen „Dankeskirche“, was in der dortigen Kirchenzeitung so begründet wird: „*Die Kirche dankt Gott aus tiefstem Herzen, dass er uns in letzter Stunde den Mann gesandt hat, der der geistigen Verseuchung deutscher Menschen durch das Judentum ein Ende setzte und durch den Nationalsozialismus die geistige Besinnung unseres Volkes gewährleistet.*“ – Zit. nach JCD 3/II (1995), 70.
[213] Vgl. van Norden in Brakelmann/Rosowski (1989), 103.
[214] Vgl. JCD 2/I (1992), Anm 552.
[215] Ganzer Wortlaut in Hermle/Thierfelder (2008), Nr. 251, 487–489. – Zitate 487, 489, 488, 487, 488, 489.
[216] Zit. nach Tübinger Projektgruppe „Frauen im Kirchenkampf“/Schröder (1997), 195, Anm. 1.
[217] Zit. nach JCD 3/I (1995), 48.
[218] Zit. nach van Norden in Brakelmann/Rosowski (1989), 104.
[219] Vgl. Röhm/Thierfelder (1983), 125 und JCD 2/I (1992), Anm. 602.
Näheres zum Büro Grüber: JCD 3/I (1995), Kapitel 6, 8, 19, 21.
[220] Zit. nach JCD 3/I (1995), 50f.
[221] JCD 3/I (1995), 52 und 54.
[222] Zit. nach JCD 3/I (1995), 83.
[223] Bezeichnend ist, wenn Ernst Otto Anders im Pfarrerkalender 1940 rückblickend zum November 1938 schreibt: „*Am 7. geschieht dann in den Räumen der Pariser Deutschen Botschaft jene hinterlistige Bluttat, in deren Folge eine maßlose*

Hetze durch alle Blätter der Welt gehen soll, die dazu bestimmt ist, die eben angebahnte neue Ära der Verständigung nach dem Willen der Juden zum Scheitern zu bringen. Der Jude Herschel Grünspahn schießt den Legationssekretär Ernst von Rath nieder, ein Verbrechen, das sich offen gegen das deutsche Volk richtet. Die deutsche Regierung beantwortete diese freche Herausforderung sofort mit einer angemessenen Sühne. Dem Judentum wird eine Buße von einer Million Goldmark auferlegt. Aus dem ganzen deutschen Volkskörper werden die Juden nunmehr kompromisslos ausgeschaltet." Zit. nach Brakelmann (1979), 48, 59.

[224] Brakelmann (2001), 55 f.

[225] Vgl. Schneider /Ross/Dieterich (2009), 462. Der Hunsrücker Pfarrer Paul Schneider ist bekannt geworden als „Prediger von Buchenwald", da er noch aus seinem KZ-Bunker heraus seine Überzeugungen und seinen Glauben herausruft.

[226] Zit. nach Meyer in Erhart/Meseberg – Haubold/Meyer (1999), Dok. 61, 265 f.

[227] Zit. nach ebd., 206.

[228] Vgl. Hensel in Gailus, Schmitz (2008), 68 ff.

[229] Vgl. Pangritz in Gailus, Schmitz (2008), 166–168, Zitate 168. Dazu Hinweis im Vorwort zur Zweiten Auflage.

[230] Ganzer Wortlaut des Briefes u. a. in Gailus, Schmitz (2008), 223–225.
Vgl. zum Brief.: Pangritz in Gailus, Schmitz (2008), 168–170.

[231] Vgl. Gailus, zeitzeichen (2008), 21.

[232] Vgl. Pangritz in Gailus, Schmitz (2008), 170–172.

[233] Vgl. zum Folgenden Ludwig (2008), 36–50.

[234] Gollwitzer (1951/52), Zitate 145, 146, 148 f., 149, 151.

[235] Vgl. JCD 3/I (1995), 62.

[236] Gollwitzer (1951/52), 145 Anmerkung H. G. zum Abdruck seiner Predigt.

[237] Der Briefwechsel zwischen Eva Bildt und Helmut Gollwitzer ist erst jüngst veröffentlicht worden: „Ich will Dir schnell sagen, daß ich lebe, Liebster". Helmut Gollwitzer Eva Bildt. Briefe aus dem Krieg 1940–1945, München 2008. Dieser von Friedrich Krüger und Ruth Pabst herausgegebene und kommentierte Briefwechsel dokumentiert nicht nur die persönliche Lebenssituation einer „Halbjüdin" in Berlin und

eines Soldaten an der Front, sondern beleuchtet auch die politische und kirchliche Situation dieser Jahre.

238 Zit. nach JCD 3/I (1995), 47.

239 Zit. nach ebd., 75–77.

240 Vgl. zum Folgenden ebd., 69–92.

241 Zit. nach Brakelmann (2001), 59f.

242 Zit. nach JCD 3/I (1995), 81.

243 Vgl. Brakelmann (2001), 61.

244 Barth (1985), 89f.

245 Vgl. JCD 3/I (1995), 58.

246 Vgl. JCD 3/1 (1995), 59 und Bethge (1978), 699f., 893, Zitate nach JCD 3/I (1995), 42, 59. Näheres dazu: Bethge (1978), 673–715.

Kapitel IV

247 Näheres dazu: JCD 3/I (1995), 93ff. und JCD 3/II (1995), mit Zeittafel JCD 3/I, 417ff.

248 Vgl. JCD 3/II, 18f.

249 Zit. nach Goldschmidt/Kraus (1962), 238.

250 JCD 3/II (1995), 27f.

251 Zit. nach Goldschmidt/Kraus (1962),240. Diese Formulierung der Landesbruderräte geht nur etwas auf Distanz zur Godesberger Formel, in der es heißt: „Das Christentum ist der unüberbrückbare religiöse Gegensatz zum Judentum."

252 Zit. nach JCD 3/II (1995), 28. Zur Vorgeschichte dieser „Godesberger variata" vgl. von der Osten-Sacken (2002), 280f., Zitat nach JCD 3/II (1995), 28: Am 26. Mai hatte Reichskirchenminister Kerrl den Kirchenführern, die die Godesberger Erklärung nicht unterschrieben haben, fünf Grundsätze vorgelegt, die von drei Theologen, die keine radikalen Deutschen Christen waren (Ellwein, Schomerus, Brunotte) ausgearbeitet worden waren. In These 3 heißt es da zum Verhältnis zu den Juden: *„Die nationalsozialistische Weltanschauung bekämpft mit aller Unerbittlichkeit den politischen und geistigen Einfluss der jüdischen Rasse auf unser völkisches Leben. Im Gehorsam gegen die göttliche Schöpfungsordnung bejaht die evangelische Kirche die Verantwortung für die Reinerhaltung unseres Volkstums. Darüber hinaus gibt es im Bereich des Glaubens*

keinen schärferen Gegensatz als den zwischen der Botschaft Jesu Christi und der jüdischen Religion der Gesetzlichkeit und der politischen Messiashoffnung." – Diese Grundsätze werden dann von den Kirchenführern am 31. Mai 1939 in einer modifizierten Form angenommen – sogenannte „Godesberger Variata" – die wiederum Kerrl ablehnt.

[253] Zit. nach JCD 3/II (1995), 28 f.

[254] Von der Osten-Sacken (2002), 281, 282.

[255] Zit. nach Hermle/Thierfelder (2008), Nr. 237, 469 f.

[256] Zit. nach Prolingheuer, Kirchengeschichte (1987), 94.

[257] Das zeigt auch die sofortige Berufung eines Geistlichen Vertrauensrates durch den Leiter der Kirchenkanzlei Dr. Werner (DC). Dieser Vertrauensrat, dem neben Vertretern der Deutschen Christen auch der Bekenntnis-Bischof Marahrens angehört, verfasst bereits am 2. Kriegstag einen gemeinsamen Aufruf. – Vgl. Brakelmann (1979), 126 f.

[258] Brakelmann (2001), 69.

[259] Zit. nach Ludwig (2008), 53. So erinnert sich Gollwitzer nach dem Krieg an das Gespräch, das er im Winter 1939/40 mit den Generalobersten Ludwig Beck und Kurt von Hammerstein-Equord führte und das für diese eine große Hilfe und Unterstützung im Ringen um die Berechtigung eines Tyrannenmords bedeutete.

[260] Zit. nach Gottesdienstbuch für die Evangelische Landeskirche in Württemberg (2005), 135. Der dort abgedruckte Auszug (134–136) aus dem Entwurf für ein Schuldbekenntnis ist als Lesetext für das Gedenken an die Pogromnacht vorgeschlagen. – Das ganze 7-seitige Schuldbekenntnis ist nachzulesen in Bonhoeffer, Ethik (Hg. E. Bethge) 9. Aufl. München 1981, 117–123.

[261] Vgl. JCD 3/I (1995), 26.

[262] Näheres zum Institut: Siegele-Wenschkewitz (Hg.): Christlicher Antijudaismus und Antisemitismus, Arnoldshainer Texte, Band 85, Frankfurt 1994, darin insbesondere Susannah Heschel „Theologen für Hitler".

[263] Zit. nach JCD 3/II (1995), 43. Das Programm der Eröffnungsfeier ist abgeduckt in Prolingheuer, Irre (1987), 149.

[264] Zit. nach Hermle/Thierfelder (2008), Nr. 258, 494f.

[265] Vgl. JCD 3/II (1995), 50f. Zwar hatte die württembergische Kirchenleitung 1940 eine finanzielle Unterstützung des Instituts abgelehnt und sich 1942 dagegen ausgesprochen, dieses Unternehmen einer kirchenpolitischen Gruppe durch die Kirchenkanzlei der DEK zu unterstützen. Der Direktor des Ev. OKR in Stuttgart, der Jurist Hermann Müller, meinte jedoch zur inhaltlichen Arbeit: *„Ich kann die Bestrebungen zur Erforschung und Bekämpfung des jüdischen Einflusses auf das deutsche kirchliche Leben von meinem Standpunkt aus nur begrüßen."* – Zit. nach ebd., 50.

[266] Vgl. JCD 3/II (1995), 43ff.

[267] Namen von 23 Universitätstheologen aus 11 evangelisch-theologischen Fakultäten in Siegele-Wenschkewitz (1982), 184. Näheres zu Grundmann: ebd., 182ff. und Ginzel in Kremers (1985), 208.
Nach dem Krieg werden die meisten Mitarbeitenden des Instituts wieder wichtige Positionen in der evangelischen Kirche und Theologie in der BRD und in der DDR inne haben. Grundmann lehrt bis 1975 am Katechetenseminar in Eisenach. Sein Ansinnen, nach dem Ende des Nationalsozialismus das Institut fortzuführen (!), wird zwar vom thüringischen Kirchenrat nach '45 abgelehnt, doch wird die frühere Arbeit des Instituts von den neuen kirchenleitenden Männern in Thüringen, selbst wenn sie aus der Bekennenden Kirche kommen, merkwürdigerweise als politisch irrelevant und sogar auch positiv beurteilt. – Vgl. Susannah Heschel „Theologen für Hitler", s. o. Anmerkung 262. Es hat den Anschein, als solle hier um des Kirchenfriedens und um des Rufs der Kirche wegen möglichst viel zugedeckt werden.

[268] Vgl. zum Folgenden JCD 3/II (1995), 47f.

[269] Zit. nach JCD 3/II (1995), 49.

[270] Vgl. zum Folgenden JCD 3/II (1995), 49, 56–59.
Die Bemühungen, auch das Kirchenlied „judenrein" zu machen, hatten schon lange vorher begonnen, wie Prolingheuer näher ausführt: Bereits 1933 listet der Alttestamentler Wilhelm Caspari alle hebräischen und aramäischen

Worte und Wendungen der 342 Lieder aus dem Stammteil des „Deutschen evangelischen Gesangbuches“ auf. Nachdem der Dresdner Kirchenmusiker Alfred Stier schon 1933 zusammen mit Otto Riethmüller (dem Vorsitzenden der Jugendkammer der BK) das Liederbuch für die deutsche evangelische Jugend „Ein neues Lied“ herausgebracht hatte, folgt 1934 das nächste Gesangbuch „Deutsche Kirchenlieder – Zur Erneuerung des Gemeindegesangs“ mit „gereinigtem“ evangelischem Liedgut.
Da wird z. B. in dem Paul-Gerhardt-Lied „Wie soll ich dich empfangen“ in der 2. Strophe aus „Dein Zion streut dir Palmen und grüne Zweige hin“ nun „Dein Volk, das streut die Palmen ...“ Und Paul Gerhardts Choral „Du, meine Seele, singe“ beginnt in der 2. Strophe nicht mehr mit „Wohl dem, der einzig schauet nach Jakobs Gott und Heil“, sondern „... nach unsers Gottes Heil“.
In den beiden altkirchlichen Osterhymnen „Christ ist erstanden“ und „Erstanden ist der heilig Christ“ werden die insgesamt 63 „Halleluja“ ersetzt durch „Gelobt sei Gott/ Gott sei gelobt!“
Schließlich wird die Formel „Amen“ ersetzt durch „das walte Gott“.
– Vgl. Prolingheuer, Irre (1987), 133.

[271] Welche Ausmaße die Entjudung auch im Bereich der Kirchenmusik annimmt, sei nur am Beispiel von Felix Mendelssohn-Bartholdy angedeutet. Der Enkel des angesehenen jüdischen Philosophen Moses Mendelssohn war selbst getaufter Jude und Mitglied der reformierten Gemeinde. Weil er als 21-jähriger im Jahr 1829 erstmals seit Bachs Tod die Matthäuspassion aufgeführt hat, gilt er als der Wiederentdecker der Musik Johann Sebastian Bachs, aber während Bach im Nationalsozialismus als „Deutschester aller Deutschen“ verehrt wird, ist der „Jude“ Mendelssohn verfemt. Eine Ausstellung dazu gab es im Bachhaus Eisenach im Herbst 2009: „Blut und Geist – Bach, Mendelssohn und ihre Musik im Dritten Reich“.

[272] Näheres dazu: JCD Band 4/I und 4/II (2007), mit Zeittafel JCD IV, 1, 479 ff.

[273] Vgl. JCD 4/I (2007), 120f.
[274] Vgl. Brakelmann (2001), 70f.
[275] Zit. nach JCD 4/I (2007), 109f.
[276] Vgl. ebd., 112f.
[277] Zit. nach ebd., 102f.
[278] Vgl. Brakelmann (1979), 19.
[279] Vgl. JCD 4/I (2007), 104.
[280] Vgl. Brakelmann (1979), 18f.
[281] Zit. nach JCD 4/I (2007), 113.
[282] Zit. nach ebd., 116.
[283] Vgl. van Norden in Brakelmann/Rosowski (1989), 108. Näheres zu Staritz: JCD 4/I (2007), 35ff. und Erhart/Meseberg – Haubold/Meyer: Katharina Staritz 1903–1954. Mit einem Exkurs Elisabeth Schmitz. Dokumentation Band I, Neukirchen 1999.
[284] Vgl. JCD 4/II (2007), 72ff. und Bethge in Kaiser/Greschat (1988), 7.
[285] Vgl. van Norden in Brakelmann/Rosowski (1989), 107.
[286] Zit. nach JCD 4/II, 256.
[287] Vgl. ebd., 257. Wörtlich heißt es in diesem Brief.: *„Ich habe selbstverständlich nichts dagegen, wenn Amtsbrüder sich gedrungen fühlen, am dritten Advent aus dem gegebenen Text heraus darauf hinzuweisen, welchen Fluch die Ablehnung des durch Jesus Christus gebrachten Heils dem einst erstberufenen Volk gebracht habe und dass jedes Volk, dass diesen Ruf ausschlage, das Gericht zu erwarten habe. […]: Weiter könnte unter Hinweis auf alttestamentliche Prophetenworte sehr ernst davon geredet werden, dass auch diejenigen, die Gott als Werkzeuge seines Gerichts benützt, die Art ihres Handelns zu verantworten haben."* – Zit nach ebd., 258.
[288] Wie tief der Antijudaismus auch noch bei Personen des Widerstandes sitzt, zeigt folgendes Beispiel: Constantin von Dietze aus dem Freiburger christlichen Widerstandskreis schreibt zur „Judenfrage" 1942 – im Anhang der Denkschrift zum Aufbau Deutschlands nach Hitlers eventueller Beseitigung:
„Es ist Aufgabe der Christenheit, allen Völkern das Evangelium zu bringen …, auch gegenüber dem jüdischen Volk, dessen ent-

scheidende Schuld es ist, dass es der Offenbarung Gottes in Jesus Christus bis zum heutigen Tag widerstrebt …"
Und von Dietze meint auch, nach der Hitler-Diktatur auf weitere Sonderbestimmungen gegen die Juden verzichten zu können *„… und zwar deshalb, weil die Zahl der Überlebenden und nach Deutschland zurückkehrenden Juden nicht so groß sein wird, dass sie noch als Gefahr für das Deutschtum angesehen werden können"*. – Zit. nach van Norden in Brakelmann/Rosowski (1989), 105.
Von Dietze wird nach dem gescheiterten Attentat auf Hitler verhaftet, 1955–1961 ist er Präses der EKD.

289 Wörtlich heißt es in diesem Brief: *„In weiten Kreisen, nicht bloß in konfessionell-christlichen, ist man bedrückt durch die Art und Weise, wie der Kampf gegen andere Rassen und Völker geführt wird. Man erfährt durch Urlauber, was in den besetzten Gebieten an systematischer Ermordung von Juden und Polen geschieht. Auch diejenigen, die die Vormacht des Judentums. […] für einen Schaden gehalten haben, können nicht annehmen, dass ein Volk berechtigt ist, ein anderes Volk durch Maßnahmen, die jeden einzelnen ohne Rücksicht auf persönliche Verschuldung treffen, auszurotten. Menschen ohne richterlichen Urteilsspruch lediglich wegen ihrer Zugehörigkeit zu einem anderen Volkstum oder ihres kranken Zustandes zu Tode zu bringen, widerspricht dem klaren göttlichen Gebot und darum auch den Begriffen von Recht und Menschlichkeit, wie sie einem Kulturvolk unentbehrlich sind."* Und am Schluss: *„Viele Volksgenossen empfinden solche Vorgänge nicht bloß als Not, sondern auch als Schuld, die sich bitter rächen kann. […] Die evang. Kirche hat in der Öffentlichkeit von all dem geschwiegen, um das deutsche Volk nicht vor dem Ausland bloßzustellen, aber wenn jetzt neue und große Opfer vom Volk verlangt werden, dann sollte ihm auch eine Entlastung in moralischer Hinsicht gewährt werden."* – Zit. nach JCD 4/II, 259.

290 Diese zweite Protestbriefwelle ist ausführlich dokumentiert und kommentiert in JCD 4/II, 258–271. Der Brief an Hitler vom 16. Juli 1943 im ganzen Wortlaut ebd., 664–666. Dieser Brief wird unter anderem angestoßen von Hermann Diems sog. Münchner Laienbrief (s. u.) und Eugen Gersten-

maiers Brief an Wurm. Darin will dieser den Bischof vor allem gewinnen mit dem Argument, „dass die Deutsche Evangelische Kirche bzw. ihre Substanz vor der Welt mehr und mehr unglaubwürdig zu werden beginnt", während im Vergleich dazu „der deutsche Katholizismus jedenfalls im Ausland das Ansehen des deutschen Protestantismus weit überholt" habe. Gerstenmaier, Mitglied der Widerstandsgruppe Kreisauer Kreis, fügt hinzu: „Die Verzweiflung in weiten Kreisen unsers Volkes ist über diese Dinge so groß geworden, dass das Wort der Kirche her muss." – Zit. nach ebd. 265 und 267.

291 Zit. nach Brakelmann (2001), 73 f.

292 Vgl. JCD 4/II (2007), 270 f.

293 Zit. nach JCD 4/II (2007), 271 ff.

294 JCD 4/II (2007), 282.

295 Vgl. ebd., 281 f.

296 Vgl. dazu JCD 4/II (2007), 283–302, Zitate nach 286–293.

297 Vgl. dazu JCD 4/II (2007), 302–309, Zitate der 1. Erklärung nach 306 und 309; Zitat der 2. Erklärung nach 308 f.
Diese Preußensynode macht sich auch das Wort der schlesischen Bekenntnissynode zur 1. Barmer These zu eigen, das sich ausdrücklich zum Alten Testament bekennt und dazu, dass Gottes Offenbarung zuerst an Israel erging. – Vgl. ebd., 305.

298 Näheres dazu: JCD 4/I (2007), 182 ff.

299 Vgl. zum Folgenden Vollmer (2010), 310 f., 317, 127 ff., 151 f. und 161.

300 Vgl. ebd., 102.

301 Vgl. VELKD (2007), 102.

302 Vgl. Schulz, Stundenblätter (1988), 64.

303 Vgl. VELKD (2007), 99 f.

304 Stroh (1983), 68–73.

305 Zit. nach ACK (2008), 11.

306 Zit. nach van Norden in Brakelmann/Rosowski (1989), 106.

307 Vgl. zum Folgenden Brakelmann (2001), 80, 82.

308 Vgl. Huber in Rendtorff/Stegemann (1980), 77. Selbst Huber schreibt 2008 als Ratsvorsitzender der EKD – im Vorwort zur

Handreichung zum Reichspogromnacht-Gedenken – vor allem vom Schweigen der Kirche. – Vgl. Gemeinsame Arbeitsstelle für gottesdienstliche Fragen der EKD (GAFG) (Hg.).

Kapitel V

309 Vgl. Brakelmann (2001), 75.

310 Zit. nach Brakelmann (2001), 76.

311 So spricht Wurm in diesem Brief nur von der Schuld der führenden Männer in Staat und Partei – diese mitzutragen die Kirche sich nicht weigere. Er weist darin selbstrechtfertigend auf den Versailler Vertrag mit seinen Folgen hin: Diese Zustände hätten schließlich eine Verzweiflungsstimmung erzeugt „und nur diese macht es erklärlich, dass ein extremer und fanatischer Nationalismus zur Herrschaft kommen konnte“. In Hinblick auf die Siegermächte schreibt Wurm: „Der Glaube an die Gewalt ist nicht nur bei deutschen Staatsmännern verwerflich …“, und legt den Gedanken nahe, die Grausamkeiten hier wie dort seien „Folge der Gottesentfremdung und Christusfeindschaft der heutigen Welt“. – Zit. nach Brakelmann (2001), 76f.
Übrigens macht auch der derzeitige deutsche Papst Benedikt XVI immer wieder den Atheismus und die Säkularisation verantwortlich für das Abrutschen in diktatorische Systeme wie den Nationalsozialismus.

312 Vgl. Röhm/ Thierfelder (1985), 5.

313 Zit. nach Kirchen- und Theologiegeschichte in Quellen IV/2 (1980), 162f.
Abdruck auch in der Gesangbuchausgabe für die Evangelische Landeskirche in Württemberg, Nr. 837.

314 Bereits in einer Radioansprache vom 4. September 1945 gibt Wurm die Linie vor, wie die Rolle der Kirche im Dritten Reich gesehen werden sollte, wenn er sagt: *„Wo die Kirche ihre Verantwortung ernst nahm, rief sie zu den Geboten Gottes, nannte beim Namen Rechtsbruch und Frevel, die Schuld in den Konzentrationslagern, die Misshandlung und Ermordung von Juden und Kranken, und suchte der Verführung der Jugend zu wehren. Aber man drängte sie in die Kirchenräume zurück wie in*

ein Gefängnis. Man trennte unser Volk von der Kirche. Die Öffentlichkeit durfte ihr Wort nicht mehr hören". – Zit. nach Röhm/Thierfelder (1985), 6. Dass die Kirche so außerhalb und innerhalb ihrer Kirchenräume gerufen und geredet hätte, entspricht nicht den Tatsachen. Die wenigen kritischen Sätze zu Konzentrationslager, Rechtswillkür und Judenhass, die einmal in der vertraulichen Denkschrift an Hitler vom Sommer 1936 standen, wurden für die Kanzelabkündigung in den Gemeinden ja gerade wieder gestrichen

315 Vgl. Huber in Rendtorff/Stegemann (1980), 76f.
Zu Bonhoeffers Schuldbekenntnis siehe Seite 188f. und Anm. 260.

316 Zit. nach Tübinger Projektgruppe „Frauen im Kirchenkampf"/Schröder (1997), 206f.; dort auch ganzer Wortlaut dieser Erklärung – nebst Hinweis auf die Erstveröffentlichung 1985 – 205–212. Die Erklärung ist neuerdings auch ungekürzt zugänglich in „Hermle,Siegfried/Thierfelder, Jörg: Herausgefordert. Dokumente zur Geschichte der Evangelischen Kirche in der Zeit des Nationalsozialismus", Stuttgart 2008, 766ff.
Der 1. Teil ist abgedruckt im Ergänzungsband zum Gottesdienstbuch für die Evangelische Landeskirche in Württemberg als Text für das Gedenken an die Pogromnacht 1938 und den Holocaustgedenktag (2005), 133f.

317 Zit. nach „Kirchen- und Theologiegeschichte in Quellen, IV/2 (1980), 163f. Ganzer Wortlaut ebd.

318 Vgl. Schneberger (2007), 9.

319 Prolingheuer, Irre (1987), 13f.

320 Zit. nach Goldschmidt/Kraus (1962) 251f. Ganzer Wortlaut ebd. Vgl. dazu Brakelmann (2001), 88–92.

321 Huber in Rendtorff/Stegemann (1980), 78.

322 Zit. nach Kirchenamt (2002), 223f. Ganzer Wortlaut ebd. Vgl. dazu Brakelmann (2001), 93.

323 Huber in Rendtorff/Stegemann (1980), 77.

[324] Vgl. zu Goes: Helmut Zwanger: Albrecht Goes. Freund Martin Bubers und des Judentums (2008):
Zur Person Kap. I, 13–45; zu Goes-Buber und zum Judentum Kap. II, 47–157; zu den Erzählungen im Umkreis der Shoah Kap. III, 159–208; zu den jüdischen Gesprächspartnern Kap. IV 209–261; zu den Gedichten zur Shoah-Erinnerung und Israel-Verbundenheit Kap. V 263–277.

[325] Ebd., 9 f.

[326] Ebd., 161 f.

[327] Vgl. ebd., 123–157. Seinen Vortrag bei der Woche der Brüderlichkeit 1962 nennt Goes pogrammatisch: „Drei Geschenke aus Israel. Gehe, Leide, Warte". In seinem 1995 erschienen Beitrag „Sabbat und Sonntag" heißt es: *„Sabbat und Sonntag: man muss sie in einem Atemzug nennen, in einem Gedanken umschließen, in einer Liebe bewahren."* Zit. nach ebd., 42 ff.

[328] Zit. nach ebd., 274, interpretiert 273 ff. In früheren Veröffentlichungen steht das Gedicht unter der Überschrift „Die Langverstoßne".

[329] Zit. nach ebd., 274 f., vgl. Anm. 25, 28.

[330] Zit. nach ebd., 276. Vielleicht sollte dieses Gebet in die Karfreitagsliturgie der katholischen und evangelischen Kirche aufgenommen werden.

[331] Zit. nach ebd., 29.

[332] Zit. nach ebd., 23 f.

[333] Vgl. ebd., 35 ff., hier bes. Goes-Rede 56 ff. und Buber-Rede 64 ff.

[334] Vgl. zu Gollwitzer: Ralph Ludwig: Der Querdenker. Wie Helmut Gollwitzer Christen für den Frieden gewann (2008). Zur Biografie bes. 49/69 f./82 f.

[335] Zit. nach ebd., 63.

[336] Zit. nach ebd., 54.

[337] Zit. nach ebd., 84.

[338] Vgl. zeichen (2009), 21.

[339] Bethge in Kaiser/Greschat (1988), 31.

[340] Zit. nach Kriessler 2009, 423. Vgl. zum Folgenden ebd., 421 ff.

[341] Näheres dazu: Goldschmidt/Kraus: Der ungekündigte Bund (1962).

[342] So die aus London eingeladene deutsche Jüdin Eva Reichmann, zit. nach Kammerer in Brumlik/Heuberger/Kugelmann (2006), 429.

[343] Bethge in Kaiser/Greschat (1988), 24.

[344] Vgl. Huber in Rendtorff/Stegemann (1980), 79.

[345] Vgl. Kirchenamt der EKD (2002).

[346] Zitate ebd., 40 f.

[347] Huber in Rendtorff/Stegemann(1980), Zitate 77 und 79.

[348] Zit. nach Bethge in Kaiser/Greschat (1988), 21 f.

[349] Der Beschluss ist zugänglich in: Evangelische Kirche im Rheinland/Landeskirchenamt, Arbeitshilfe (2008), Anhang A 97–99. Die folgenden sechs Thesen sind zugänglich ebd., Anhang B 101–111:

I: Der Holocaust als Wendepunkt/II: Die gemeinsame Bibel/III: Jesus Christus zwischen Christen und Juden/IV: Das eine Volk Gottes/V: Gerechtigkeit und Liebe im Judentum und Christentum/VI: Zur Frage der Judenmission.

Der Rheinische Synodalbeschluss – ohne Thesen – ist ungekürzt zugänglich auch in: Rendtorff, Rolf/Henrix, Hans Hermann: (1989), 593 ff.

[350] Zur Abstimmung vgl. Kremers (1985), Vorwort XVIII. Zur Reaktion: Als der Präses der Rheinischen Kirche zur nächsten Sitzung des Rates der EKD kommt, werfen ihm lutherische Landesbischöfe vor, dass seine Kirche mit diesem Beschluss in unverantwortlicher Weise aus der bisher eingenommenen Stellung der evangelischen Kirchen in Deutschland zum jüdischen Volk ausgebrochen sei. – Ebd. 13 Bonner Theologieprofessoren protestieren mit ihren „Erwägungen“ gegen diese Beschlüsse. – Vgl. Bethge in Kaiser/Greschat (1988), 28, 30. Näheres zu den Forderungen der Bonner Universitätstheologen bei Siegele-Wenschkewitz (1982), 171–175.

[351] Vgl. Kremers (1985), Vorwort XVIII.

[352] Bethge in Kaiser/Greschat (1988), 20, 27 f.

[353] Zit. nach Evangelische Kirche im Rheinland/Landeskirchenamt Arbeitshilfe (2008), 117. 2005 sagt die Rheinische Synode in einem weiteren Beschluss rückblickend dazu:

Der Beschluss von 1988 zeigt, *„wie in diesem Lernprozess immer deutlicher wird, dass aus Schulderkenntnis und Umkehr die Revision unserer gesamten Tradition und die Erneuerung zentraler Elemente unserer theologischen Überlieferung folgen müssen. Aus der früher fälschlich so genannten ‚Judenfrage' ist etwas geworden, was man eher ‚die Christenfrage' nennen könnte."* – Zit. nach ebd., 116f.

[354] Zit. nach ebd., 112.

[355] Zit. nach ebd., 118.

[356] Zit. nach Rendtorff/Stegemann (1980), Nachwort, 178.

[357] Fast 20 Jahre zuvor mit „großem Lob" versehen, kommt diese Dissertation seinerzeit nicht hinaus über die „Verborgenheit eines vervielfältigten Manuskripts", denn „kompetente Zeitzeugen warnten vor einer Drucklegung", so Bethge im Vorwort zu diesem Buch. (S. 7). Die Kritik macht sich fest an der Schärfe des Urteils des Verfassers. Doch die darin zusammengetragenen Materialien und Aussagen waren 1970 wohl zu störend für das Bild, das von der Bekennenden Kirche nach 1945 verbreitet worden ist.

[358] Vgl. VELKD (2007), 159.

[359] Studie II und III sind zusammen mit Studie I abgedruckt in dem Band Kirchenamt der EKD: Christen und Juden I–III (2002).

In der Studie des Rates der EKD „Christen und Juden II" von 1991 unter dem Titel „Zur theologischen Neuorientierung im Verhältnis zum Judentum" wird der „bisher erreichte Konsens" unter den Landeskirchen festgehalten, vgl. ebd., 62–66:

- die Absage an den Antisemitismus
- das Eingeständnis christlicher Mitverantwortung und Schuld am Holocaust
- die Erkenntnis der unlösbaren Verbindung des christlichen Glaubens mit dem Judentum
- die Anerkennung der bleibenden Erwählung Israels
- die Bejahung des Staates Israel

In der Studie des Rates der EKD „Christen und Juden III" von 2000 unter dem Titel „ Schritte der Erneuerung im Verhältnis zum Judentum" werden wiederum die bisherigen

Schritte auf dem Weg zusammengefasst – vgl. ebd., 116–122 – und dann auch kontroverse Themen wie Judenmission und Haltung zum Staat Israel aufgegriffen.

[360] Zit. nach Evangelische Kirche im Rheinland/Landeskirchenamt Arbeitshilfe(2008), Beschluss der Synode der EKiR vom 9. Januar 2005, 119.

[361] Zit. nach Kirchenamt der EKD: Christen und Juden I–III (2002), 220ff. Ganzer Wortlaut der Kundgebung ebd.

[362] Vgl. Huber in Rendtorff/Stegemann (1980), 79.

[363] Zit. nach epd-Wochenspiegel 46/2008, 5. Darin weitere Beispiele: „Auch die Kirchenleitung habe geschwiegen und sich damit schuldig gemacht" heißt es da, und: „Die meisten christlichen Gemeinden hätten geschwiegen."
Jedenfalls fallen die zitierten bischöflichen Äußerungen hinter die Kundgebung zurück, in der ja ausdrücklich gesagt wird, dass die Kirche eben auch durch ihre theologische Tradition der Judenfeindschaft schuldig geworden ist.

[364] Zit. nach: Evangelische Kirche im Rheinland/Landeskirchenamt Arbeitshilfe (2008), 48, 116f. Die genannte Arbeitshilfe zeigt organisatorische, praktische, theologische und rechtliche Konsequenzen auf.

[365] Vgl. ebd., 59–95. Darüber hinaus werden in dieser Arbeitshilfe Lieder beschrieben, die besonders geeignet sind, um die Erneuerung des Verhältnisses von Christen und Juden zu Gehör zu bringen (Anhang E „Einklang mit Israel", 122–125), und es gibt eine Zusammenschau von alttestamentlichen Texten für Schriftlesung und Predigt (Anhang F „Gemeinsam die Bibel lesen", 126–141).
Zwei weitere liturgische Arbeitshilfen seien noch genannt:
- Deeg, Alexander/ Mildenberger, Irene (Hg): – „… dass er euch auch erwählet hat", Liturgiefeiern im Horizont des Judentums, Leipzig 2006
- Duensing, Friedrich/von der Osten-Sacken, Peter (Hg. im Auftrag von Aktion Sühnezeichen/Friedensdienste): Präfamina – Einleitungen zu den Lesungen des Gottesdienstes, 2. Aufl., Berlin 2011.

[366] „Predigtmeditationen im christlich-jüdischen Kontext", zu sämtlichen vorgeschlagenen Predigttexten, jährlich ein

Band, Hg. von W. Kruse, Neuhausen, jetzt von „Studium in Israel e. V.: Weihenzell und „Predigen in Israels Gegenwart“, zu ausgewählten Predigtperikopen, herausgegeben von A. Baumann und U. Schwemer, Gütersloh 1986 bis 1990.

367 Vgl. zum Israelsonntag Braun (2010), 362 ff. Er bezieht sich darin auf die Veröffentlichung von Evelina Volkmann „Vom Judensonntag zum Israelsonntag. Predigtarbeit im Horizont des christlich-jüdischen Gesprächs, Stuttgart 2002.

368 Vgl. Dieterich (2010), hier bes. 2, 16.

369 Zwei Beispiele: Die 1988 im Klett Verlag erschienenen Stundenblätter und Materialien „Christen und Juden“ für die Sekundarstufe I von Siegfried Schulz und die 2002 im Calwer Verlag (2. Aufl.) erschienenen Materialien und Kopiervorlagen für Schule und Gemeinde „Grundkurs Judentum“ Teil 1 und 2 von Dieter Petri und Jörg Thierfelder (Hg.).

370 Die Bibel-Lernwochen/Tora-Lernwochen gehen auf eine Initiative von Hartmut Metzger, dem damaligen Leiter der Fortbildungsstätte Kloster Denkendorf in Württemberg, zurück; diese Arbeit wird derzeit von Michael Volkmann in der Evang. Akademie Bad Boll fortgesetzt.

371 Bethge in Kaiser/Greschat(1988), 35.

372 So Renate Bethge, Zit. nach ebd. 23.

373 So Michal Bodemann, zit.nach: Gemeinsame Arbeitsstelle für gottesdienstliche Fragen der EKD (2008), 3.

374 Zit. nach Dieterich (2010), 6 ff. Prälat i. R. Paul Dieterich ist seinerzeit als Münsterpfarrer für den Gottesdienst verantwortlich.

375 Zit. nach Gemeinsame Arbeitsstelle für gottesdienstliche Fragen der EKD (2008), 6.

376 Vgl. Ergänzungsband zum Gottesdienstbuch (2005). Darin sind auch drei Textvorschläge für dieses Gedenken enthalten: Neben dem Entwurf eines Schuldbekenntnisses von Bonhoeffer von 1940 und der Stuttgarter Schulderklärung von 1945 die obengenannte „Erklärung der Kirchlich-theologischen Sozietät in Württemberg“ von 1946. – Vgl. ebd., 131 ff.

377 Vgl. VELKD (2007), 112–115. Dort auch Näheres zum jüdischen Leben in BRD und DDR.

Als nach 1945 eine Welle antisemitischer Pogrome durch das befreite Polen geht, bleiben zunächst viele aus den Konzentrationslagern befreite osteuropäische jüdische Häftlinge in Deutschland. Dazu kommen fast 200 000 polnische Juden, die sich beim Überfall der Deutschen in die Sowjetunion retten konnten, inzwischen nach Polen zurückgeführt worden sind, jetzt aber in die westlichen deutschen Besatzungszonen strömen, wo sie in den sogenannten „Displaced persons camps" leben. Diese DP-Camps werden in den nächsten Jahren die eigentlichen Zentren des jüdischen Lebens in Deutschland. Bis 1952 sind etwa 200 000 Juden aus Deutschland in andere Länder, v. a. in die USA und seit 1948 nach Israel ausgewandert.

378 Vgl. Korn in Brumlik/Heuberger/Kugelmann (2006), 344–354.

379 1987 gibt das Innenministerium des Landes Baden-Württemberg eine bis dahin einmalige und umfassende Dokumentation aller im Gebiet des Landes Baden-Württemberg nachweisbaren ehemaligen Synagogen heraus: „Synagogen in Baden-Württemberg", Autor ist der Pfarrer Joachim Hahn.

380 Kirchenamt der EKD Studie III – 2000 (2002), 122 f.; Guez (2011), 306 f. macht dagegen deutlich, dass diese großzügige Asylpolitik der letzten DDR-Regierung nicht reibungslos von der Bundesrepublik Deutschland übernommen, sondern am Tag vor der Wiedervereinigung im Oktober 1990 zunächst von der Bundesregierung beendet wurde. Es bedurfte des hartnäckigen Kampfes von Heinz Galinski, des damaligen Vorsitzenden des Zentralrates der Juden, bis die BRD im Januar 1991 die Juden aus der Sowjetunion als Kontingentflüchtlinge anerkannte. Für Guez, ebd. 301 f., ist Lothar de Maizière der Retter der Juden Deutschlands.

381 Vgl. epd-Wochenspiegel 5/2009, 14.

382 Zur Entwicklung des Synagogenbaus und seiner Architektur vgl. Korn in Brumlik (Heuberger/Kugelmann (2006), 355–358 und die Dokumentation über die wichtigsten

Synagogenneubauten in Deutschland „Gebauter Aufbruch", Stiftung Baukultur Rheinland-Pfalz.
[383] Schrader (2007), 220.
[384] Zit. nach epd-Wochenspiegel 5/2009, 14.

Kapitel VII

[385] Zit. nach Kremers (1985), Vorwort XVII.
[386] Teil III aus Obermans 1981 erschienenem Buch „ Wurzeln des Antisemitismus. Christenangst und Judenplage im Zeitalter von Humanismus und Reformation" ist fast identisch mit seinem späteren Aufsatz von 1983: „Luthers Beziehungen zu den Juden. Ahnen und Geahndete". Damit ist dieses Thema 1983 in der von Helmar Junghans herausgegebenen Festgabe zu Luthers 500. Geburtstag angesprochen: „Leben und Werk Martin Luthers von 1526–1546", Band 1, 519–530 und Anmerkungen dazu in Band 2, 894–904.
[387] Vgl. Siegele-Wenschkewitz in Kremers (1985), 351–367. Bei aller Würdigung wird Obermans Buch von 1981 auch von P. von der Osten-Sacken kritisch gesehen. – Vgl. von der Osten-Sacken (2002), 23ff.
[388] Vgl. Kremers (1985), Vorwort, Zitat XV.
[389] Von der Osten-Sacken (2002), 11.
[390] Ebd., 299f.
[391] So Helmut Kremers: „Seine Haltung zu den Juden streifte zuletzt das Pathologische", zeitzeichen 1/2009,27.
[392] Vgl. Oberman in Junghans (1983), 520; Brosseder (1972), 102–108; Siegele-Wenschkewitz in Kremers (1985), 355f., 361, 364.
[393] Kaufmann (2011), 6f.
[394] Vgl. Brosseder in Kremers (1985), 13; Ehrlich in ebd., 84f.
[395] Vgl. von der Osten-Sacken (2002), 23f. und 264 – im Gegensatz zu Oberman und anderen.
[396] Zit. nach Siegele-Wenschkewitz in Kremers (1985), 361f.
[397] Vgl. Fausel,(1977), 268; Lohse (1982), 95.
[398] Von der Osten-Sacken (2002), 296.
[399] Ebd., 294.

[400] Ebd., 275.
[401] Ebd., 15.
[402] Ebd., 299. Ausgeführt in 12 Punkten ebd., 297–299.
[403] Ebd., 300.
[404] Zit. nach von der Osten-Sacken (2002), 304.
[405] Ebd., 304.
[406] Kremers (1985), Vorwort XIII und XIV f.
[407] Zit. nach ebd., XV. Die Erklärung von Driebergen 1990 geht darüber hinaus:
Der LWB, genauer die Lutherische Europäische Kommission Kirche und Judentum, möchte nicht nur Luthers antijüdische Schriften und ihre Folgen aufarbeiten, sondern es sollen im Blick auf das christlich-jüdische Verhältnis „auch Grundschemata lutherischer Theologie und Lehre wie „Gesetz und Evangelium", „Glaube und Werke", „Verheißung und Erfüllung", „Zwei Regimente/Zwei Reiche" neu überdacht werden, nach Möglichkeit in Gestalt „theologische(r) Arbeit mit Juden besonders in der Bibelauslegung". – Zit. nach von der Osten-Sacken (2002), 304.
[408] Kirchenamt der EKD Studie II – 1991 (2002), 75.
[409] Kirchenamt der EKD Studie III – 2000 (2002), 163 f.
[410] Zit. nach von der Osten-Sacken (2002), 305, Anm. 21.
[411] Vgl. Gemeinsame Arbeitsstelle für Gottesdienstliche Fragen der EKD (2008), 3.
[412] Ebd., 19 f. Es folgen dann drei „Absagen":
1. *„Absagen wollen wir der falschen und bösen Rede, Gott habe sein Volk Israel verworfen …"*
2. *„Absagen wollen wir der falschen und bösen Rede, die Juden seien schuld am Tod Jesu …"*
3. *„Absagen wollen wir der falschen und bösen Rede, im Alten Testament begegne uns ein Gott der Rache, im Neuen Testament aber der Gott der Liebe."*
[413] Arbeitsgemeinschaft Christlicher Kirchen in Baden-Württemberg (2008), 11.
[414] von der Osten-Sacken, 300 f.
[415] Zit. nach Brosseder (1972), 258.
[416] Friedlander in Schultz (1983), 253.
[417] Zit. nach von der Osten-Sacken (2002), 301.

[418] Zit. nach ebd., 305.

[419] „*Es ist für die evangelisch-lutherische Kirche, die sich dem Werk und Erbe Martin Luthers verpflichtet weiß, unerlässlich, auch seine antijüdischen Äußerungen wahrzunehmen, ihre theologische Funktion zu erkennen und ihre Wirkung zu bedenken. Hierbei müssen nicht nur seine Kampfschriften gegen die Juden, sondern alle Stellen im Blick sein, an denen Luther den Glauben der Juden pauschalisierend als Religion der Werkgerechtigkeit dem Evangelium entgegensetzt.*" Und: „*Über die notwendige inhaltliche Distanzierung hinaus sind deren Ursachen, Motive und Wirkungsgeschichte zu erforschen und für eine künftige lutherische Theologie im Blick auf das christlich-jüdische Gespräch zu überdenken und zu kritisieren.*" – Zit. nach von der Osten-Sacken (2002), 305.

[420] Evangelisches Medienhaus, 2000, 93.

[421] Aus der Vorrede zum 1. Band der Wittenberger Ausgabe seiner deutschen Schriften 1539, zit. nach Lohse (1982), 108.

Nachwort

[422] Die Bibel nach der Übersetzung Martin Luthers (Stuttgart 1991), 616;

[423] Martin Buber: Das Buch der Preisungen (Heidelberg 1975), 187.

Literatur

Literaturtipps sind mit einem* versehen

Aktion Sühnezeichen Friedensdienste e. V.: Erinnerungen an einen Brückenbauer, zeichen 3/2009, S. 21

Arbeitsgemeinschaft Christlicher Kirchen in Baden-Württemberg (Hg.): Erinnerung und Umkehr, 2008

Barth, Karl: Eine Schweizer Stimme 1938–1945, 3. Aufl., Zürich 1985

Bethge, Eberhard: Dietrich Bonhoeffer. Theologe, Christ, Zeitzeuge, 4. Aufl., München 1978

Bienert, Walther: Martin Luther und die Juden, Frankfurt 1982

*Brakelmann, Günter: Evangelische Kirche und Judenverfolgung. Drei Einblicke, Waltrop 2001

*Brakelmann, Günter: Hitler und Luther 1933, Norderstedt 2008

Brakelmann, Günter: Kirche im Krieg, 2. Aufl., München 1979

Brakelmann, Günter/ Rosowski, Martin (Hg.): Antisemitismus – von religiöser Judenfeindschaft zur Rassenideologie, Göttingen 1989

Braun, Markus: Vom Israelsonntag zur Friedensdekade. In: Deutsches Pfarrerblatt 7/2010, 110. Jg., S. 361 ff.

Brosseder, Johannes: Luthers Stellung zu den Juden im Spiegel seiner Interpreten, München 1972

*Brumlik, Micha/ Heuberger, Rachel / Kugelmann, Cilly (Hg.): Reisen durch das jüdische Deutschland, Köln 2006

Bukowski, Peter: Kirche? – Das ist die Gemeinde. In: zeitzeichen 1/2009, S. 38 f.

Busch, Eberhard, Art. Bekennende Kirche in EKL, Band 1, Göttingen 1986, Sp. 407–409

Dieterich, Paul: Können Christen mit Juden zusammen Gottesdienst feiern? Erinnerungen an fünf jüdisch-christliche Gottesdienste, Weilheim/Teck 2010, Manuskript in Privatbesitz

Elsner, Dietrich/ Schmidt, Martin Uwe (Hg.): Geschichte der Juden in Heilbronn – Beiheft zur Ausstellung der Evang.

Kirchengemeinde Heilbronn im Chor der Kilianskirche Juni 1987
epd-Wochenspiegel 46/2008, S. 5 und 5/2009, S. 14
Ergänzungsband zum Gottesdienstbuch für die Evangelische Landeskirche in Württemberg, Stuttgart 2005
*Erhart, Hannelore/Meseberg-Haubold, Ilse/Meyer, Dietgard: Katharina Staritz 1903–1954. Mit einem Exkurs Elisabeth Schmitz. Dokumentation Band I, Neukirchen 1999
Evangelische Kirche im Rheinland/Landeskirchenamt: Den rheinischen Synodalbeschluss zum Verhältnis von Christen und Juden weiterdenken – den Gottesdienst erneuern – Arbeitshilfe 2008
Evangelisches Medienhaus (Hg.) im Auftrag der Württembergischen Evangelischen Landessynode: Dokumentation der Klausurtagung der 12. Landessynode zum Thema „Juden und Christen“, Stuttgart 2000
Fausel, Heinrich: D. Martin Luther. Leben und Werk 1522–1546, 3. Aufl., Stuttgart 1977
Gailus, Manfred: Anders als andere Deutsche. In: zeitzeichen 4/2008, S. 19 ff. (*abgekürzt: zeitzeichen*)
*Gailus, Manfred (Hg.): Elisabeth Schmitz und ihre Denkschrift gegen die Judenverfolgung, Konturen einer vergessenen Biografie (1893–1977), Berlin 2008 (*abgekürzt: Schmitz*)
Gailus, Manfred: „Mir aber zerriss es das Herz. Der stille Widerstand der Elisabeth Schmitz“, Göttingen 2010
Gailus, Manfred: Pfarrer als Sippenforscher. In: zeitzeichen 9/2009, S. 17 ff.
Gailus, Manfred: Protestantismus und Nationalsozialismus, Köln 2001
Gemeinsame Arbeitsstelle für gottesdienstliche Fragen der EKD (GAFG)(Hg.): Handreichung „Die Kristallnacht“– 9. Nov. 1938–9. Nov. 2008“
Gerlach. Wolfgang: „Als die Zeugen schwiegen. Bekennende Kirche und die Juden“, SKI, Band 10, 2. Aufl., Berlin 1993
Goertz, Hajo: Böses Spiel. Christenverfolgung in der Kirche. In: zeitzeichen 6/2009, S. 62 f.
Goldschmidt, Dietrich/Kraus, Hans-Joachim (Hg.): Der ungekündigte Bund, Stuttgart 1962

Gollwitzer, Helmut: Predigt über Lukas 3,3–14. In: Evangelische Theologie Jg. 11,1951/52, S. 145 ff.
*Guez, Olivier: Heimkehr der Unerwünschten. Eine Geschichte der Juden in Deutschland nach 1945, München 2011
Hermle, Siegfried/ Thierfelder, Jörg: Herausgefordert. Dokumente zur Geschichte der evangelischen Kirche in der Zeit des Nationalsozialismus, Stuttgart 2008
Jung, Martin H.: „Christen und Juden. Die Geschichte ihrer Beziehungen", Darmstadt 2008
Jung, Martin H.: Philipp Melanchthon und seine Zeit, Göttingen 2010
Junghans, Helmar (Hg.): Leben und Werk Martin Luthers von 1526–1546, Festgabe, Göttingen 1983
Kaiser, Jochen-Christoph/Greschat, Martin (Hg.): Der Holocaust und die Protestanten, Frankfurt 1988
Kaufmann, Thomas: Luthers „Judenschriften", Tübingen 2011
Kirchenamt der EKD (Hg.): Christen und Juden I–III, Die Studien der Evangelischen Kirche in Deutschland 1975–2000, Gütersloh 2002
Kirchen- und Theologiegeschichte in Quellen. Ein Arbeitsbuch (Hg. von H. Oberman/ A. Ritter und H. W. Krumwiede), Band IV/2 Neuzeit, Neukirchen-Vluyn 1980
*Kremers, Heinz (Hg.): Die Juden und Martin Luther – Martin Luther und die Juden, Neukirchen 1985
Kremers, Helmut: Konfessionsfriede. In: zeitzeichen 1/2009, S. 27
Kriessler, Manfred: Barmens fehlende These – Eberhard Bethge zum 100. Geburtstag. In: Deutsches Pfarrerblatt 8/2009, 109. Jg., S. 421 ff.
Lohse, Bernhard: Martin Luther – Eine Einführung in sein Leben und Werk, 2. Aufl., München 1982
*Ludwig, Ralph: Der Querdenker. Wie Helmut Gollwitzer Christen für den Frieden gewann, Berlin 2008
Luther, Martin: Martin Luthers Werke (Hermann Böhlhaus Nachfolger)
11. Band, Weimar 1900 (unv. Abdruck 1966)
51. Band, Weimar 1914 (unv. Abdruck 1967)
53. Band, Weimar 1920 (unv. Abdruck 1968)
54. Band, Weimar 1928 (unv. Abdruck 1968)

Meseberg-Haubold, Ilse: Buchbesprechung zu Manfred Gailus „Mir aber zerriss es das Herz“. In: KZG 23, 2010, Heft 2
*Meyer, Dietgard: „Wir haben keine Zeit zu warten“. Der Briefwechsel zwischen Elisabeth Schmitz und Karl Barth in den Jahren 1934–1966. In: KZG 22, 2009/Heft 1, Mai 2009, S. 328 ff.
van Norden, Günther (Hg.): Kirchenkampf im Rheinland, Köln 1984
Oberman, Heiko A.: „Wurzeln des Antisemitismus – Christenangst und Judenplage im Zeitalter von Humanismus und Reformation“, Berlin 1981
von der Osten-Sacken, Peter: Martin Luther und die Juden, Stuttgart 2002
*Prolingheuer, Hans/Breuer, Thomas (Hg.): Dem Führer gehorsam: Christen an die Front. Publik-Forum Edition, 3. Aufl., Oberursel 2007
Prolingheuer, Hans: Kleine politische Kirchengeschichte, 50 Jahre evangelischer Kirchenkampf 1919–1969, 3. Aufl., Köln 1987 (*abgekürzt: Kirchengeschichte*)
Prolingheuer, Hans: Wir sind in die Irre gegangen, Köln 1987 (*abgekürzt: Irre*)
Rau, Paul (Nachlass 1989, in Privatbesitz), Zwei Matrizenabzüge: 1. Abschrift: Der Wortlaut der Protestschrift der Deutschen Evangelischen Kirche an Reichskanzler Hitler. 2. Kanzelabkündigung: An die evangelische Christenheit und an die Obrigkeit in Deutschland
Rendtorff, Rolf/Henrix, Hans Hermann (Hg.): Die Kirchen und das Judentum. Dokumente von 1945–1985, 2. Aufl. Paderborn, München 1989
Rendtorff, Rolf/Stegemann, Ekkehard, (Hg.): Auschwitz-Krise der christlichen Theologie, München 1980
*Röhm, Eberhard/ Thierfelder, Jörg (Hg.): Juden, Christen, Deutsche, Band 1: 1933–1935: Ausgegrenzt, Stuttgart 1990
Band 2/I u. 2/II: 1935–1938: Entrechtet, Stuttgart 1992
Band 3/I u. 3/II: 1938–1941: Ausgestoßen, Stuttgart 1995
Band 4/I u. 4/II: 1941–1945: Vernichtet, Stuttgart 2004 u. 2007 (*abgekürzt: JCD*)
*Röhm, Eberhard/Thierfelder, Jörg: Evangelische Kirche zwischen Kreuz und Hakenkreuz, 3. Aufl., Stuttgart 1983

Röhm, Eberhard/Thierfelder, Jörg: Treysa 1945. In: Evangelisches Gemeindeblatt für Württemberg 34/1985, S. 5
Scharbau, Friedrich Otto: Schwieriger Weg, Bischof Marahrens 1934–47. In: zeitzeichen 6/2009, S. 64 f.
Schneberger, Dieter: Schwere Zumutung. In: Evangelisches Gemeindeblatt für Württemberg 34/2007, S. 9
Schneider, Margarete: Paul Schneider. Der Prediger von Buchenwald, neu herausgegeben von Elsa-Ulrike Ross und Paul Dieterich, Holzgerlingen 2009
Schrader, Ulrike: Tora und Textilien, Zur Geschichte der Juden im Wuppertal, Wuppertal 2007
Schultz, Hans-Jürgen (Hg.): Luther kontrovers, Stuttgart 1983
Schulz, Siegfried (Hg.): Christen und Juden. Materialien und Stundenblätter Sekundarstufe I, Stuttgart 1988
Siegele-Wenschkewitz, Leonore: Mitverantwortung und Schuld am Holocaust. In: Evangelische Theologie Jg. 42, 1982, S. 171 ff.
Stroh, Hans: Juden und Christen – schwierige Partner, Stuttgart 1983
*Tübinger Projektgruppe „Frauen im Kirchenkampf"/Schröder, Beate (Hg.): Im Dunstkreis der rauchenden Brüder, Frauen im württembergischen Kirchenkampf, 2. Aufl., Tübingen 1997
*VELKD (Hg.) Kayales, Christina/Fiehland van der Vegt, Astrid: Was jeder vom Judentum wissen muss, 10. Aufl., Gütersloh 2007 (*abgekürzt: Judentum*)
*Vollmer, Antje: Doppelleben. Heinrich und Gottliebe von Lehndorff im Widerstand gegen Hitler und von Ribbentrop, 3. Aufl., Frankfurt 2010
Wentorf, Rudolf: Der Fall des Pfarrers Paul Schneider, Neukirchen-Vluyn 1989
*Wind, Renate: Dem Rad in die Speichen fallen. Die Lebensgeschichte des Dietrich Bonhoeffer, Weinheim – Basel 1999
Wurm, Theophil: Ansprache 1945. In: Evangelisches Gemeindeblatt für Württemberg 34/1985, S. 6
Zwanger, Helmut: Albrecht Goes. Freund Martin Bubers und des Judentums, Tübingen 2008

Bildnachweis

Ausstellungskatalog Evangelische Kirche zwischen Kreuz und Hakenkreuz S. 47, 71, 82, 225
Sibylle Biermann-Rau S. 107, 191, 220
epd-Bild-Frankfurt S. 245
Fotoarchiv Weber, Haigerloch S. 283
Joachim Hahn, Plochingen S. 261, 284, 285
Tobias Hahn, Plochingen S. 215
Jüdische Gemeinde Dresden S. 287
Dietgard Meyer, Kassel S. 135
OTFW, Berlin S. 137
Stadtarchiv Heidelberg S. 155